1

/

LES

COUTUMES DE LORRIS

ET LEUR PROPAGATION

AUX XIIe ET XIIIe SIÈCLES

PAR

MAURICE PROU

ARCHIVISTE-PALÉOGRAPHE

ÉLÈVE DE L'ÉCOLE DES HAUTES-ÉTUDES

──────⟨⟩⟨⟩⟨⟩──────

PARIS

L. LAROSE ET FORCEL

Libraires-Editeurs

22, RUE SOUFFLOT, 22

1884

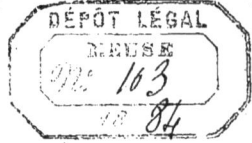

LES

COUTUMES DE LORRIS

ET LEUR PROPAGATION

AUX XIIe ET XIIIe SIÈCLES

PAR

MAURICE PROU

ARCHIVISTE-PALÉOGRAPHE
ÉLÈVE DE L'ÉCOLE DES HAUTES-ÉTUDES

PARIS

L. LAROSE ET FORCEL

Libraires-Editeurs

22, RUE SOUFFLOT, 22

1884

Extrait de la *Nouvelle Revue historique de Droit français et étranger.*

A MON MAÎTRE

M. ARTHUR GIRY

TÉMOIGNAGE

DE PROFONDE RECONNAISSANCE

IMPRIMERIE
CONTANT-LAGUERRE

BAR-LE-DUC

LES COUTUMES DE LORRIS

ET LEUR PROPAGATION

AUX XIIᵉ ET XIIIᵉ SIÈCLES

Les *Coutumes de Lorris* sont parmi les plus anciennes et les plus célèbres de la France. Deux textes ont été désignés sous ce même nom : le premier est une charte donnée par Louis VII en 1155 aux habitants de Lorris; le second, une Coutume rédigée officiellement en 1494 et réformée en 1531. Je m'efforcerai de les distinguer. Cependant, je n'étudierai ici que la charte de 1155 et les chartes qui en sont issues aux XIIᵉ et XIIIᵉ siècles.

Il est inutile d'énumérer les auteurs qui ont mentionné la charte de Lorris et signalé son influence : autant vaudrait dresser la liste de tous les historiens qui ont parlé des institutions du Moyen-âge. D'ailleurs, j'ai donné plus loin une bibliographie spéciale du texte de 1155, et aussi une liste chronologique des chartes qui en sont ou l'imitation ou la copie : ayant soin d'indiquer les manuscrits où elles sont transcrites et les ouvrages où elles sont imprimées.

La Thaumassière a publié dans ses *Coutumes locales de Berry et celles de Lorris commentées*, Paris, 1680, in-fᵒ, la plupart des documents qui ont servi de base au présent travail. Il en est beaucoup dont les originaux et les copies ont disparu, et que lui seul nous a conservés. Il est regrettable que cet illustre savant ne nous ait pas laissé de dissertation sur les *Coutumes de Lorris* et qu'il se soit contenté d'insérer, sous forme de notes, dans l'ouvrage cité, quelques remarques sur certaines redevances mentionnées dans le texte qui nous occupe, sur les rédactions successives de ces Coutumes et sur leur diffusion. C'est toutefois l'étude la plus considérable qui ait été faite sur la matière.

Augustin Thierry y a consacré quelques lignes de son *Tableau de la France municipale*, à la suite de l'*Essai sur l'histoire de la formation et des progrès du Tiers-État*, Paris, in-16, p. 309-310. Son jugement paraît trop précipité; son opinion n'est vraie qu'en partie.

M. *R. de Maulde* a analysé rapidement la charte de Lorris dans son travail intitulé : *De la condition des hommes libres dans l'Orléanais du* XIIᵉ *siècle*, Orléans, 1875, in-8°. Il n'a dit qu'un mot de sa propagation : se bornant à transcrire une phrase de l'*Histoire des pays de Gastinois* de *D. Morin*, Paris, 1630, in-4°.

M. *Combes* a aussi parlé superficiellement des *Coutumes de Lorris* dans un article des *Annales de la Faculté des Lettres de Bordeaux*, t. II, p. 58 et suiv.

M. *d'Arbois de Jubainville*, a fait une étude très complète de l'influence des *Coutumes de Lorris* en Champagne, au t. IV, p. 707 et suiv. de l'*Histoire des Comtes de Champagne*.

M. *Raynal* a parlé dans son *Histoire du Berry*, 1845, 4 vol. in-8° (préface), de la propagation de ces mêmes Coutumes dans cette province; il a donné aussi la liste des chartes de Coutumes du Berry.

Quant aux recueils de documents imprimés que j'aurai occasion de citer le plus souvent, ce sont, outre *La Thaumassière*, les *Ordonnances*, les *Layettes du Trésor des Chartes*, les *Cartons des rois*, le *Cartulaire général de l'Yonne* de M. Quantin, et le *Recueil de pièces du* XIIIᵉ *siècle* du même auteur.

Je n'ai pu réunir qu'un petit nombre de documents inédits, malgré mes recherches dans les *Cartulaires* du centre de la France déposés à la *Bibliothèque Nationale*.

Les registres du *Trésor des Chartes* avaient été dépouillés par les éditeurs des Ordonnances : il ne me restait qu'à glaner. J'ai aussi tiré quelques pièces des cartons du même trésor.

Les *Archives du Loiret*, et spécialement les Cartulaires de l'abbaye de Fleury m'ont donné moins qu'on aurait pu l'espérer.

Quant aux *Archives de l'Yonne*, M. Quantin y avait signalé (1) et recueilli tous les actes importants relatifs aux *Coutumes de Lorris*.

Restaient les *Archives du Cher;* mais l'archiviste, à qui est confié ce dépôt, m'a assuré qu'il ne contenait rien touchant l'extension des *Coutumes de Lorris dans le Berry.*

CHAPITRE PREMIER.

Lorris et le Gâtinais aux XI° et XII° siècles.

Avant d'aborder l'étude des Coutumes de Lorris, il est nécessaire de donner quelques renseignements géographiques et historiques sur le Gâtinais région où elles ont pris naissance.

Un diplôme de Dagobert, donné vers 638, est le plus ancien texte, qui, à ma connaissance, mentionne le *pagus Wastinensis* (2). Au ix° siècle, les mentions sont fréquentes (3). Lors du partage que Louis le Débonnaire fit en 837, de ses états entre ses fils, ce pagus fut attribué à Charles; il était compris dans la Bourgogne (4). Vers 841, un comte l'administrait (5). La

(1) *Recherches sur le Tiers-État au Moyen-âge*, Auxerre, 1851, in-8°.

(2) Donation par Dagobert à l'église Sainte-Colombe de Sens de la villa de Grandchamp (auj. *Grandchamp*, Yonne, ar. Joigny, c°ⁿ Charny). « Villam Grandem Campum in Guastinensi, » ap. Quantin, *Cartul. de l'Yonne*, t. I, p. 10.

(3) « Gaico monasterio constructo in pago Wastinensi » (monastère de Giy), *Formulæ Senonenses*, ap. *D. Bouq.*, t. IV, p. 517 a. — Le même monastère est dit « in pago Wastinensi » dans les *Formulæ Lindenbrogianæ*, n° XXII, ap. *D. Bouq.*, IV, 550. — 843, Dipl. par lequel Charles le Ch. concède à Nivelon des biens dont plusieurs sis au pagus de Gâtinais, ap. *D. Bouq.*, VIII, 435 e. — 853, à la suite d'un capitulaire sont transcrits les noms des *missi dominici* envoyés dans ce pagus « in pago..... Wasteniso » ap. *D. Bouq.*, VII, 617 a. — 884, 11 juin. Privilège de Carloman pour Saint-Germain-d'Auxerre. « Præterea quatuor mansa quæ sunt in pago Gastinensi in villa quæ dicitur Grandis Campus, » ap. *D. Bouq.*, t. IX, p. 436 e; *Cartul. de l'Yonne*, t. I, p. 112. — 886, 28 oct., même mention dans un privilège de Charles le Gros pour la même abbaye, ap. *Cartul. de l'Yonne*, I, 117.

(4) « De Burgundia, Tullensem,.... Senonicum, *Wastinensem*, Milidunensem, Stampensem, » *Nithard*, l. I, c. vi, ap. *D. Bouq.*, t. VI, p. 70 a.

(5) « Monasteriolum quod Giacus nominatur et consistit in comitatu Wastinense. » Privilège de Lothaire vers 841, ap. *D. Bouq.*, t. VIII, p. 377 d. —

dernière rédaction des *Gesta consulum Andegavorum* indique comme comte de Gâtinais au ixe siècle un certain Geoffroy (1), dont la fille Adèle aurait épousé, de par la volonté royale, le chambellan Ingelgier. Mais, d'après M. Mabille, ce passage a été emprunté à un recueil de miracles; Geoffroy, Adèle, Ingelgier, ce sont là des personnages fabuleux (2).

Ce qu'il y a de certain, c'est qu'en 1060, à la mort de Geoffroy Martel, comte d'Anjou, le comté d'Anjou passa à Geoffroy le Barbu, fils de Geoffroy ou Aubri de Châteaulandon, comte du Gâtinais et d'Ermengarde d'Anjou, fille de Foulques Nerra (3). Foulques Rechin, frère de Geoffroy le Barbu, eut le Gâtinais. Une guerre s'étant élevée entre les

« In comitatu Wastinensi Ipduacovillam. » Privilège de Ch. le Ch., ap. *Cartul. de l'Yonne*, t. I, p. 53. — 933 « cum mansis LX ex Wastinensi comitatu, » ap. *D. Bouq.*, t. IX, p. 579 b.

(1) *Chroniques des comtes d'Anjou*, éd. Soc. de l'Hist. de Fr., p. 40, l. 3; p. 45, l. 17.

(2) Mabille, *Introduct. aux chroniq. des comtes d'Anjou*, p. LVIII. — Dans cette introd., M. Mabille (p. LXXXVI) a assimilé les vicomtes d'Orléans avec ceux du Gâtinais. Je ne sais sur quels textes il appuie son opinion, car Geoffroi et Aubri, dans les chartes citées par M. Mabille, prennent le seul titre de *vicecomes Aurelianensium*. De plus au ixe et au xe siècles, le Gâtinais est toujours dit comté. — Ce n'est que plus tard qu'apparaissent les vicomtes du Gâtinais, qui, d'ailleurs, existaient peut-être concurremment avec les comtes. En 1112, plainte de Boson, abbé de Fleury, contre Foulques vicomte du Gâtinais, ap. B. Nat., ms. lat. 12739, p. 356-357. En 1120, Foulques vendit au roi ses droits sur Yèvre-le-Châtel, ap. *Aimoin*, l. V, c. 51. Il est encore question du vicomte du Gâtinais dans une charte de 1154 donnée à Lorris la 18e année du règne de Louis VII, cit. ap. R. de Maulde, *Condit. forest. de l'Orléanais*, p. 239, n 4.

(3) « Goffredus quoque comes filius Fulconis obiit... Huic successerunt nepotes ejus, filii Alberici Contracti comitis de Gastina : Goffredus et Fulco Rechin. » *Chronic. S. Maxentii*, ap. *Chron. des églises d'Anjou*, p. 402. — « Ego Fulco, comes Andegavensis, qui fui filius Gosfridi de Castro Landono et Ermengardis, filiæ Fulconis comitis Andegavensis, et nepos Gosfredi Martelli, qui fuit filius ejusdem avi mei Fulconis et frater matris meæ. » *Fragment. histor. Andegav.* auct. Fulcone Richin, éd. Soc. de l'Hist. de Fr., p. 375. — « Defuncto Goisfredo Martello, fortissimo Andegavensium comite, successerunt ex sorore duo nepotes ejus, filii Alberici comitis Wastinensium, e quibus Goisfredus... jure primogeniti obtinuit principatum. » *Orderic Vital*, ap. *D. Bouq.*, t. XI, p. 244 c. — On remarquera que la chronique de Saint-Maixent et Orderic. Vital donnent au comte du Gâtinais, époux d'Ermengarde, le nom d'Aubri, tandis que la chronique attribuée à Foulques Rechin le nomme Geoffroy.

deux frères, et comme les partisans de Geoffroy demandaient au roi Philippe de délivrer leur seigneur tombé aux mains de son ennemi Foulques Rechin, celui-ci se hâta de promettre au roi la cession de ses droits sur le Gâtinais s'il voulait seulement garder la neutralité. A ce prix, Philippe Ier acquit Châteaulandon et le Gâtinais, en 1066; c'est-à-dire qu'il exerça dès lors les droits du comte de Gâtinais (1). Les chevaliers du comté ne lui firent hommage qu'après qu'il se fut engagé par serment à respecter les coutumes du pays (2).

Il serait difficile de déterminer avec une extrême précision les limites du *pagus Wastinensis*. Les études de M. Quantin (3) et mes propres recherches me permettent d'affirmer qu'elles correspondaient à peu près à celles de l'archidiaconé du même nom, dont l'étendue a peu varié à travers les siècles (4). Les limites de l'archidiaconé nous sont connues très exactement, grâce à une carte du diocèse de Sens, dressée en 1741 (5). Il

(1) « Fulco subdolus frater suum nimium cepit impugnare..... Anno Verbi incarnati M LXVI° proditores perimuntur... Fulco Richin Barbatum, fratrem suum, subdole captum in vinculis posuit et utrumque comitatum veluti suum suscepit... Helias consul Cenomannicus et complures sui consulatus proceres Fulconem pro Barbato graviter expugnabant et ut Barbatum deliberaret petebant, et auxilio Philippi regis Francorum..... ipsum vi abstrahere a carcere nitebantur; sed Fulco cum Stephano..... concordatus, regem Francorum adiit et cum eo fœderatus Philippo regi Landonense castrum concessit. » *Chronica de gestis consulum Andegavor.*, Chroniques d'Anjou, éd. de la Soc. de l'Hist. de Fr., p. 138-139. Voyez encore : *Hist. comitum Andegav., Ibid.*, p. 334; — *Gesta Ambaziensium dominorum, Ibid.*, p. 176; *Fragment.* ap. *D. Bouq.*, t. XI, p. 158; *Ex libro III historiæ Francor., Ibid.*, t. XII, p. 217.

(2) « Rex autem juravit se servaturum consuetudines terræ illius : aliter enim nolebant homines facere sua hominia. » *Histor. Francor.*, ap. *D. Bouq.*, XII, 217; même rédaction dans le fragment publié ap. *D. Bouq.*, t. XI, p. 158.

(3) Quantin, *Cartul. général de l'Yonne*, t. II, *Introduction.*

(4) Toutefois *Grandchamp* (Yonne, ar. Joigny, c^{on} Charny) qui faisait partie au XVIII° siècle de l'archidiaconé de Sens était dans le Gâtinais aux VII° et IX° siècles. — Vers 638, donation de Dagobert à Sainte-Colombe de Sens « villam Grandem campum in Gaustinensi, » ap. *Cartul. de l'Yonne*, t. I, p. 10. — 11 juin 884 : « In pago Gastinensi in villa quæ dicitur Grandis Campus. » Privilège de Carloman pour Saint-Germain d'Auxerre, ap. *Cartul. de l'Yonne*, t. I, p. 112. Même mention dans un diplôme du 28 octobre 886, *Ibid.*, p. 117.

(5) Carte du diocèse de Sens, dédiée à J. Languet, par M. Outhier, prêtre, 1741.

comprenait la vallée du Loing. Son point le plus septentrional
était un peu au nord de Fontainebleau. De là sa limite suivait
la Seine jusqu'auprès de Montereau en passant à l'ouest de
Bois-le-Roi (1); puis elle descendait presque en ligne droite,
d'abord parallèlement à l'Yonne, mais à quelque distance de
cette rivière, jusqu'à Champcevrais (2), en comprenant les
villages de Noisy (3), Flagy (4), Saint-Ange-le-Vieil (5), Lor-
rez-le-Boccage (6), Villebéon (7), Bazoches (8), laissait en
dehors et dans l'archidiaconé de Sens : Courtenay (9), La
Motte-aux-Aunays (10) et Charny (11). Saint-Maurice-sur-l'Ar-
veyron (12) était en Gâtinais. La limite suivait ensuite une
ligne parallèle à la Loire, et au nord de cette rivière, laissant
au sud : Verger (13), Escrignelles (14), Belair (15), Arrabloy (16), Nevoy (17), traversait la forêt d'Orléans, et, à la
hauteur de Bray (18), remontait au nord jusqu'à Yèvre-le-
Châtel (19), en décrivant une courbe, suivait le cours de l'Es-
sonne jusqu'à Bonneveaux (20), et, contournant Milly (21),
gagnait la Seine au nord de Fontainebleau et de Bois-le-Roi,
et au sud de la Rochette (22) et de Livry.

(1) *Bois-le-Roi*, Seine-et-Marne, arr. et c^{on} Fontainebleau.
(2) *Champcevrais*, Yonne, arr. Joigny, c^{on} Bléneau.
(3) *Noisy-le-Sec*, Seine-et-Marne, arr. Fontainebleau, c^{on} Lorrez-le-Bocage.
(4) *Flagy*, même canton.
(5) *Saint-Ange-le-Vieil*, même canton.
(6) *Lorrez-le-Bocage*, arr. Fontainebleau, ch.-l. c^{on}.
(7) *Villebéon*, c^{on} Lorrez-le-Bocage.
(8) *Bazoches*, Loiret, arr. Montargis, c^{on} Courtenay.
(9) *Courtenay*, Loiret, arr. Montargis, ch.-l. c^{on}.
(10) *La Mothe-aux-Aulnais*, Yonne, arr. Joigny, c^{on} Charny.
(11) *Charny*, Yonne, arr. Joigny, ch.-l. c^{on}.
(12) *Saint-Maurice-sur-Arveyron*, Loiret, arr. Montargis, c^{on} Châtillon-sur-
Loing.
(13) *Le Verger*, Loiret, arr. Gien, c^{on} Briare, c^{ne} Escrignelles.
(14) *Escrignelles*, c^{on} Briare.
(15) *Belair*, Loiret, c^{ne} Arrabloy, arr. et c^{on} Gien.
(16) *Arrabloy*, Loiret, arr. et c^{on} Gien.
(17) *Nevoy*, même c^{on}.
(18) *Bray*, Loiret, arr. Gien, c^{on} Ouzouer-sur-Loire.
(19) *Yèvre-le-Chatel*, Loiret, arr. et c^{on} Pithiviers.
(20) *Buno-Bonneveaux*, Seine-et-Oise, arr. Étampes, c^{on} Milly.
(21) *Milly*, Seine-et-Oise, arr. Étampes, ch.-l. c^{on}.
(22) *La Rochette* et *Livry*, Seine-et-Marne, arr. et c^{on} Melun.

Quoi qu'il en soit, Lorris était à coup sûr dans le Gâtinais, comme le prouvent de très nombreux textes (1). Ce village entra donc probablement dans le domaine royal en 1066.

Lauriacum (2) est la plus ancienne forme de son nom qui me soit connue ; cette désignation ne remonte qu'à 990. Les renseignements font absolument défaut sur ce bourg avant le XII° siècle. A cette époque et pendant le XIII° siècle, c'est toujours *Lorriacum* (exceptionnellement *Loriacum*), d'où en français *Lorri* (3), que je rencontre dans un document de 1169, et le plus souvent au XIII° siècle, *Lorriz* (4).

La position de ce lieu sur la lisière de la forêt d'Orléans détermina les rois à y établir une de leurs résidences (5). Ils pouvaient facilement s'y livrer aux plaisirs de la chasse. Le paiement des louvetiers figure dans les dépenses de la prévôté de Lorris en 1202 (6). Plusieurs diplômes de Louis VI

(1) Voyez les articles 4 et 27 des Coutumes ; et *P. Just.*, n° XXII. — 4-18 nov. 1317 : « Apud Loriacum in Vastineto, — in Vastinesio, — in Vastinensi, » ap. *Rec. des hist.*, t. XXI, p. 472-473. — Nov. 1322 : « Apud Loriacum in Vastineto, » *ibid.*, p. 488 f. — 18 août 1324 : « Apud Lorriacum in Vastinesio, » *ibid.*, p. 492 c. — 1328, dans l'inventaire des meubles de la reine Clémence : « Lorrys en Gastinois, » *B. Nat., Clairambault*, vol. 471, p. 83.

(2) Dans un diplôme par lequel Hugues Capet confirme les immunités de l'église d'Orléans, ap. *D. Bouq.*, X, 556. Lorris y est dit situé dans le pagus d'Orléans.

(3) *Lorri* : dans la charte pour Le Moulinet, ap. La Thaumassière, *Cout. loc.*, p. 396-397. Je ne connais pas l'original de cette charte.

(4) *Lorriz* : traduct. de la charte pour Villeneuve l'Archevêque, XIII° siècle, ap. *Cartul. de l'Yonne*, t. II, p. 240. — 1290, vidimus émané de la prévôté de Lorris, Arch. Nat. J. 1046, n° 22. — 1304, ap. *Rec. des histor.*, t. XXI, p. 443 f. — 1315, *Continuat. chronic. Girardi de Fracheto, ibid.*, t. XXI, p. 44, J.

(5) D. Morin signale dans son *Histoire générale des pays de Gastinois*, p. 182, les vestiges d'un château. — Et, R. Hubert dit : « Ce chasteau a esté autrefois quelque chose de considérable, puisque les Roys en faisoient leur maison de plaisance. Aussy estoit (*sic*) un lieu fort agréable et commode pour la chasse ; pour marque que Lorry estoit le séjour assez ordinaire des Roys, c'est que une infinité de lettres patentes et de chartes données (*sic*) au chasteau de Lorris. » *Hist. ms. du pays d'Orléanais*, t. II, Bibl. d'Orléans, ms. n° 436, non folioté. — Voyez encore le préambule des lettres par lesquelles Charles VII confirme en 1448 les privilèges de Lorris, ap. La Th., *Cout. loc.*, p. 434.

(6) 1202, novembre, « Luparii a S. Dionysio usque ad diem Mercurii post

sont datés de ce bourg (1); ceux qu'y a expédiés Louis VII sont plus nombreux. Quant à Philippe-Auguste, nous constatons sa présence à Lorris dans les années 1180-1182, 1185-1187, 1189-1191, 1193, 1194, 1200, 1202, 1214 (2).

Des voies de communication assez nombreuses traversaient Lorris. Une grande route menait à Châteauneuf (3); un autre chemin public reliait Lorris à Sully (4). En 1254, Eudes Rigaud, archevêque de Rouen, revenant de Rome, s'arrêta à Nevers, Cosne, Gien, Lorris; de là, il gagna Cépoy, Nemours, Melun, Villeneuve-Saint-Georges et Paris (5).

Lorris était fortifié en 1202 (6).

L'abbaye de Saint-Benoît-sur-Loire ou de Fleuri y possédait un prieuré. L'existence en est constatée dans les *Veteres Consuetudines monasterii Floriacensis*, document, que l'éditeur de la *Bibliotheca Floriacensis* fait remonter au moins au XIe siècle (7). Louis VII, voulant contribuer à l'achèvement de l'église, concéda, en 1144, au prieur Bernard, 100 sous à prendre annuellement sur le cens royal (8). En 1202, ce prieuré, placé sous le vocable de Saint-Sulpice, reçut en don de Philippe-Auguste une poterne pour y bâtir un hospice à

---

omnium Sanctorum XXVIII s. » Brussel, *Usage des fiefs*, t. II, *Chartes*, etc., p. cxl. — 1202, février, « Luparii de LXXVI diebus usque ad ultimum diem Februarii LXXVI s. » *Ibid.*, p. clxviii. — 1203, mai, « Luparius pro suis vadiis duorum mensium LVI s. » *Ibid.*, p. cxciii.

(1) 1112, 3e a. du règne, « Actum Loriaci in palatio, » publ. ap. Mabillon, *De re diplom.*, p. 642. — 1124, 17e a. r., ap. Quantin, *Cartul. de l'Yonne*, t. I, p. 254. — 1125, 18e a. r., ap. *Gallia Christ.*, VIII, instr. col. 503. — 1127, 24e a. r., indiq. ap. *Bréquigny*, t. II, p. 549.

(2) L. Delisle, *Catalogue des actes de Ph.-Aug.*, Introduction, p. ciii.

(3) Arrêt du Parlement de 1260, *Olim*, I, 127, cité par R. de Maulde, *Condit. forestière*, p. 239.

(4) Charte de 1154, constatant la vente faite par Robert du Moulinet, à Macaire, abbé de Fleury, de toute la terre : « quam possidere eo tempore videbatur a *strata publica quæ a Lorriaco Soliacum ducit* usque ad Sanctum-Benedictum, » cité ap. R. de Maulde, *Ibid.*, p. 239, note 4.

(5) *Regestrum visitationis*, éd. Bonnin, p. 186.

(6) *Pièces just.*, n° XIII, concession d'une *poterne* par le roi au prieur de Saint-Sulpice.

(7) « Prior de Lauriaco. » *Bibliotheca Floriacensis*, p. 411.

(8) *Pièces just.*, n° V.

l'usage des moines (1). Déjà Louis VI avait donné à l'abbaye de Saint-Benoît le quart du revenu des fours de Lorris et une rente annuelle de 100 sous à prendre sur les trois autres quarts, réservés au roi, à charge de célébrer l'anniversaire de Philippe Ier : donation confirmée par Louis VII avant son départ en Terre Sainte (2), et par Philippe-Auguste en 1183 (3). Quatre siècles après, l'anniversaire était encore célébré et la rente payée (4).

L'église paroissiale de Lorris, dédiée à Notre-Dame (5), fut donnée d'abord par Louis VII, puis, en 1138, par Henri, archevêque de Sens, à l'abbaye de Saint-Benoît, sous réserve de la soumission à l'église de Sens et des droits des prêtres (6). Des désaccords ne tardèrent pas à s'élever entre l'archevêque et le chapitre de Saint-Étienne de Sens, d'une part, et l'abbaye, d'autre part : d'abord en 1171 (7), puis en 1180 : à cette dernière date, on convint qu'un des prêtres de Lorris serait à la présentation de l'abbé (8). Le pape Innocent III confirma l'accord le 30 mai 1209 (9). Toutefois, nous voyons l'église de Lorris figurer en 1187 (10) parmi les églises sur lesquelles le chapitre de Sens étendait son patronage.

(1) Indiq. ap. Delisle, *Catal. des actes de Ph.-Aug.*, n° 724. — *P. just.*, n° XIII.

(2) *P. just.*, n° VI.

(3) Indiq. par Delisle, *Catalogue*, n° 75. — *P. just.*, n° XI.

(4) Voyez aux *P. just.*, n°s XXVI, XXVII, des quittances de 1419 et 1573.

(5) 14 juillet 1340, Pierre, abbé de Saint-Benoît, atteste la fondation faite par Pierre Petitpied, chanoine de Sens, d'une chapelle dans l'église *Notre-Dame* de Lorris (*Arch. du Loiret*, Copie ap. Cartul. de Fleury, n° 212, p. 130-132.

(6) 1138, Châteaulandon; Henri, archevêque de Sens, confirme la concession faite par Louis, très glorieux roi de France, à l'abbaye de Saint-Benoît, de l'église de Lorris (*Archives du Loiret*, Copie ap. Cartul. I de Fleury, p. 281).

(7) 1171, Sens; Guillaume, archevêque de Sens, constate l'accord intervenu entre lui et le chapitre de Sens, d'une part, et l'abbaye de Saint-Benoît, d'autre part, à propos du patronage de l'église de Lorris (*Archives du Loiret*, Copie ap. Cartul. I de Fleury, p. 281-282).

(8) *P. just.*, n° IX.

(9) Bulle donnée à Viterbe, le 3 des calendes de juin, et la 12e année du Pontificat. — *Pièces just.*, n° XVIII.

(10) Charte de l'archevêque, indiq. ap. Quantin, *Cartul. de l'Yonne*, t. II, p. 154.

Dès la première moitié du XII° siècle, les habitants de la paroisse de Lorris avaient obtenu du roi Louis VI une charte de coutumes devenue rapidement célèbre. Le texte en est aujourd'hui perdu (1). Les registres de la chancellerie royale nous ont conservé la confirmation de Louis VII datée d'Orléans en 1155 (2). Un incendie, survenu à Lorris pendant un séjour de Philippe-Auguste, détruisit la ville presque entièrement et consuma l'original de la charte déposé aux archives de la communauté. Le roi se hâta de délivrer aux malheureux bourgeois un nouveau diplôme de même teneur que sur celui de 1155. Cette confirmation fut délivrée à Bourges, en 1187 (3), entre le 29 mars et le 31 octobre. Ces privilèges, qui font l'objet de la présente étude, ont été encore confirmés par Charles VII en 1448 (4) et même par Louis XIII en 1625 (5).

Pour comprendre les causes qui ont pu déterminer l'octroi de cette charte au commencement du XII° siècle, il est indispensable de connaître la situation économique de Lorris à cette époque. C'est un point sur lequel les chartes, aussi bien que les chroniques, ne nous ont transmis que de rares ren-

(1) L'existence de cet acte est attestée par le préambule de la confirmation de Philippe-Auguste : « In nomine sancte et individue Trinitatis, Amen. Philippus Dei gracia Francorum rex. Regie interest nobilitatis quocumque infortunio afflictis misericorditer subvenire et remedium consolationis impendere. Noverint ideo universi presentes pariter et futuri quoniam, cum homines Lorriaci ab avo nostro Ludovico, Francorum rege, et a genitore nostro rege, Ludovico, ejusdem filio, consuetudines impetrassent *et ab utroque cartas obtinuissent,* in quibus continebantur ille consuetudines, pro eorum infortunio contigit villam fere totam et cartas in quibus scripte erant eorum consuetudines igne consumi, nobis ea hora in eadem villa pernoctantibus; nos vero ex regia liberalitate eorum infortunio compacientes, consuetudines quas antiquitus habuerant ipsis concessimus et quasi de novo statuimus. » (D'après un vidimus de 1290 émané de la prévôté de Lorris, *Arch. nat.,* J. 1046, n° 22.) Ce préambule a été publié dans le *Rec. des Ord.,* t. XI, p. 200, note; mais les mots que j'ai soulignés, et qui établissent, d'une façon incontestable, que la charte de Lorris a été *rédigée* dès Louis VI, ont été omis.

(2) Voir, ci-après, le *texte de 1155 : Pièces just.,* n° I.

(3) Voir Delisle, *Catal.,* n° 187, p. 45.

(4) Confirmation donnée par Charles VII à Montils-les-Tours, en décembre 1448, la 27° année du règne. Ces lettres renferment la charte de Ph.-Auguste (*Arch. nat.,* JJ 224, p. n° 124, publ. ap. La Th., *Cout. loc.,* p. 434-435).

(5) Indiq. par Le Maire, *Hist. d'Orléans,* t. II, p. 34; et ap. *Invent. des arch. du Loiret,* A 986, p. 228, col. 2.

seignements. Suger cependant donne des détails précis, sinon sur Lorris, tout au moins sur l'état de l'Ile-de-France, et plus spécialement du pays d'entre Seine et Loire. On sait les luttes continuelles de seigneur à seigneur, luttes au milieu desquelles les vilains n'étaient pas épargnés. Vers 1059, les habitants de la Cour-Marigny (1), domaine dépendant de l'abbaye de Fleury, las des incessantes déprédations exercées sur leur village par un petit seigneur de Châtillon-sur-Loing, Aubri, marchèrent à sa rencontre les armes à la main (2). Que pouvait contre des chevaliers solidement armés une poignée de paysans mal équipés? Aubri mort, son frère Seguin, non moins cruel, bravant les excommunications, continua ses entreprises contre les colons de l'abbaye. Il ne fallut rien moins, pour débarrasser les moines de ce brigand, que l'intervention miraculeuse de saint Benoît qui le fit périr d'une mort misérable.

A l'approche des armées, les paysans, saisis de crainte, cherchaient un asile derrière les murs des églises, emportant avec eux leurs meubles et leurs récoltes (3).

Aux ravages de la guerre s'ajoutaient les vexations des seigneurs empiétant sur les droits les uns des autres, usurpant les biens des églises (4) et, dans leur besoin d'argent pour guerroyer, frappant toujours leurs hommes de nouvelles tailles : même ils en exigeaient des colons et serfs d'église. Le paysan ne pouvait plus suffire à payer les impositions dont on le chargeait de toutes parts (5). A Monnerville, près d'E-

---

(1) *La Cour-Marigny*, canton de Lorris.

(2) « Albericus, unus ex primoribus castri Castellionis, quod est situm super Lupam fluviolum....., creberrimis deprædationibus prædia sæpius dicendi Patris devastabat maxime illa quæ Curti Matriniacensi adjacent..... Exterriti qui eam inhabitant, videntes hominem sibi infestum cum tanta adfore militum multitudine exierunt ei obvii cum armis » (*Miracles de saint Benoît*, l. VIII, ed. Soc. de l'Hist. de Fr., p. 296-297).

(3) *Miracles de saint Benoît*, l. VIII, p. 315, année 1078.

(4) Voir *P. justif.*, n° II. — Charte de 1066.

(5) « Possessionem beati Dionysii in qua continetur Mesnile sancti Dionysi et Domna Petra et cæteræ villæ... a multis retro temporibus tribus tallis expositam, videlicet domino castri Cabrosæ, et domino castri Nielphæ, et Simoni de Villa Aten, eorum rapacitate *omnino fere destitutam...* » (Suger, *De admin.*, édit. Lecoy, ch. X, p. 165.)

/

tampes (1), le seigneur de Méréville réclamait des habitants
le gîte pour lui et tous ceux dont il se faisait accompagner,
enlevait les récoltes au moment de la moisson, faisait transporter son bois deux ou trois fois l'an, s'emparait des porcs,
des agneaux, des volailles : et tout cela sur le domaine de
l'abbaye de Saint-Denis. Il « dévorait à pleine bouche les
biens des malheureux colons. » Ce n'était pas assez des maîtres : on avait encore à subir les déprédations des sergents,
qui saisissaient les agriculteurs assez hardis pour s'éloigner
de leur demeure, et avec eux leurs troupeaux (2). A la suite
du seigneur venait son sénéchal, puis son prévôt, levant chacun une taille à son profit (3). Les abus de pouvoir des sergents royaux et l'incurie des officiers du monastère de Saint-

(1) *Monnerville*, Seine-et-Oise, arr. Etampes, c^{on} Méréville. — « ... Mor-
narvilla, villa omnium facta miserrima, quæ sub jugo castri Merevillæ con-
culcata non minus quam Sarracenorum depressione mendicabat; cum ejusdem
castri dominus, quotienscumque vellet, in eadem hospicium cum quibuscumque vellet raperet, *rusticorum bona pleno ore devoraret*, talliam et annonam
tempore messis pro consuetudine asportaret,............................
Quæ cum tanta oppressionne per *multa tempora in solitudinem fere jam redi-
geretur*, audacter resistere ... elegimus. Hugo, castri dominus, ... beato Dionysio in perpetuum omnes omnino consuetudines... relexavit, remisit... »
(Suger, *De admin.*, c. XI, édit. Lecoy, p. 168-169.) La remise faite par Hugues de Méréville des coutumes qu'il percevait est constatée par un diplôme
de Louis VII (1144), indiq. par Lecoy, ap. *Suger*, p. 372.

(2) « In pago Meldensi, villa quæ dicitur Marogilum (Mareuil), occasione
cujusdam viaturæ quam Ansoldus de Cornello fere usque ad ipsas villæ domus possidebat, gravissime infestabatur : cum nec agricolæ nec alii quilibet
villam exire tuto auderent, quin occasionibus multis viaturæ a servientibus
Ansoldi raperentur, et ad curiam ejus intercepti ducerentur, nec minus de
pecoribus villam exeuntibus redimerentur... » (Suger, *Ibid.*, c. XXI, édit.
Lecoy, p. 182.)

(3) « Tauriacus (*Toury*, Eure-et-Loir) igitur, famosa beati Dionysii villa...
intolerabilibus dominorum... castri Puteoli angariis... premebatur, ut, cum
illuc temporibus antecessoris nostri bonæ memoriæ Adæ abbatis, ut præpositus terræ providerem satis adhuc juvenis accessissem, jam *colonis pene desti-
tuta langueret*, rapacitati Puteolensium data esca populis Æthiopum omnino
pateret. Nec enim ipsa domus propria beati Dionysii seipsam aliquando tue-
batur quin ipse dominus per satellites suos eam frangeret, quæcumque reperta
sacrilego spiritu asportaret, adjacentes villas frequentibus hospiciis confun-
deret, annonam et *talliam sibi primum, deinde dapifero suo, deinde præposito suo*, rusticorum vectigalibus ad castrum deferri cogeret. Vix qui aderant
sub tam nefandæ oppressionis mole vivebant. » (Suger, *Ibid.*, c. XII, p. 170-
171.)

Denis avaient amené à rien le domaine de Beaune-la-Rolande (1), voisin de Lorris, naturellement fertile en vin et en froment.

Aux portes de Paris, le seigneur du Puiset, « plus rapace qu'un loup (2), » les seigneurs de Corbeil, de Montlhéry, de Châteaufort barraient les routes et rendaient périlleux le voyage de Paris à Orléans. Les châtelains ne craignaient pas de dévaliser les marchands qui passaient sur les routes royales (3). En plein cœur de la France, les voyages se faisaient à main armée (4). Il y eut un temps où le roi, resserré dans le Parisis, ne pouvait plus gagner Melun (5), bien loin qu'il pût traverser le Gâtinais pour se rendre à Orléans, cette autre capitale des premiers Capétiens (6).

Agriculture et commerce dépérissaient. Epuisées par tant de maux, les populations commençaient à se révolter (7);

(1) « Inter alias una de melioribus b. Dionysii possessionibus in pago Guastinensi Belna dinoscitur, quæ ... frumenti et vini opulentia ferax, ... si non vexetur a servientibus domini regis, seu nostris, omnibus bonis exube-rat, quæ per incuriam procuratorum *raro inculta habitatore* ad tantam decli-naverat inopiam. » (Suger, *Ibid.*, c. XV, p. 174.)

(2) Expression de *Suger, Ibid.*, p. 72.

(3) « Hugo de Pompona, miles strenuus, castellanus de Gornaco, castro super fluvio Matronæ sito (*Gournay-sur-Marne*, arr. Pontoise), mercatorum in regia strata equos ex insperato rapuit et Gornacum adduxit. » (Suger, *Vita Ludovici*, c. X, éd. Lecoy, p. 41.)

(4) « Cumque a fluvio Sequanæ Curbolio, medio viæ Monteleherii, a dex-tera Castello forti, pagus Parisiacus circumcingeretur *inter Parisienses et Aurelianenses* tantum confusionis chaos firmatum erat, ut neque hi ad illos neque illi ad istos absque perfidorum arbitrio, *nisi in manu forti* valerent transmeare. » (Suger, *Ibid.*, c. VIII, p. 25.)

(5) « ... Imo aliquod tempus fuit in quo adeo arctabatur, ut nec posset exire Meledunum, vel ire ab urbe Parisiensi prope Corbolium, quoniam comes Odo ei in omnibus adversabatur : nec a Parisiensi ad Stampas... nec etiam a Stampis Aurelianis secure ire valebat propter Putheoli castrum interposi-tum. » (*Ex veteri membrana*, ap. D. Bouquet, t. XII, p. 64.)

(6) « Fuit namque prædicta civitas (*Orléans*) antiquitus, ut est in præsen-tiarum, regum Francorum principalis sedes regia, scilicet pro sui pulchritu-dine ac populari frequentia necnon et telluris ubertate, perspicuique irri-gatione fluminis. » (*Raoul Glaber*, l. II, ap. D. Bouq., t. X, p. 17.)

(7) En 1067, les serfs de Viry (*Viry-Châtillon*, Seine-et-Oise, c^on Longju-meau) s'insurgeant contre le prévôt et les chanoines de Notre-Dame de Paris, refusèrent le service de guet nocturne, et réclamèrent le droit de choisir librement leurs épouses. Les serfs durent reconnaître leur culpabilité. (Gué-rard, *Cartul. de N.-D.*, t. III, p. 354.)

plus souvent, elles quittaient les villages. La campagne se changeait en désert. Les terres restaient en friche. En 1108 et 1109, on constate à Sens une augmentation singulière dans le prix des grains (1).

Admettons que les excès de pouvoir, dont nous donnions quelques exemples, fussent des exceptions, toujours est-il qu'aussi souvent répétés et sur une étendue de territoire restreinte, ils suffisaient à entraîner une misère profonde au bout de peu d'années. Un fait certain et bien constaté, c'est la dépopulation des campagnes au début du xiie siècle (2). Les guerres seigneuriales, la rapacité des nobles ne sont pas sans doute les seules causes qui l'ont déterminée; mais à coup sûr elles sont parmi les plus importantes.

Je n'ai cité que des textes relatifs à des domaines ecclésiastiques. Mais je crois que l'état des terres seigneuriales et royales n'était guère plus florissant. Le fait que Louis VI et Louis VII ont pris à l'égard de leurs villages les mêmes mesures que Suger à l'égard de ceux de son abbaye, prouve

---

(1) « Anno MCVIII. Hoc quoque anno fuit *aliquanta* venditio annonæ ita ut venderetur sextarius frumenti sex solidis, ordei IIII, avenæ III, siliginis V » (*Clarius*, ap. *Bibl. histor. de l'Yonne*, t. II, p. 516). — « Anno M CVIIII... In subsequenti Maio, vel Junio atque Julio venditio annonæ quam in præterito anno, verno tempore, diximus fuisse frumenti VI solidorum, duplicata est, ita ut frumentum venderetur XII solidis : aliæ annonæ similiter duplicatæ sunt. » (*Ibid.*, p. 519.)

(2) Aux textes déjà cités et qui se rapportent au Gâtinais, ajoutons-en quelques-uns relatifs à des pays voisins. « Cum igitur præfatus Philippus (Philippe, frère bâtard de Louis VI) crebro submonitus auditionem et judicium curiæ superbe refutasset, *deprædationibus pauperum*, contritione ecclesiarum, *totius etiam pagi dissolutione* rex lacessitus, illuc, licet invitus, properavit. » (Suger, *Vita Lud.*, c. XVII, éd. Lecoy, p. 67-68.) — Vers 1105 : « Quoniam variis tyrannice insecutionis violentiis nostros hospites qui Groslu morantur, Gervasius urgebat, *ut ab infinitis, quas fuge elongatione jam cogitaverant evadere*, eriperentur pressuris... » (*Cartul. de S.-Père de Chartres*, n° 62, p. 566.) — Entre 1076 et 1084, dans le pagus d'Auxerre : « Item cum Pulverenum, meliorem hujus ecclesiæ terram, violentia quorumdam tyrannorum, iniquam duplicis salvamenti consuetudinem singulis annis rapiendo, *prope desertam ruricolis et aliis bonis effecisset*, fortitudo presulis istius subveniens. » (*Gesta episcop. Autiss.*, ap. *Bibl. histor. de l'Yonne*, t. I, p. 399.) Voir encore la charte constatant un pariage entre Louis VI et l'abbaye de Sainte-Marie de Coulombes (1119) pour la remise en culture d'une terre « *in solitudine redacta*. » (Brussel, *Usage des fiefs*, t. I, p. 394, n. A.)

assez qu'ils avaient à remédier aux mêmes souffrances. D'ailleurs, il n'était pas inutile de rappeler la situation des terres
d'église; car nombre de pariages ont été conclus entre les
rois et des abbés pour la jouissance de villages dotés des Coutumes de Lorris.

De plus, sur les domaines du roi, les prévôts dépassaient
sans cesse les limites de leur pouvoir; et, cherchant à faire
rendre à leur office le plus possible, prélevaient sur les récoltes des parts exagérées, exigeaient des marchands de nouveaux droits de péages, s'attribuaient chez les commerçants
un crédit prolongé, multipliaient les procès et par suite les
amendes. De telle sorte que les paysans se trouvaient accablés
par ceux-là même qui auraient dû les défendre. Il est inutile,
après le chapitre de M. Luchaire (1) sur les dangers de l'institution prévôtale, de prouver ce que j'avance ici; je ne pour-
rais citer de nouveaux textes. C'est en partie pour mettre fin
à ces abus de pouvoir que les rois du XIIe siècle ont fait rédiger les chartes de coutumes : les redevances y sont fixées, et
désormais le prévôt pourra lever celles-là seulement et pas
d'autres. On remarquera encore, dans la charte de Lorris, un
certain nombre d'articles concernant la procédure qui n'ont
d'autre but que de diminuer la fréquence des procès, et d'empêcher le prévôt d'évoquer trop facilement les parties à son
tribunal.

Ainsi deux causes avaient contribué au dépeuplement des
campagnes : les excès des seigneurs et ceux des prévôts.

En prévenant, par l'octroi de chartes de coutumes, le retour de pareilles exactions, Louis VI et Louis VII cherchèrent
à repeupler leurs terres et, par suite, à augmenter la source
de leurs revenus.

Voici comme s'exprime Louis VI en tête de la charte accordée à *Angere-Regis*, dans l'Orléanais, en 1119 : « Ego Ludovicus..... cujusdam terre nostre homines, quam Angere-Regis
vocant et que super Ebulitione est, que eciam ita deserta erat
ut pene in solitudinem devenisset, majestatem nostram adierunt postulantes ut eam liberam esse concederemus..... Nos
vero nobis et terre nostre consulantes, predictam petitionem

(1) Luchaire, *Institutions des premiers Capétiens*, t. I, p. 228-231.

1

eis, ut ipsi postulaverunt, concessimus (1). » En 1159, Louis VII déclare qu'il a confirmé au Moulinet les Coutumes de Lorris pour provoquer un accroissement de population : « Itaque ut villa magis ac magis crescat petitione inhabitantium Lorri consuetudines ipsis concessimus (2). » La même raison le détermina à octroyer ces Coutumes, en 1163, à Villeneuve-le-Roi : « Ut autem villa cresceret in brevi, quia volebamus multos ibi esse habitatores, ipsis concessimus omnes consuetudines Lorriaci (3). » Dans le préambule de la charte par laquelle Louis VII donna, en 1165, les Coutumes de Lorris aux habitants de Sénely (4), ce roi rappelle que, pour le profit de sa terre, comme aussi par piété, il réprime partout les exactions et tempère la dureté des mauvaises coutumes ; aussi accorde-t-il les Coutumes de Lorris aux habitants de Sénely, domaine que les déprédations de ses sergents et de quelques autres hommes avaient réduit à rien.

Citons encore le préambule de la charte de fondation d'une ville neuve, près d'Étampes, dans la plaine de la Varenne (5). Le désir de Louis VII de rendre son autorité supportable à ses sujets et de leur assurer des garanties d'existence est nettement marqué en tête de la charte pour Dun-le-Roi (1175) : « Regiam decet clementiam subjectorum molestiis et gravaminibus misericorditer occurrere, ut sub nostro dominio commorari libentius appetant et vivere valeant tutiores (6). »

(1) *Ord.*, t. VII, p. 444-445.

(2) *Ord.*, t. XI, p. 204.

(3) *Ord.*, t. VII, p. 57.

(4) « Ego Ludovicus..... ad utilitatem et incrementum terre nostre pio utimur temperamento, ubicumque indebitas abolemus exactiones et pravarum asperitatum (corr. *asperitates*) consuetudinum mitigamus. Notum itaque facimus..... quod villam nostram quam Seneliacum vocant, que aggravatione servientum nostrorum aliorumque quorumdam hominum pene ad nichilum redacta fuerat, herbergiamus ad consuetudines castri nostri Lorriaci. » (*Ordonn.*, t. XIII, p. 520.)

(5) 1169. « De regie pietatis gracia debemus impensa beneficii pauperes misericorditer invitare, ut sub nostre defensionis tuicione venire possint securiores. » (*Ord.*, t. VII, p. 684.)

(6) La Thaumass., *Cout. loc.*, p. 67. Les mêmes idées sont reproduites à peu près dans les mêmes termes en tête de deux diplômes de Ph.-Aug., dont l'un pour la même ville de Dun-le-Roi, et l'autre pour la ville de Bourges (1181), ap. La Th., *Cout. loc.*, p. 68.

L'indolence de Philippe Ier (1) avait encouragé la hardiesse des seigneurs. Il était temps qu'un roi vînt actif et vaillant qui mît fin aux entreprises audacieuses des barons et aux exactions des prévôts et rendît aux campagnes la tranquillité. Ce fut chose toute nouvelle (2) de voir un souverain travailler à la paix de son royaume et à l'amélioration du sort des laboureurs et des pauvres. Nous n'avons pas à raconter ici les longues et pénibles luttes de Louis VI contre les seigneurs d'entre Seine-et-Loire. Leurs désordres une fois réprimés, restait à assurer aux vilains un avenir plus heureux. A l'œuvre du guerrier devait succéder celle du législateur. Mettre fin aux abus de pouvoir, de quelque part qu'ils vinssent, repeupler les campagnes abandonnées, relever l'agriculture et le commerce, voilà une partie de l'œuvre entreprise par Louis VI, et continuée par son successeur.

CHAPITRE II.

Les Coutumes de Lorris.

Après avoir cherché à déterminer les principaux motifs qui ont porté les rois à faire rédiger des chartes de coutumes et particulièrement celle de Lorris, il faut aborder l'examen du texte même qui nous occupe.

La plus ancienne rédaction, faite par ordre de Louis VI, est perdue. Nous n'avons donc qu'un texte, celui de 1155, dont le diplôme de Philippe-Auguste est la reproduction pure et simple, sans aucune modification apportée ni au fond même de l'acte, ni à l'ordre des articles, ni même au style.

Il m'a paru impossible d'établir exactement la relation qui

(1) « Philippus vero in primis multa strenue gessit annis, sed ætate procedente, mole carnis aggravatus, ampliorem operam cibo indulsit et somno quam rebus bellicis. » (*Miracula S. Benedicti*, l. VIII, c. 24, éd. *Soc. de l'Hist. de France*, p. 314-315.)

(2) « Ludovicus itaque famosus juvenis... ecclesiarum utilitatibus providebat, *oratorum, laboratorum et pauperum, quod diu insolitum fuerat, quieti studebat.* » (Suger, *Vita Ludovici*, c. II, p. 14.) — Voyez Suger, *Ibid.*, c. XIV, p. 49.

existait entre la charte de Louis VI et celle de son successeur. Ce dernier se contenta-t-il de confirmer le diplôme accordé par son père, ou bien en renouvela-t-il la rédaction? Le
préambule de la charte de 1155, qui aurait pu permettre de
résoudre la question, ne nous est pas parvenu. Quelques villages, comme nous le verrons, ont obtenu les Coutumes de
Lorris dès le règne de Louis VI; mais les chartes d'octroi n'en
contiennent pas la transcription. Seulement, comme des dispositions analogues aux articles les plus importants de la
charte de Louis VII pour Lorris sont disséminées dans divers
documents émanés de la chancellerie de Louis VI, il y a tout
lieu de croire que Louis VII n'a fait qu'approuver la concession de son père.

Comme cela arrive d'ordinaire au XIIᵉ siècle, les matières
contenues dans la charte de 1155 sont dans le plus grand dé-
sordre. Pour éviter les répétitions et rendre l'exposition plus
claire et plus logique, je me crois autorisé à grouper dans
cette étude les articles de même nature. J'emploierai indif-
féremment, pour désigner ce texte, les mots : *Coutumes, franchises, privilèges;* me réservant, après avoir dégagé le caractère de cet acte royal, de dire quelle dénomination il me
semble préférable d'adopter.

ADMINISTRATION. — Un prévôt établi à Lorris y représentait
le roi. Il en est fait mention pour la première fois, à notre
connaissance, dans un mandement adressé à lui et au prévôt
de Sully par le roi Louis VII, probablement en 1147, avant
le départ pour la Terre Sainte, et certainement avant 1162 (1).
Le prévôt est nommé à plusieurs reprises dans la charte de

(1) Ce mandement a été publié dans *D. Bouq.*, t. XVI, p. 13, d'après une
copie de D. Estiennot, *B. Nat.*, ms. lat. 12739, p. 362-363. Une copie du
Cartul. I de Fleury, p. 281 (Arch. du Loiret) offre quelques différences avec
celle-ci : *Manasses* y est dit abbé de Fleury, au lieu de *Macharius*. Après *in-
feratis*, à la fin de l'acte, on lit « *nec permittatis inferre.* » Le roi par ce
mandement enjoint aux prévôts de faire respecter les privilèges de l'abbaye
de Saint-Benoît qu'il a confirmés à la requête de l'abbé Machaire. Machaire
est devenu abbé en 1146, ou peu avant (voir *Gallia Christ.*, t. VIII, col.
1557). Il s'agit donc d'un diplôme de Louis VII daté de Reims, 1147, la 11ᵉ
année du règne (*P. justif.*, nº VI). Le mandement a dû suivre de près le
diplôme. Machaire est mort en 1162.

1155 (1). Toute l'administration était entre ses mains : il percevait les revenus du roi et rendait la justice. Rien n'autorise à croire que les habitants de Lorris aient pris, aux XIIe et XIIIe siècles, aucune part à la gestion des affaires de leur paroisse (2).

Chargé de faire respecter les droits royaux, le prévôt aurait pu violer la liberté des habitants : aussi devait-il à son entrée en charge s'engager par serment à maintenir les privilèges octroyés par le roi (art. 35).

Le mode de nomination de ce magistrat nous échappe. On remarque seulement dans les comptes de 1202 que les recettes de chaque prévôté montent à la même somme pour chacun des trois termes de l'année : à Lorris 193 livres, 6 sous, et 8 deniers en novembre, février et mai (1202-1203) (3) : d'où Brussel a pu justement conclure que, dès 1202, les prévôtés étaient affermées (4). Une charte par laquelle Philippe-Auguste donne à ferme à la commune de Chaumont la prévôté de cette ville, « sicut prepositus eam tenebat, » confirme cette opinion (5).

Il semble qu'aussitôt après l'institution des baillis royaux le prévôt de Lorris ait été placé sous la surveillance du bailli d'Orléans. Dans le compte de 1202, en effet, les sergents de Lorris sont énumérés parmi ceux qui dépendaient de la baillie de Guillaume de la Chapelle (6). On y lit encore : « Hoc debet recipere Willelmus de Capella... Pro præposito Albegniaci et præposito Lorriaci (7). » Il est vrai que dans la dépense de Nicolas de Hautvilliers, bailli de Sens, en 1234, figurent di-

---

(1) Art. 7, 12, 14, 18, 23, 35.

(2) Je ne sais sur l'autorité de quel texte M. Combes s'est appuyé pour écrire : « Lorris était vraiment un bourg fortuné. Il y avait aussi un conseil de ville, une forte administration municipale qui ressemblait encore néanmoins à un simple conseil paroissial. » *Annales de la Faculté des lettres de Bordeaux*, t. II, p. 62-63.

(3) Brussel, *Usage des fiefs*, t. II, *Chartes*, p. CXL-CXLI, CLXVIII, CXCIII.

(4) Brussel, *ouv. cité*, t. I, p. 422.

(5) Paris, 1205, *Reg. C de Ph.-Aug.*, pièce 374, Arch. Nat., JJ 7-8, 2e partie, f° 69 v°. « De prepositura Calvimontis data ad firmam. »

(6) Guillaume de la Chapelle était bailli d'Orléans. Brussel, *ouv. cité*, t. II, *Chartes*, p. CXLVIII, 1re col.

(7) Brussel, *Ibid.*, p. CLIV, 2e col.

verses sommes payées à Guillaume « *de Lorriaco* » et Aveline
« *de Lorriaco* (1). » Ce qui ne prouve pas que Lorris fût du
ressort du bailliage de Sens ; car le même document nous ap-
prend que divers villages du Gâtinais très voisins de Lorris
dépendaient du bailli de Sens ; des personnes originaires de
Lorris pouvaient y résider. Il est certain qu'en 1295 (2) la
prévôté de Lorris était comprise dans la baillie d'Orléans ; il
en était de même au commencement du xive siècle (3).

Au-dessous du prévôt, les *sergents*, chargés d'exécuter ses
ordres et de veiller au maintien de la paix publique. Le soin
de faire la police incombait aussi dans une certaine mesure
aux chevaliers. Chevaliers et sergents devaient saisir les animaux domestiques qu'ils trouvaient dans les bois royaux et
les amener au prévôt de Lorris, qui, seul, avait qualité pour
prononcer, s'il y avait lieu, une amende contre le propriétaire (art. 23).

Au moment où ils étaient investis de leur office, les sergents juraient de respecter la charte de coutumes (art. 35).

Le traitement des officiers inférieurs ne consistait guère, au
xiie siècle, que dans la part qu'ils prélevaient sur les récoltes :
de là de nombreuses et continuelles exactions, auxquelles la
royauté chercha à mettre fin en réglant les droits de prise. Il
fut établi à Lorris que chaque laboureur, cultivant la terre
avec une charrue, ne paierait plus, au temps de la moisson,
qu'une mine (4) de seigle à tous les sergents de la paroisse
(art. 22).

(1) Comptes de 1234, *Rec. des histor.*, t. XXII, p. 574 G-H.
(2) Compte de La Toussaint 1295, *Rec. des histor.*, t. XXII, p. 657-660. —
Baillie d'Orléans : « *Recepta...* § 151 b. De traverso Lorriaci pro toto X. lb.
De quadam platea juxta Sanctum Supplicium de Lorriaco et alia ante molendinum ibidem locata pro toto IIII s... § 151 f. De sigillo Lorriaci VI. lb. *Expensa*, § 152 k, Lorriacum, pro operibus factis in domibus, in villa, in pontibus et halis ibidem XVIII, lb. XIII, s., X d. Pro repparatione cujusdam
furni ibidem combusti XL lb. V s., VI d. Pro parum computato de factione
vinearum de tempore æstivali et pro ipsis vendemiandis, C s. XII d. Pro
operibus factis apud Molinetum pro parte domini regis CX s. »
(3) *Pièces justificatives*, no XXII.
(4) Le Gâtinais avait des mesures particulières, aux xiie et xiiie siècles. —
Charte de Louis VII (1169) portant fondation de l'église Saint-Saturnin à Fontainebleau : « Assignavimus tres modios frumenti *ad mensuram de Gastinois.* »
D. Morin, *Hist. du Gâtinais*, p. 510. — Charte de Louis IX (1248) par la-

La charte de 1155 mentionne encore le *héraut* ou crieur public (*preco*, art. 21) et le *guetteur* (*excubitor*, art. 21). Le premier faisait connaître sans doute les ordres du roi ou de ses officiers; il annonçait les bans (1). Quant à l'*excubitor*, il faisait le guet et veillait à la sûreté de la ville. Ni l'un ni l'autre n'avaient droit à aucune redevance lors de la célébration d'un mariage à Lorris (art. 21).

Il était de l'intérêt des habitants que le nombre des agents royaux fût le plus restreint possible. Aussi le roi fit-il défense d'établir aux fours de Lorris des *porteurs* (art. 24) (2).

CONDITION DES PERSONNES. — Les dispositions de la charte de 1155 ne s'appliquent qu'à ceux des habitants de Lorris qui y possèdent une maison. Il est vrai qu'on lit à l'article 2 : « *Nullus hominum de parrochia Lorriaci...* » Mais il s'agit des hommes désignés ainsi à l'article précédent : « *Quicumque in Lorriaci parrochia domum habebit.* » Ce qui me semble plus décisif, c'est que, par arrêt du Parlement de 1272, les bourgeois de Lorris possédant une maison dans la censive du roi sont seuls déclarés exempts de péage à Pithiviers (3).

Nous ne savons pas exactement quelle était la condition des habitants de Lorris avant l'octroi de la charte. Le fait que cet acte ne renferme aucune allusion au droit de mainmorte laisse à penser que les hommes de Lorris n'y étaient pas soumis. L'article 17 porte qu'il sera loisible à ceux qui quitteront la ville de vendre leurs biens; à supposer que ce soit là un privilège nouveau, on ne peut en conclure que les

---

quelle il fonde l'abbaye du Lys : « Insuper eidem abbatie et monialibus dedimus quinquaginta quatuor modios avene *ad mensuram Gastinensem* singulis annis imperpetuum capiendos in avenis nostris Gressii et Capelle Regine in festo omnium sanctorum. » *B. Nat., Cartul. du Lys*, ms. lat. 13892, f° 25 v°.

(1) Accord entre le chapitre de Sens et G. du Plessis au sujet de leurs droits respectifs à Pont-sur-Yonne, en mars 1224 : « De *precone* ita est quod instituetur a capitulo et institutus faciet fidelitatem capitulo et predictis Gaufrido et nepoti ejus, et *clamabit bannum* ex parte omnium insimul. » *Arch. de l'Yonne*, Orig., G. 145.

(2) Voyez : Note de Secousse, ap. *Ord.*, t. IV, p. 76, note bb. — *Du Cange*, éd. Henschel, v° *Portator*, t. V, p. 363, col. 1; il ne cite que le texte de Bois-Commun qui est celui de Lorris.

(3) Beugnot, *Olim*, t. I, p. 410-411.

habitants aient été mainmortables. En effet, cette clause vise
un cas particulier, celui où un homme abandonne sa terre,
et ne fait que supprimer entièrement le droit de suite qui
s'appliquait aux biens comme aux personnes. Ce qui me confirme dans cette opinion, c'est que dans la charte de Mailly-
la-Ville, qui reproduit l'article 17, deux autres dispositions
ont été insérées accordant aux habitants le droit d'aliéner
leur maison et de transmettre leur héritage à leurs parents (1) :
l'article 17 n'emportait donc pas suppression du droit de main-
morte.

La taille est supprimée par l'article 9. Ainsi, les hommes
de Lorris deviennent, en vertu de la charte de 1155, complètement libres. Sous Philippe-Auguste, on les dit *bourgeois* (2.)

En faisant rédiger ces privilèges, la royauté avait voulu
provoquer un accroissement de population. Elle distribua donc
à un certain nombre d'individus des terres sur le territoire de
Lorris; elle y établit des hôtes. Elle y reçut en outre les étrangers venus d'autres seigneuries et qui avaient satisfait à certaines conditions requises par l'article 18, et dont nous allons
bientôt parler. Les hôtes, dont il est question dans une charte
de 1144 (3), ne constituent pas une classe particulière d'individus. Leur condition, à partir de la rédaction des franchises,
est la même que celle des anciens habitants de la paroisse.
D'ailleurs les privilèges accordés à Lorris sont analogues à
ceux donnés aux hôtes établis pendant le xiie siècle par la
royauté dans les lieux incultes de la même région : par exemple, aux hôtes du Marché-Neuf d'Étampes (4), à ceux de
Villeneuve, près d'Étampes (5), des Alluets (6), d'Acque-

---

(1) « Quilibet hominum Mailliaci domum suam quando voluerit ad libitum
suum vendat, salvis venditionibus meis. » — « De excasuris ita erit quod
semper ad propinquiorem devenient... »

(2) « Debita Henrici de Soliaco... Debet Petro Chapel, burgensi Lorriaci »
(*Arch. nat.*, Reg. C de Ph.-Aug., JJ 7-8, 2e partie, fo 145 vo).

(3) *Pièces justificatives*, no V.

(4) *Ord.*, t. VII, p. 34.

(5) *Ord.*, t. VII, p. 684.

(6) *Alluets-le-Roi*, Seine-et-Oise, arr. de Versailles, canton Poissy (*Ord.*,
t. VII, p. 275).

bouille (1). Les hôtes ne jouissent pas tous à cette époque d'une égale liberté. Ce terme désigne les individus qui ont reçu une hostise, une maison et des terres, à des conditions plus ou moins onéreuses. La place qu'ils occupent dans la hiérarchie sociale est donc essentiellement variable. Ainsi le roi avait, au XIIᵉ siècle, des hôtes taillables (2).

Les serfs du roi qui pouvaient habiter la paroisse de Lorris au moment de l'octroi des Coutumes furent probablement admis à y participer, bien que dans la charte il ne soit nulle part question de leur affranchissement. Lorsqu'en 1187, Philippe-Auguste accorda aux habitants de Voisines ces mêmes Coutumes, il spécifia que ses serfs qui y résidaient continueraient à y demeurer, sans indiquer quelle serait leur condition, mais que désormais aucun de ses hommes de corps ni de ses hôtes taillables ne serait admis dans la ville; autrement il eût pu perdre son droit à lever la taille sur eux. Villeneuve-le-Roi obtint les Coutumes de Lorris en 1163. Cependant nous voyons le roi y disposer de l'eschoite d'une femme de corps, en 1221 (3).

Quant aux vilains, mentionnés à l'article 15, nous ne saurions dire avec assurance ce qu'ils étaient : probablement les cultivateurs de la paroisse de Lorris vivant en dehors de l'enceinte du bourg.

Il est certain que, parmi les habitants de Lorris, les hommes du roi sont seuls atteints par la charte de 1155. Au commencement du XIIIᵉ siècle, on comptait dans la baillie de ce village (4) 48 chevaliers, 9 veuves nobles et 14 valets, qui,

(1) *Escoboliæ. Acquebouille*, Loiret, arr. Pithiviers, canton d'Outarville, hameau de la commune de Faronville (*Pièces justif.*, nº IV).

(2) « Hospitibus nostris taillabilibus. » Charte de Voisines, en 1187, voir : *Texte des Coutumes de Lorris*, art. 18, *var.* — La charte par laquelle Arnoul, abbé de Ferrières, du consentement de Ph.-Aug., accorda, en 1185, aux serfs et aux hôtes de la paroisse de Saint-Éloi et de la banlieue de Ferrières, le droit de quitter le territoire et de disposer de leurs biens, prouve qu'en certains lieux les hôtes étaient assimilés aux serfs : « *Habeant licentiam et potestatem tanquam liberi hospites* » (*D. Morin*, p. 705).

(3) 1221. Donation par le roi à Henri Concierge, son chambellan, de l'eschoite de Théophanie, sa femme de corps : « Eschaetam que nobis accidit apud Villam Novam Regiam, de Theophania, femina nostra de corpore. » ap. Quantin, *Recueil de pièces du XIIIᵉ siècle*, nº 266, p. 117.

(4) *Pièces justif.*, nº XV.

vraisemblablement, possédaient des serfs et des hommes de conditions diverses. Le roi n'avait pas pouvoir de les doter de franchises.

Ainsi, pour être régi par la charte royale, il fallait dépendre du roi et posséder une maison à Lorris.

Voyons maintenant à quelles conditions devaient satisfaire les étrangers pour acquérir le droit de bourgeoisie à Lorris.

Était admis à la jouissance des privilèges dont ce bourg avait été doté tout homme qui y avait fait résidence d'an et jour, sans qu'un seigneur y eût fait opposition; au bout de ce temps, le seigneur, dont il avait quitté le domaine, perdait tout droit à le réclamer (art. 18).

De plus, le nouveau manant devait, dans le cas où une poursuite était intentée contre lui à raison de sa nouvelle résidence à Lorris, consentir à faire droit, c'est-à-dire, à comparaître devant le tribunal du prévôt. Tel est le sens des mots « neque per nos sive per prepositum rectitudinem prohibuerit » (art. 18) (1).

La charte de Lorris est une des plus anciennes où l'on rencontre la disposition en vertu de laquelle un seigneur perd son droit sur un serf au bout d'un an; elle avait été probablement insérée dans la première rédaction, au temps de Louis VI. On la trouve déjà en 1107 dans la charte de fondation de l'abbaye d'Orbestier au diocèse de Luçon (2), et encore

(1) L'éditeur du t. IV des *Ordonnances* avait renoncé à expliquer cette phrase (p. 72; note de la p. 75). Pastoret (*Ord.*, t. XV, p. 168) donne un commentaire inadmissible; et encore modifie-t-il le texte. M. Guizot n'a pas non plus donné une traduction satisfaisante (*Hist. de la civilisation*, t. IV, p. 225). — Je n'ai pu donner le sens de cette proposition que grâce à la charte accordée à Ervy, par Thibaut III : « Et quicumque in parrochia vel castellaria mansurus advenerit, si clamor eum secutus fuerit, et per me vel prepositum rectitudinem facere voluerit, liber et quittus ibi permaneat; si autem rectitudinem facere noluerit, usque ad tutum locum conductum meum habeat » (art. 15, *Ord.*, t. VI, p. 201).

(2) Le comte de Poitiers cède à l'abbaye son domaine de la Biretère : « Volo quod omnes homines habitantes et habitaturi in dicta villa vel in ejus pertinentiis, postquam per annum et diem ibidem permanserint, possint deinde habitare ubicumque voluerint per totum territorium meum de Calma; et sicut immunes et liberi ab omnibus coustumis et taleis et serviciis... » Charte publ. par Besly, *Hist. des comtes de Poitou*, p. 352, sous la date de 1007. M. de la Boutètière lui a restitué sa vraie date qui est 1107 (*Bulletin*

en 1120 dans la charte donnée à Fribourg en Brisgau par Bertold duc de Zaehringen (1).

D'où dérive ce terme d'an et jour? Dès le commencement du XII° siècle, le fait d'avoir détenu un immeuble pendant an et jour est mentionné comme donnant la saisine (2). Toutefois, cette seule détention ne suffit pas : il faut au possesseur un titre acquisitif. Seulement, la possession paisible et légitime pendant an et jour faisait naître au profit du possesseur une exception qu'il pouvait opposer à ceux qui l'auraient attaqué, et particulièrement aux lignagers.

Il serait naturel de penser que cette prescription défensive appliquée d'abord aux immeubles a été ensuite étendue aux serfs. Cette affirmation serait téméraire. Car, le délai d'an et jour apparaît en même temps dans les Coutumes du XII° siècle comme prescrivant la possession des immeubles et celle des serfs.

Tout ce qu'on peut chercher à établir, c'est l'origine de cette prescription d'une année, considérée indépendamment de son objet (3).

Elle ne peut provenir du droit romain, comme semble le croire Laurière (4). Les prescriptions d'origine romaine sont

de la Société des Antiquaires de l'Ouest, 2° série, t. I, p. 96). Elle est aussi publ., ap. *Archives histor. du Poitou*, t. VI, p. 1-4.

(1) Art. 37. « Quicumque in hac civitate diem etannum, nullo reclamante permanserit secura de cœtero gaudebit libertate. » Giraud, *Essai sur l'hist. du Droit français*, t. I, *Pièces just.*, p. 126.

(2) Art. 17 de la charte de commune de Beauvais. « Si contigerit quod aliquis de communia hereditatem aliquam emerit, et per annum et diem tenuerit, et edificaverit, quicumque postea veniet et per emptum calumpniabitur, super illi non respondebitur; sed emptor in pace remanebit. » Charte de Louis VII, confirmative de la charte de Louis VI, *Ord.*, t. XI, p. 193. — Charte d'Amiens, 1190, art. 25 : « Si quis terram aut aliquam hereditatem ab aliquo emerit, et illa, antequam empta sit, propinquiori heredi oblata fuerit, et heres eam emere noluerit, nunquam amplius de ea illa heredi in causa respondebit. Si autem propinquiori heredi oblata non fuerit, et qui eam emerit, vidente et sciente herede, per annum eam in pace tenuerit, nunquam de ea amplius respondebit. » *Ord.*, t. XI, p. 266.

(3) Le jour n'a été ajouté que pour mieux marquer le complet achèvement de l'année.

(4) « Chez les Romains, le préteur donnoit à celui qui avoit été chassé par force de son héritage l'interdit *unde vi* dans l'année pour en recouvrer la possession, et après l'année il ne luy donnoit plus que l'action *in factum*. » Laurière, *Glossaire du droit français*, t. I, p. 273. — Voyez : Laferrière, *Hist. du droit civil de Rome et du droit français*, t. I, p. 379-381.

I

celles de dix, vingt et trente ans, usitées en France pendant
la période carolingienne.

Le titre XLV (1) de la Loi salique porte que tout étranger
qui aura demeuré pendant douze mois dans un village, sans
que personne s'y oppose, jouira des mêmes droits que les
autres habitants du *vicus*. L'analogie est incontestable entre
le titre XLV et les dispositions des chartes de coutumes
concernant l'acquisition du droit de bourgeoisie. Il ne faut
pas cependant trop se hâter de conclure que le principe coutumier est dérivé directement de ce passage de la Loi salique; mais, prendre garde que les conditions d'entrée dans
un village sont différentes au ve et au xiie siècles. Dans
la Loi salique il s'agit d'un village dont le territoire est pos-
sédé en commun par les habitants; pour qu'un nouveau venu
puisse occuper une terre, le consentement, au moins tacite,
des co-propriétaires est indispensable. Au xiie siècle, la situation n'est plus la même. Dans un village, les habitants
n'ont aucune part à l'établissement d'un étranger au milieu
d'eux. Le nouvel arrivant invoque sa résidence d'an et jour,
non pas contre les membres de la communauté où il entre,
mais contre son ancien seigneur.

Tout ce qu'on est en droit de conclure du titre XLV, c'est
que les usages germaniques n'accordaient qu'un délai d'un an
à une partie lésée, ou qui se croyait telle, pour faire valoir
ses droits.

Ce terme d'un an persiste à l'époque carolingienne (2) :
les mentions en sont toutefois assez rares.

(1) « Si quis super alterum in villa migrare voluerit, et unus vel aliqui
de ipsis qui in villa consistunt eum suscipere voluerit, si vel unus exteterit
qui contradicat, migrandi ibidem licentiam non habebit... Si vero quis mi-
graverit, et ei infra duodecim menses nullus testatus fuerit, securus, sicut
et alii vicini manent, ille maneat. » (*Éd. Merkel.*)

(2) Capitulaire de mai 825, c. 11, Pertz, *Leges*, t. I, p. 252. — Au ixe siècle,
les lois galloises portent que la *possession* annale produit saisine; texte cité
par Laferrière, *Hist. du droit franç.*, t. II, p. 124, note 5 et p. 126. —
M. Viollet cite, *Ét. de saint Louis*, t. I, p. 110, un diplôme de Lothaire,
publ. *D. Bouquet*, t. VIII, p. 410, n° X; je ne vois pas qu'il y soit question
de la prescription annale. Le roi déclare qu'une possession, même si elle a
duré plusieurs années, « *per annorum curricula dierumque*, » ne peut légiti-
mer une usurpation et prévaloir contre les dépositions de témoins et les
titres.

Ainsi, je crois que la prescription coutumière d'an et jour a son origine dans la législation germanique.

La facilité avec laquelle s'acquérait la participation aux franchises de Lorris n'était pas moins profitable au roi qu'aux serfs des seigneuries voisines : le roi y trouvait un moyen commode d'augmenter le nombre de ses hommes; les serfs, une voie ouverte à l'affranchissement. Aussi, les seigneurs s'efforcèrent-ils de retenir leurs serfs; nous verrons plus loin les moyens auxquels ils eurent recours. Disons de suite que plusieurs d'entre eux obtinrent du roi qu'il s'engageât à ne pas retenir leurs hommes à Lorris, alors même qu'ils auraient négligé de les réclamer dans le délai prescrit. En 1177, Louis VII promit à Joscelin et à Gautier de Toury de ne pas retenir leurs serfs sur ses domaines (1). Par suite d'un accord conclu entre Gilon de Sulli et Philippe-Auguste, les hommes de ce seigneur ne devaient pas être reçus comme hôtes sur les terres du roi (2).

Les cultivateurs de Lorris n'étaient pas attachés au sol (art. 17). Il n'était pas moins facile de quitter le bourg que d'y entrer. Toute liberté était accordée à chacun pour changer de résidence; il avait même la faculté de vendre ses biens (3) avant son départ pourvu qu'il acquittât le droit de *ventes*. Cela fait, on ne pouvait plus l'inquiéter. Il fallait aussi qu'il ne fût pas sous le coup d'une accusation, qu'il n'eût pas commis de forfait dans la ville : sans cette précaution, la fuite eût été trop aisée aux criminels; d'autant plus que la charte de 1155 supprime, dans certains cas, comme nous le verrons, l'emprisonnement préventif. Ainsi, le roi, bien loin qu'il eût le droit de poursuite sur ses bourgeois, renonçait même à exercer la main-mise sur leurs biens.

(1) *Pièces just.*, n⁰ VIII.

(2) Accord conclu en 1187 entre Gilon de Sully et Ph.-Aug., *Arch. nat.*, Reg. C de Ph.-Aug., JJ 7-8, 2⁰ partie, f⁰ 67 v⁰, pièce n⁰ 354. — Publ. par Raynal, *Hist. du Berry*, t. II, p. 553. — Relaté dans deux arrêts du Parlement, l'un de 1271 (Beugnot, *Olim*, t. I, p. 870-871), l'autre de 1272 (*Ibid.*, t. I, p. 885).

(3) « *Res suas.* » Aucun document ne me permet de préciser le sens qu'a ici *res;* ce mot comprend-il les meubles?

/

DROITS SEIGNEURIAUX. — Nous sommes naturellement ame-
nés à passer en revue les charges qui pesaient sur les hommes
de Lorris, et à examiner ce qu'elles devinrent en vertu de la
charte de 1155. Parmi les droits seigneuriaux, ceux qui frappaient les personnes étaient, sinon les plus lourds et les plus
nombreux, tout au moins les plus nuisibles au travail et les
plus insupportables.

Corvées. — Et d'abord les *corvées.* Elles furent supprimées,
(art. 15) à l'exception d'une seule; encore n'atteignait-elle
que les plus riches. Une fois par an, les propriétaires de chevaux et de charrettes étaient tenus, sur la semonce qui leur
en était faite, de transporter le vin du roi de Lorris à Orléans, et pas ailleurs; le voyage restait à leurs frais; ils n'a-
vaient aucun droit à réclamer le gîte. Aux vilains (art. 15)
était réservé le soin d'amener du bois à la cuisine de l'hôtel
royal à Lorris.

Service militaire. — Dans la plupart des villages, le soin
de faire le guet incombait aux habitants (1). A Lorris, ils en
furent dispensés (art. 25). Il y avait, comme je l'ai dit, un
guetteur (art. 21). M. de Maulde prétend (2), au contraire, que
les coutumes de Lorris assujettissaient les bourgeois à faire
le service de guet. Le guetteur (*excubitor*, art. 21) ne serait
dans cette hypothèse qu'un officier chargé d'organiser ce service, de veiller à son exécution. M. de Maulde traduit sans
doute *excubiæ* (art. 25) par *guetteurs* : « Il n'y aura pas de
guetteurs à Lorris par coutume : » Il pourrait invoquer l'au-

(1) 1194, Charte pour les habitants de Charost (Cher, arr. Bourges, ch.-l.
c^on) : « Excubiæ autem *more quo prius* fient, admonitu tamen boni viri, fideli-
tate ab eo præposita ut nullum ab eis pretium extorqueat, sed sicut justum
fuerit, amoveat. » (La Thaumassière, *Cout. loc.*, p. 75.) — 1269, Privilèges
pour les habitants de Mennetou-sur-Cher (Loir-et-Cher, arr. Romorantin) :
« Burgenses excubabunt villam *sicut solent.* » (*Ibid.*, p. 96.) — 1304, Franchise
des Ays : « Quotiescumque burgenses, si moniti fuerint a præposito villæ
vel ejus mandato, villam tenebuntur excubiare ita quod unusquisque qui locum et focum tenebit, semel in hebdomada tenebitur ire in excubia vel mittere nuntium receptibilem nisi in aliqua càusa rationabili fuerit... » (*Ibid.*,
p. 123.)

(2) Chartes municipales d'Orléans et de Montargis, *Nouvelle Revue histor.
du droit*, 1883, p. 28, n. 3.

torité de la traduction des privilèges de Villeneuve-l'Archevêque faite vers 1250 : « Es fors de la Noeve vile ne seront
pas porteurs par costume, ne les *gueteurs* ne seront pas par
costume (1). » Ces privilèges sont copiés sur ceux de Lorris.
Mais, je crois préférable de traduire avec le texte du Vatican :
« A Lorriz n'aura point de guiet de coustume. » Comment
admettre que dans une charte de coutumes, où la précision
est nécessaire, on ait, à quelques lignes de distance, désigné
par des expressions différentes des officiers de même catégorie.

Les habitants de Lorris n'étaient tenus à rendre le service
d'host et de chevauchée qu'à condition de pouvoir revenir le
jour même chez eux, s'il leur convenait (art. 3).

En principe, tous les hommes libres devaient le service
militaire à leur seigneur. Toutefois, comme ces paysans, arra-
chés à leurs charrues, ne faisaient que d'assez mauvais sol-
dats, les rois, et aussi les seigneurs, les dispensèrent assez
volontiers du service d'host; au moins restreignirent-ils les
cas où ils pouvaient être convoqués. En 1118, Louis VI se ré-
serva le droit d'appeler les hommes de l'abbaye de Saint-Spire
de Corbeil, deux fois par an à l'host; et encore aux chevau-
chées, pourvu qu'il ne les entraînât pas à plus de douze lieues
de Corbeil. Il s'agit d'hommes d'église et non de sujets directs
du roi. Je cite cette charte (2) parce qu'elle montre qu'au XII⁰
siècle on distinguait encore entre l'host, *expeditio*, *hostis*, et
la chevauchée, *equitatio*, *cavalcaria*, le premier service exigé
en cas de guerre importante, le second pour une expédition
moindre ou encore pour une escorte. En 1119, Louis VI décida
que ses hommes d'*Angere-Regis* (3) n'iraient à l'host qu'au
cas où toute la communauté serait convoquée. Le même roi,
en 1123, affranchit pour dix ans de tout service d'host et de
chevauchée les hôtes du marché neuf d'Etampes (4). En 1124,

(1) Quantin, *Cartul. général de l'Yonne*, t. II, p. 241.
(2) « Nec in expeditiones nostras, nisi submoneantur in nomine belli, eant,
et hoc solummodo bis in anno, in cavalcariis autem nostris iterum, si submoneantur, vadent, sed duodecim leucas a castros Corboilo non excedent. »
Couard-Luys. Cartul. de Saint-Spire, pièce n⁰ 2, p. 5.
(3) *Angerville* (?), Seine-et-Oise, arr. Etampes, cᵒⁿ Méréville. — *Ord.*, t.
VII, p. 444-445.
(4) *Ord.*, t. XI, p. 183.

Louis VI et Guillaume de Soisy, tout en donnant l'église de Soisy (1), village dont ils étaient co-seigneurs, à l'abbaye Saint-Jean de Sens, se réservèrent certains droits sur les hommes de l'église : ils ne pouvaient exiger l'host et la chevauchée qu'au cas où ils marchaient à la tête de leurs troupes. De plus, ces hommes devaient accompagner Guillaume contre ses ennemis particuliers et répondre à la semonce du prévôt de Guillaume, lorsqu'il s'agissait de défendre le château ; mais dans ces deux cas ils étaient libres de ne s'éloigner que de façon à pouvoir rentrer le soir chez eux (2).

On peut affirmer que l'article 3 des Coutumes de Lorris figurait dans la charte primitive. Au temps de Louis VI, il avait sa raison d'être : le roi avait intérêt à s'assurer une journée de service de la part des habitants de Lorris. Une fois les seigneurs rebelles du Gâtinais et de l'Ile-de-France soumis, les rois n'eurent le plus souvent que des guerres générales à soutenir, et dont le théâtre fut éloigné de Lorris de plus d'une journée de marche. Ainsi, dès l'époque de la confirmation des Coutumes de Lorris par Louis VII, l'article 3 équivalait, ou peu s'en faut, à une dispense du service militaire.

A la fin du XIIIe siècle, on voulut infliger une amende aux hommes de Lorris qui avaient refusé de se rendre à l'armée. Ils présentèrent leur charte, et un arrêt du Parlement, de la Toussaint 1272, leur donna gain de cause (3), ainsi qu'aux habitants d'Aubigni, de Château-Landon, de la Chapelle (4), de Bois-Commun (5) et d'Yèvre-le-Châtel (6), qui jouissaient tous des usages de Lorris. Le même privilège fut encore

---

(1) *Soisy*, Seine-et-Marne, arr. Provins, cᵒⁿ de Bray.

(2) « Homines ecclesie, infra castrum manentes, in expeditionem et equitatum cum corpore nostro venient. Et si Guillelmus pro castello guerram habuerit et inimicis suis forisfacere voluerit, cum eo ibunt, ita quod, si in mane vel in nocte de hospitiis suis moverint, ad sua sequenti nocte hospitia redibunt. Idem etiam preposito Guillelmi facient, si alicubi pro vindicta castelli accipienda de aliquo ire voluerit, et eos ut secum eant submonuerit. » Quantin, *Cartul. de l'Yonne*, t. I, p. 255.

(3) *Olim*, t. I, p. 887-888.

(4) *Ibid.*, t. I, p. 887-888.

(5) *Ibid.*, t. I, p. 889.

(6) *Ibid.*, p. 901.

reconnu par la Chambre des comptes aux hommes de Ville-neuve-le-Roi près Sens (1).

Au milieu du xiiie siècle, le privilège des hommes de Lorris était de droit commun en Anjou. Les barons ne pouvaient mener leurs hommes coutumiers « en leu dont il ne puissent revenir au soir; et cil qui remaindroit si en feroit LX s. d'amande. Et se li bers les voloit mener si loing qu'il ne s'en peüssent revenir au soir, il n'i iroient mie, se il ne voloient, ne n'an feroient ja droit, ne nule amande (2). »

Redevances pécuniaires. — Le roi s'engagea (art. 9) en outre envers les habitants de Lorris à ne plus exiger d'eux ni taille, ni tolte (3), ni aide; en un mot, il renonçait à toute levée d'argent extraordinaire. En même temps, il interdit à qui que ce fût de tailler ses bourgeois. Louis VI avait accordé le même privilège aux habitants d'*Angere Regis* (4) (*Angerville?*) en 1119 et aux hôtes du marché neuf d'Étampes en 1123 (5).

Le roi n'avait pas entendu se réserver l'aide aux quatre cas, comprise sous les termes de *tallia* et *roga*. Cette exemption n'étant pas spécifiée, on prétendit, à la fin du xiiie siècle, l'exiger des habitants de Lorris et des hommes de plusieurs villages jouissant des mêmes franchises à l'occasion de la chevalerie du fils aîné du roi : il s'agissait de Philippe, fils de Philippe III. La royauté rencontra chez les bourgeois une vive résistance. Ce n'est qu'en 1285, Philippe devenu roi, que le Parlement condamna (6) les habitants de Lorris, Château-Landon, Bois-Commun, Montargis, Bois-le-Roi, Bussières, Yèvre-le-Châtel, Flagy, Grès, La-Chapelle-la-

(1) Reg. *Pater,* f° 96 v°, col. 2, cité par Du Cange, éd. Henschel, v^o *Hostis*, t. III, p. 712, col. 1-2.

(2) *Ét. de saint Louis,* éd. Viollet, l. I, c. LXV, t. II, p. 94-95. — Beautemps-Beaupré, *Cout. d'Anjou,* c. LXVII, t. I, p. 99.

(3) C'est ainsi que nous rendons le mot *ablatio.* Du Cange (éd. Henschel, t. I, p. 23, 3e col., v^o *Ablata*) cite un texte de 1173, tiré du cartul. de Saint-Maur-des-Fossés, qui justifie cette traduction : « Eis communem talliam et *ablatam, quæ vulgo tolta dicitur,* omnino perdonamus. »

(4) *Ord.,* t. VII, p. 444-445.

(5) *Ord.,* t. XI, p. 183.

(6) Arrêt du Parlement, de la Toussaint 1285, ap. Beugnot, *Olim,* t. II, p. 249, n° IV.

Reine, Villeneuve-le-Roi, Chaumont, à payer l'aide pour la chevalerie. Déjà en 1271 (1) le Parlement avait rejeté les prétentions des habitants de Bourges, de Dun-le-Roi et d'Yssoudun, qui se disaient exempts par leurs chartes du paiement de cette aide (2).

Tous se retranchaient derrière les articles de leurs privilèges portant affranchissement de tailles et de toutes espèces d'exactions. En effet, *tallia* (3) désigne quelquefois, au XIIe siècle, les loyaux aides. L'aide qu'on levait pour l'un des trois ou quatre cas était une variété de taille. D'ailleurs, en ce qui concerne les hommes de Lorris, ils étaient dispensés de la *roga*, terme s'appliquant encore mieux à l'aide que celui de *taille*. Il s'agit évidemment d'un subside requis par le seigneur, d'un *auxilium*. *Revouage*, tel est le mot qui désigne souvent l'aide pour la chevalerie (4). *Rogare* avait donné *reuver*, *rouver*, d'où *revouage* qui correspond aux mots latins *roga* et *rogatio* (5).

Quelque bien fondée que fût la réclamation des bourgeois, ils n'en perdirent pas moins leur procès; l'arrêt du Parlement fut exécuté et forcé leur fut de payer (6).

Aux termes de leur charte (art. 1), ils ne devaient plus au roi annuellement qu'une redevance pécuniaire, assez minime, le *cens* qui affirmait le droit éminent du roi sur leurs tenures.

---

(1) Beugnot, *Olim*, t. I, p. 848-849.

(2) Les habitants de Bourges et de Dun-le-Roi avaient été déclarés « de *tolta, taillia*, botagio et culcitrarum exactione immunes. » Ceux d'Yssoudun, libres « de omni collecta, rapina et exactione. » Les habitants de Bourges résistèrent encore longtemps à la royauté et prétendirent ne lui accorder de subsides qu'à titre gracieux. Non-seulement, plus tard, ils ne se rendirent pas à l'host de Flandre, mais même, comme quittes « *dou tout en tout de toute toulte et de toute taille*, » ils refusèrent, en cette circonstance, d'aider Philippe le Bel de leur argent. Voyez : *Arch. nat.*, J 749.

(3) « Concessimus et domno Willelmo quod, si ipse filiam suam quam tamen de uxore sua habuerit, maritare voluerit, vel si castrum emerit, *talliam* in hospitibus terre illius facere ei licebit per manum tamen prioris S^{ti} Romani; simili modo et pro redemptione sua, si ipse captus fuerit, facere ei licebit. » Charte du commencement du XIIe siècle, ap. *Cartul. de Saint-Père de Chartres*, t. II, p. 484, n° XXIII.

(4) Voyez : *Pièces justif.*, n° XXII.

(5) Voyez : Du Cange, éd. Henschel, v° *Roga* 4, v° *Rogatio*, t. V, p. 789.

(6) Comme en témoigne le registre Pater. — *Pièces just.*, n° XXII.

Ce cens était fixé à six deniers pour une maison et un ar-pent de terre, de quelque façon que cet arpent fût échu au possesseur, par voie d'héritage ou d'acquisition.

Six deniers n'étaient pas une somme considérable (1). C'est le taux fixé par la charte de 1119 pour *Angere-Regis* (2). Tou-tefois, dans ce village, les terres où les habitants construi-saient leurs maisons devaient un cens de huit ou dix deniers par arpent; peu de chose, puisque la charte d'*Angere-Regis* emploie l'adverbe *tantum*. Les hôtes établis par Louis VI à Mureaux, près l'église Notre-Dame des Champs, ne devaient qu'un muid de vin et six deniers par quartier (3).

La prise du bois mort (art. 29) fut concédée aux habitants de Lorris, sans qu'on exigeât d'eux aucune redevance, dans les bois royaux en dehors de la forêt, c'est-à-dire en dehors des bois réservés pour la chasse. Le cantonnement fut même plus étroitement délimité; et, en 1272, les bourgeois ne ramas-saient le bois mort que dans les bois appelés les *Usaiges de Lorris* (4).

Ce privilège subsistait en 1403 (5). M. R. de Maulde pré-tend que les coutumes de Lorris avaient créé une restriction au droit d'usage (6) : pour soutenir cette assertion, il faudrait savoir quels étaient les droits des habitants de Lorris dans les bois royaux avant 1155. La portion de bois désignée sous le nom d'Usages de Lorris n'appartint jamais à la commu-nauté (7).

---

(1) D'après les calculs de M. Guérard, le denier royal valait sous Louis VI : 0 fr. 10 c. 4/10 ; 6 deniers = 0 fr. 8240, et la valeur relative = 3 fr. 2960. L'arpent est aujourd'hui à Lorris de 51 ares. Les terres arables paient 1 fr. 50 à 2 fr. d'impôt foncier par arpent.

(2) « De arpentis vero in quibus mansiones suas facerent, decem vel octo denarios *tantum* redderent; si vero aliquam de terris circumstantibus plan-tare vellent et plantarent denarios sex pro arpento in censu... exsolverent. » *Ord.*, t. VII, p. 444-445.

(3) Lettres confirmatives de Louis VII en 1158. Brussel, *Usage des fiefs*, t. I, p. 182, note *a*, d'après le reg. *Pater; Ord.*, t. III, p. 303, d'après JJ 86, pièce n° 491.

(4) Arrêt du Parlement, Delisle, Restit. d'un volume des *Olim*, n° 98, ap. Boutaric, *Actes du Parlement*, t. I, p. 160.

(5) Texte cité par R. de Maulde, *Etude sur la condition forestière*, p. 175, n. 4.

(6) R. de Maulde, *Ibid.*, p. 167-168.

(7) R. de Maulde, *Ibid.*, p. 166.

3

PRIVILÈGES COMMERCIAUX. — La charte que nous étudions tendait surtout au développement de l'agriculture et du commerce. Aussi voyons-nous le roi préoccupé d'apporter des restrictions à ceux des droits seigneuriaux dont l'exercice était capable d'entraver les échanges.

Le roi retint son droit de *banvin* (art. 10), mais seulement pour le vin provenant de ses récoltes et conservé dans son cellier. La charte ne fixe pas la durée du banvin.

Les habitants de Lorris ne pouvaient non plus exiger que le roi leur payât comptant ce qu'il faisait acheter pour sa nourriture et celle de la reine (1). Mais il limite la durée du crédit (art. 11) à quinze jours accomplis. Généralement, le seigneur n'avait, aux XIIe et XIIIe siècles, droit à un second crédit qu'après acquittement de la dette précédemment contractée (2). Bien que rien de pareil ne soit stipulé dans la charte de 1155, cet usage devait être en vigueur à Lorris. A la fin du XIe siècle, il en était déjà ainsi à Rozoy en Brie, où le temps du crédit seigneurial n'était pas limité (3).

Dans la plupart des coutumes, le temps pendant lequel le seigneur avait droit à un crédit était plus long : en Bourgogne, quarante jours. Il est vrai que dans ce cas le seigneur était tenu de donner un gage.

(1) Exemple de crédit illimité, vers 1047. Salomon de Lavarzin fait remise aux moines de Marmoutiers du crédit illimité dont il usait sur les habitants de certaines maisons dépendant de l'abbaye : « ad credentiam quantum vellet accipiebat. » Copie ap. *Hist. de l'abbaye de Marmoutiers*, B. Nat., ms. lat. 12878, f° 112.

(2) Il en était ainsi à Meaux en 1179 : « Homines de Meldis michi de pane et vino et carnibus et aliis victualibus die qua Meldis venero, et in crastino, si tantum ibi fuero, creditionem facient ; et si infra quindecim dies credita non reddidero, nihil amplius mihi credent quousque credita eis persolvantur. » Carro, *Hist. de Meaux*, p. 501.

(3) *Rozoy*, Seine-et-Marne, arr. Coulommiers, ch.-l. c[on]. « Quod si aliquociens voluisset in villa concedere, quod necessarium esset sumptui sibi credebatur ; si precium crediti solveretur, iterum credebatur ; sin autem, non amplius quicquam, donec redderet, credebatur. » Guérard, *Cartul. de N.-D.*, t. II, p. 265-266. — Voyez : Charte de Hugues III pour Dijon, 1187, art 2, Garnier, *Chartes de communes*, t. I, p. 5. — 1194. Auxerre, *Arch. nat.*, JJ 7-8, 2e partie, f° 46 v°. — Auxonne, 1229, art. 6, Garnier, t. II, p. 29. — Nevers, 27 juillet 1231 ; Teulet, *Layettes*, n° 2142, t. II, p. 211 a. — Digoin, juillet 1238, art. 24 ; Canat, *Documents inédits*, p. 43. — La Rochepot, art. 6, 12, 33 ; *Ibid.*, p. 19.

La perception des impositions indirectes fut limitée par les articles 2 et 33.

Les hommes de Lorris ne payaient (art. 2) ni le *minage* pour le froment récolté grâce au travail de leurs animaux, ni le *forage* pour le vin provenant de leurs vignes. En ce qui concerne le minage, la charte de Louis VI pour les habitants d'Etampes (1) contient une clause analogue quoique plus restrictive.

Le *forage* était le droit perçu par le seigneur sur la vente du vin (2). A la fin du XIII° siècle, le bouteiller de France, Jean de Brienne (3), ayant prétendu au droit de forage à Lorris, les bourgeois lui opposèrent leur privilège; auquel un arrêt du Parlement, rendu en leur faveur, le 18 mars 1283, donna une nouvelle sanction (4).

L'article 2 leur accorda l'exemption du paiement du tonlieu ou de quelque autre coutume que ce fût, à l'occasion des achats faits pour leur nourriture; l'article 33, complétant l'article 2, déclare que les ventes ou achats faits par eux en semaine ne donneront lieu au prélèvement d'aucune coutume; mais que le mercredi, jour du marché, ils seront dispensés du paiement de la coutume seulement pour les choses achetées à leur usage, mais non pour les choses vendues, ce qui revient à dire, que les bourgeois faisant le commerce retombaient sous la loi commune, au moins le jour du marché (5). Le mot *tonlieu* ne désigne pas, dans notre texte, un *droit d'entrée* (6); mais une taxe proportionnée au prix de vente, et

---

(1) Art. 4. « Nullus insuper minagium, nisi die Jovis, donabit. » *Ord.*, t. XI, p. 183.

(2) Telle est l'opinion de Du Cange, (éd. *Henschel*, v° *Foragium*, t. III, p. 344, 2° col.) D'autres auteurs, et notamment M. d'Arbois de Jubainville, (*Hist. des comtes de Champagne*, t. III, p. 294-295), ont prétendu que c'était le droit perçu lors de la mise en perce du tonneau.

(3) Jean de Brienne, dit d'Acre, comte d'Eu, mort en 1296. Voir : P. Anselme, *Hist. généalog.*, 3° édit., t. VIII, p. 518. — *Art de vérif.*, t. II, p. 800.

(4) « Dicti burgenses et homines sunt a dicto foragio liberi et immunes, quantum ad vinum quod crescit in vineis propriis eorumdem. » Indiq. par Boutaric, *Actes du Parlement*, n° 492, t. I, p. 374-375; publ. par La Thaumassière, *Cout. loc.*, p. 434.

(5) Ce que confirme le tarif du XV° siècle, publié ap. *Pièces just.*, n° XXIV.

(6) Comme l'a traduit Guizot, *Hist. de la civilis.*, t. IV, p. 223.

payée à la fois par l'acheteur et le vendeur : ce qui résulte de l'article 30 et d'un tarif de 1403 (1).

L'oubli de payer le tonlieu n'entraînait pas d'amende, pourvu que le coupable réparât sa faute dans la huitaine, et jurât qu'il n'y avait de sa part qu'ignorance ou simple omission (art. 30).

Le roi prit des mesures propres à augmenter l'importance des marchés et des foires de Lorris. Il plaça sous sa sauvegarde les individus qui s'y rendaient (art. 6). Il était absolument interdit de s'emparer d'eux, ni de les inquiéter à l'aller ou au retour, à moins qu'ils n'eussent commis un forfait le jour même. La charte donnée en 1123 au marché neuf d'Étampes contient déjà des dispositions analogues (2).

(1) Voir des extraits du tarif aux *P. Just.*, n° XXIV. — Rapprochez de cet article, une disposition de la charte par laquelle Louis VI donne en 1117 les foires de Morigny à l'abbaye du même lieu : « Dum ipsi mercatores in castello nostro erunt si aliquid vendiderint vel emerint, teloneum nostrum et quod consuetudinarium est habebimus. » (*Cartul. de Morigny*, Bibl. Nat., ms. lat. 5648, f° 8 r°.)

(2) « Omnes quidem illi qui in predictum forum nostrum vel in domos hospitum ejusdem fori annonam vel vinum vel res quaslibet adducent, quieti cùm omnibus rebus simul in veniendo, in morando, in redeundo ita permaneant, quod pro suo vel suorum dominorum forisfacto a nullo homine capientur aut disturbentur, nisi in forisfacto presenti deprehendantur. » *Ord.*, t. XI, p. 183. — Dans la charte de commune donnée à Pontoise en 1188, trois restrictions sont apportées à la sauvegarde accordée aux marchands forains; 1° on peut les saisir s'ils ont commis un forfait; 2° le créancier peut s'emparer de son débiteur; 3° le plège peut également être arrêté. Art. 4, *Ord.*, t. XI, p. 254.

Un rôle intitulé : « C'est le péage le roy des denrées qui passent par Lorris, fait l'an de grâce 1293 » aurait pu nous renseigner sur l'importance commerciale de Lorris et nous montrer le résultat des mesures prises par la royauté pour développer le commerce dans le Gâtinais. Je regrette de n'avoir pu me procurer ce document. Il figure dans le *Catalogue des archives de M. le baron de Joursanvault* (t. II, p. 190, sous le numéro 3271). De là il a passé dans la bibliothèque du bibliophile Jacob, vendue en 1840. On lit dans le *Catalogue* de la vente (Paris, Techener, 1839, in-8°) sous le n° 1374 : « Manuscrits, chartes, titres et documents originaux sur l'histoire de la ville de Lorris en Gâtinais, 1144-1495. » 1144 est précisément la date du document le plus ancien que possédait sur Lorris le baron de Joursanvault. Il me paraît certain que les chartes de la bibliothèque du bibliophile Jacob concernant Lorris provenaient des archives Joursanvault. D'autant plus que parmi les numéros de ces dernières non vendus en 1838 figure le n° 3271

En même temps, pour garantir la sécurité des marchands, l'exercice de la saisie extra-judiciaire du gage fut tempéré.

La saisie extra-judiciaire dérive du droit germanique (1). On chercha à en restreindre l'emploi dès l'époque mérovingienne; mais au début de la période coutumière, cet usage reparaît plus florissant que jamais. En outre, on constate que le créancier est plus solidement armé contre le fidéjusseur ou plége que contre le débiteur principal. S'il y a recrudescence dans cette pratique, c'est qu'au xi° siècle l'autorité judiciaire est affaiblie et que les particuliers trouvent moins de garantie devant les tribunaux. Si le plége couvre le débiteur, c'est que l'existence de ce plége est la condition essentielle du prêt : le créancier ne prête que parce qu'un plége lui garantit l'acquittement de la dette (2). Une charte de Louis VII pour la ville de Bourges montre combien les particuliers étaient jaloux, encore au milieu du xii° siècle, du droit de saisir, sans intervention de justice, le gage du fidéjusseur (3). Les habitants de Bourges regardaient comme une mauvaise coutume qu'il leur fût nécessaire d'obtenir la permission du prévôt ou du viguier pour s'emparer d'un gage.

Ce droit pour le créancier de saisir le gage du plége existait à Lorris; mais, afin d'éviter les troubles qui auraient pu en résulter les jours de marché et de foire, le roi décida que

(Voy. Delaborde, *Les ducs de Bourgogne*, t. III, *Introduct.*, p. xxv). Je suis presque assuré que ce rôle de péage fait aujourd'hui partie de la collection d'un savant orléanais.

(1) Voir : Sohm, *La procédure de la Lex salica*, traduct. Thévenin, p. 26. — Esmein, *La plégerie, Nouv. revue histor. du droit*, année 1883, p. 99 et suiv.

(2) Opinion professée par M. Thévenin, *École pratique des Hautes-Études*, cours de 1882-1883.

(3) Charte de 1145 par laquelle Louis VII confirme l'abolition faite par son père de mauvaises coutumes en usage à Bourges : « Prava rursus consuetudo Bituris tenebatur in fidejussoribus; quod fidejussoris sui vadimonium capere sine consensu præpositi seu vigerii nullus audebat; de quo præceptum est ab ipso (Ludovico VI°) ut quicumque fidejussorem habuit, sine clamore aliquo ad præpositum sive vigerium facto, vadimonium ejus secure capiat. » La Thaum., *Cout. loc.*, p. 62. — Cette *prava consuetudo* est consignée dans un acte contemporain de Philippe I°ʳ, où sont énumérés les droits du viguier de Bourges : « Homo non capiet vadimonium sine vicario; quod si fecerit, habebit ex eo vicarius septem solidos et dimidium. » La Thaum., *Histoire de Berry*, p. 24.

nul ne pourrait l'exercer ces jours-là; à moins que l'engagement n'ait eu lieu un précédent jour de marché. Cette restriction devait être introduite. Autrement, les habitants de
Lorris n'auraient eu aucun recours contre les étrangers, les
marchands du dehors par exemple, qui se seraient portés
cautions.

Le gage saisi, le créancier ne pouvait le vendre qu'après
un certain délai : ordinairement quinze jours. A Lorris, ce
délai n'est que de huit jours; même s'il s'agit d'un gage
donné par le roi (art. 11).

Ce n'était pas assez d'instituer des marchés; il fallait encore
faciliter les rapports commerciaux entre les bourgs et villes
de la même région. Les garanties de sécurité données aux
étrangers qui venaient à Lorris devaient provoquer un accroissement dans le nombre des marchandises apportées à
Lorris. Mais des mesures propres à favoriser l'exportation des
produits du sol en étaient le complément nécessaire. De là
les exemptions de péages en faveur des hommes de la paroisse
de Lorris, jusqu'à Étampes, Orléans, Milly en Gâtinais et
Melun (art. 4). Ils pouvaient ainsi transporter leurs marchandises sans rien payer au fisc royal jusqu'aux limites du Gâtinais. Une fois parvenus dans les villes énumérées par l'article 4, ils étaient assurés d'y trouver le facile écoulement de
leur blé et de leur vin. Divers privilèges de Louis VI, dont
quelques-uns ont été précédemment cités, avaient fait d'É-
tampes un centre commercial. Quant à Milly, ce bourg était
voisin de Corbeil; d'où les blés étaient transportés par la
Seine jusqu'à Paris (1). Il se tenait d'ailleurs à Corbeil des
foires dès le xii° siècle, aux fêtes de Saint-Spire (1ᵉʳ août)
et de Saint-Gilles (1ᵉʳ sept.) (2). A Melun, les marchands
étaient assez nombreux pour que Philippe-Auguste eût cru
devoir faire consigner dans un de ses registres les coutumes
auxquelles ils étaient tenus (3). Orléans était la ville avec la-

(1) Ce transport par eau était encore en usage au xviiᵉ siècle, comme en
témoigne Le Maire, *Hist. de la ville d'Orléans*, t. II, p. 2.

(2) Privilège de Célestin III (1ᵉʳ févr. 1196) par lequel il confirme, entre
autres choses, à l'abbaye Saint-Spire la possession des « nundinas quas habetis
apud Corboilium in sollempnitatibus beati Exuperii et beati Egidii. » Coüard-
Luys, *Cartul. de Saint-Spire*, ch. n° 3, p. 7.

(3) *Arch. Nat.*, JJ 7-8, 2ᵉ partie, fᵒ 9 rᵒ.

quelle les habitants de Lorris entretenaient les plus fréquents rapports. Je montrerai plus loin comment c'était le débouché commercial le plus important de cette région.

Les habitants de Lorris ne payaient non plus de tonlieu (art. 28) dans quatre bourgs assez considérables du Gâtinais : Ferrières (1), Château-Landon (2), Puiseaux (3) et Nibelle (4). Une abbaye importante était établie à Ferrières (5). Je ne saurais donner aucun renseignement sur l'importance commerciale de Nibelle. Château-Landon était considéré comme la capitale du Gâtinais. Un arrêt du Parlement de 1259 (6) reconnaît aux bourgeois de Lorris la faculté de porter, sans acquitter aucun droit, leurs draps aux moulins à foulon de Château-Landon. A Puiseaux, Louis VI avait établi, en 1112, des chanoines réguliers pour desservir la nouvelle église de Notre-Dame (7). Il leur avait assuré l'existence par la cession de la *villa* de Puiseaux, avec droit d'y tenir un marché chaque semaine (8). Mais l'année suivante, il transporta ces chanoines à Saint-Victor près Paris ; et la nouvelle abbaye hérita de tous les droits accordés à la première fondation ; l'église de Puiseaux tomba à l'état de prieuré (9). Outre les marchés ordinaires, une foire annuelle se tint à Puiseaux, commençant la veille de la Nativité de la Vierge et se continuant pendant huit jours. Par acte de 1145, Louis VII en céda les revenus à l'abbaye de Saint-Victor et accorda un sauf-conduit pour l'aller et le retour aux marchands qui s'y rendaient (10).

(1) *Ferrières,* Loiret, arr. de Montargis, chef-lieu de canton.

(2) *Château-Landon,* Seine-et-Marne, arr. de Fontainebleau, chef-lieu de canton.

(3) *Puiseaux,* Loiret, arr. de Pithiviers, chef-lieu de canton.

(4) *Nibelle,* Nibelle-Saint-Sauveur, Loiret, arr. de Pithiviers, cᵒⁿ de Beaune.

(5) Voyez : *Gallia Christ.,* t. VIII, col. 1268.

(6) Parlement de la Toussaint ; *Boutaric,* n° 382, t. I, p. 33. — *Olim,* t. I, p. 91.

(7) Diplôme de 1112, la 4ᵉ année du règne, publ. ap. *Mém. de la Soc. archéol. de l'Orléanais,* t. I, p. 135-138.

(8) « Mercatum etiam in eadem villa per singulas fieri hebdomadas regia potestate in perpetuum annuimus. » *Diplôme cité.*

(9) Diplôme de 1113, *Gall. Christ.,* t. VII, *Instr.,* n° 55, col. 46. — Tardif, *Cartons des rois,* n° 357, p. 204-205. Voyez encore sur le marché de Puiseaux : *Pièces justif.,* n° XIX.

(10) Diplôme de 1145, la 9ᵉ année du règne, à Orléans : « Ecclesiæ Beati

Les habitants d'Yèvre et de Boiscommun qui, dès le règne de Louis VII, avaient obtenu les coutumes de Lorris, ne payèrent pas le tonlieu à Puiseaux jusqu'à ce qu'en 1181 le roi eût autorisé l'église de Puiseaux à percevoir ce droit sur eux (1), tout au moins les jours de marché. Cependant, quand, en 1186, Philippe-Auguste confirma à ses bourgeois de Bois-commun leurs privilèges, il y laissa figurer l'article qui les exemptait de tonlieu à Puiseaux. Au XIII⁰ siècle, le prieur, s'appuyant sur ce fait qu'il tenait les marchés de concession royale et en toute liberté, voulut imposer le tonlieu aux hommes de Lorrez-le-Bocage, dotés au XII⁰ siècle des coutumes de Lorris. L'affaire vint, en 1263, au Parlement qui, après avoir pris connaissance des chartes présentées par les parties, donna gain de cause au prieur (2).

A la fin du XIII⁰ siècle, les habitants de Lorris étaient dispensés de rendre le péage dû à l'évêque d'Orléans, à Pithiviers, sans qu'on sache l'origine de cette exemption (3).

Orléans était le centre commercial de la région. Deux foires s'y tenaient annuellement dès le XII⁰ siècle : l'une à Pâques, l'autre à la Toussaint (4). Cette dernière ne durait que quatre

Victoris Parisius... feriam quandam in crastino festi Nativitatis gloriose... Virginis... singulis annis in villa eorum que dicitur Puteolis, donamus, et libere et quiete possidendam concedimus, ita videlicet quod in ea nobis nichil prorsus juris retinemus... Euntes vero ad eandem feriam sive redeuntes, undecumque venerint in conductu nostro recepimus. » *Mém. de la Soc. de l'Orléanais*, t. I, p. 142-143.

(1) *Pièces just.*, n⁰ X.

(2) Parlement de la Pentecôte, 1263. « Prior de Puteolis in Gastinesio petebat theloneum apud Putheolos in Gastinesio, a quodam homine de Lorriaco in Boscagio, qui vocatur Robinus Morgastel. Idem Robinus respondebat quod non tenebatur solvere theloneum, cum ipse et alii homines de Lorriaco, per cartam regiam, secundum tenorem carte Lorriaci in Gastinesio quitti sint de theloneo in pluribus locis, et specialiter apud Putheolos. Prior ad hoc respondebat quod ipse habebat hanc villam libere cum omnibus juribus et aliis ad regem pertinentibus, et cum mercato ex dono domini Regis, et per cartam regiam quæ prior est quam carta ipsorum hominum, ut dicebat, et per aliam cartam regis Philippi, que de quibusdam aliis villis reddebat eidem priori theloneum : visis et inspectis diligenter cartis predictis et auditis hinc inde propositis, determinatum fuit quod idem Robinus tenebatur solvere ipsum theloneum » (Beugnot, *Olim*, t. I, p. 552-553).

(3) Arrêt du Parlement de 1291 : Delisle, *Restitut. d'un vol. des Olim*, n⁰ 125, ap. Boutaric, *Actes du Parlement*, t. I, p. 325, n⁰ 778, t. I, p. 437.

(4) Voyez : Le Maire, *Hist. d'Orléans*, ch. LXXXIX, p. 321, 327-328.

jours. Elle commençait le jour de la fête de saint Simon et de saint Jude (28 octobre) et se terminait le jour de la Toussaint. Elle appartenait aux frères de Saint-Lazare-les-Orléans, d'où son nom : foire de Saint-Ladre (1). La foire de Pâques était plus importante. On l'appelait aussi *foire de Mars;* ainsi est-elle désignée dans une charte de Louis VII donnée à Étampes en 1178 (2) et dans l'article 20 de notre charte. C'était le rendez-vous des paysans des bords de la Loire, qui y venaient vendre leurs céréales. En effet, dans un tarif de péages, cité plus haut, et qui date de la fin du XIIIe siècle, le rédacteur a soin d'établir les relations entre le muid de blé d'Orléans et les muids de Saint-Pourçain, Nevers, La Charité, Cosne, Donzy, Tours, Beaugency, Meung, Amboise, Blois, Saumur (3). L'agriculteur pouvait tout à la fois y écouler ses récoltes et faire provision d'une foule de choses utiles qu'il n'eût pas trouvées dans son pays. Les marchands du nord y apportaient leurs produits et probablement des draps. Beauvais, Douai, Arras : chacune de ces villes avait une halle à Orléans (4). Des droits étaient dûs aux différents seigneurs d'Orléans pour les marchandises apportées aux foires. Ils furent réduits par le roi en faveur des habitants de Lorris : ce privilège est spécifié dans les articles 20 et 26 de la charte de coutumes, dont le tarif du XIIIe siècle fournit la traduction et le commentaire : « Lorris, Boiscommun, Soisi, Chesay, Aubegny, Cleri, Cepai, Le Pont-aux-Moines. Tuit cil de celes viles franches devant dites quant il menent à Orliens leur marchandise ne doivent que I soeul denier de la charrette au roys, fors es faires de Mars, quant il i vont pour reson de

---

(1) « La foire de Saint-Ladre est le jour de la Saint Symon et Jude jusqu'à Toussains et i prent S. Ladre VIII l. et par la men au rentiers le roy. » *Mém. de la Société de l'Orléanais*, t. II, p. 224. — Passage extrait d'un *Tarif de péages* intitulé : *Ce sunt les rentes d'Orliens*, rédigé peu postérieurement à 1296, d'après l'éditeur, M. de Vassal.

(2) « Homines forinseci non cogantur Aurelianis Martii nundinas custodire. » *Le Maire*, p. 320.

(3) « Equacion des mesures. Li muis de blé de Saint-Porcen fera Orliens IIII muis.... » *Tarif de péages, Mém.*, t. II, p. 236.

(4) « Quatre viles i a qui ont leur establies ou leur huiches abonnées einsi que il ont huiches chascuns en sa hare c'est assavoir : Beauves, Orliens, Doai et Arrat. » *Mém. de la Société de l'Orléanais*, t. II, p. 243.

faire. En la faire de Pasques il doivent II d. à l'antrée de la
cité pour la charrete et à l'issue IIII d. (1). » L'article 26 est
le complément de celui-ci : « Si quelqu'un de Lorris conduit
son sel ou son vin à Orléans, il ne doit par charrette qu'un
denier. » Ainsi, en temps ordinaire, les habitants de Lorris
ne doivent qu'un denier par charrette, pour les marchandises,
et spécialement le vin et le sel, qu'ils amènent à Orléans.
Pendant la foire de Pâques, chacune de leurs charrettes paie
à l'entrée deux deniers et à la sortie quatre deniers. Est-ce à
dire, que, ces redevances une fois payées, ils fussent quittes
de tout autre droit d'entrée et de sortie. Il n'en était rien. En
effet, à la fin du XIIIᵉ siècle, tout homme non exempt qui apportait du vin à Orléans par voie de terre payait huit deniers,
sur lesquels le roi prenait six deniers et une obole, l'évêque
une obole, et la dame des Barres un denier (2). Il est évident
que le roi pouvait rabattre quelque chose sur les six deniers
qui lui revenaient, mais il n'avait pas qualité pour exempter
ses hommes des villes franches des redevances dues à d'autres seigneurs. Le Parlement se prononça dans ce sens en
1279 (3). Tel est aussi l'avis exprimé par le rédacteur du
Tarif des péages d'Orléans : « Je ne tieng pas qu'ils saient

(1) *Mém. de la Société de l'Orléanais*, t. II, p. 254.

(2) « Quant l'an enmaine vin hors d'Orliens en charrete doit VIII d., cet
asavoir au roy VI d. et o., a l'evesque o., a la dame des Barras I d., se ele
n'i enmenoit que I tonneau mes que il teinst 1 mui; se il i a mains d'un mui,
noient; et se il avoit II tonneaux ou III en une charrete, si ne devrait-il
que les VIII d. » *Mém. de la Société de l'Orléanais*, t. II, p. 145. — Le droit
de la dame des Barres est constaté dans un autre document : « Hæc sunt
consuetudines que debentur dominæ Helyos de Barris pro conductu suo quod
habet apud Aurelianensem... Ipsa capit... de quadriga que ducit vinum quamdiu undine Martis durant, que durant per octo dies, de quali equo unum
denarium, et post nundinas de quali quadrigata unum denarium. » *Ibid.*,
t. II, p. 255-256. — Cette dame des Barres doit être Alix de Saint-Verain,
femme de Pierre des Barres; elle était veuve en 1283, comme en témoigne
une charte du *Cartul. de la Cour Notre-Dame*, fᵒ 33 vᵒ, *Arch. de l'Yonne*.

(3) Le Parlement déclara que la dame des Barres avait droit d'imposer le
péage aux hommes de Lorris venant à Orléans; Delisle, *Restitut. d'un vol.
des Olim*, nᵒ 352. — Il est vrai qu'en 1257 le Parlement avait rendu un arrêt
contraire : « Inquesta facta super pedagio seu conductu quem petit dominus
Petrus de Barris ab hominibus Lorriaci apud Aurelianum, de quo dicebat se
usum fuisse : nichil probavit idem Petrus nec habebit saisinam. » Beugnot,
Olim, t. I, p. 12.

francs des coustumes Saint-Ladre et au chapistre ne dou conduit qui est à la dame des Barres ne de la coustume l'evesque
fors là où la marcheandise ne doit II d. ou mains, quar se la
charrete ne doit que I d. ou II d. li evesque prent moitié, si
que il ne doivent plus à l'evesque ne au roy; mes s'ele doit
plus de II d. porceque li evesques a moitié es toules et es petites coustumes ge ne tieng pas que il soit quite dou seurplus
qui affiert a partie l'evesque (1). » Qu'il y eût des opinions
différentes et que les privilégiés, se retranchant derrière le
manque de précision de leur charte, cherchassent à ne payer
que le chiffre indiqué par leurs coutumes, c'est ce que prouvent assez les mots : « *Je ne tieng pas que...* »

Tels étaient les privilèges commerciaux accordés aux hommes de Lorris. Nulle mesure n'était plus propre à développer
le commerce du Gâtinais et par suite à accroître, en même
temps que le bien-être des classes agricoles, les revenus du
trésor royal.

Justice et procédure. — Les habitants de Lorris n'étaient
justiciables que du prévôt royal (art. 27). La charte ne donne
aucun renseignement sur l'organisation du tribunal de cet officier. Était-il assisté par les pairs de l'accusé : nous ne saurions
le dire. Les prévôts d'Étampes et de Pithiviers, ni aucun des
autres prévôts du Gâtinais, n'avaient droit à lever d'amende
sur les hommes de Lorris : ce qui revient à dire qu'ils ne
pouvaient les juger, et qu'au cas où ils les auraient pris en
flagrant délit, ils étaient tenus de les remettre au prévôt de
Lorris pour qu'il en fît justice. Les plaideurs étaient ainsi assurés de voir leurs coutumes et privilèges respectés; le prévôt
ayant pris à son entrée en charge l'engagement solennel de
conserver les coutumes des habitants. En outre ██████ ne pouvait appeler en justice les hommes de Lorri██████ ors de
leur bourg, pas même le roi (art. 8).

L'abbaye de Saint-Benoît-sur-Loire avait à Lorris des domaines d'une certaine importance. Les individus qui possédaient sur la terre des moines, soit une maison, soit une
vigne, soit un pré ou bien un champ, un bâtiment, qui, en

_____

(1) *Mém. de la Société de l'Orléanais*, t. II, p. 254.

un mot, se trouvaient à la fois censitaires du roi et de l'abbaye, n'étaient tenus de répondre en justice à l'abbé de Saint-Benoît ou à son sergent qu'en matière de censive ou de dîme ; et encore dans ce cas ne pouvait-on les attirer hors de Lorris pour juger leurs causes (art. 31).

Ce double engagement pris par le roi envers ses hommes de Lorris de ne les faire juger qu'à Lorris et par le prévôt, les mettait à l'abri de tout excès des seigneurs ou des officiers royaux ; en même temps qu'il prévenait les conflits de juridiction qui auraient pu s'élever à l'occasion des procès où ils étaient impliqués, particulièrement entre le roi et l'abbé de Fleuri.

L'article 19 porte que « nul ne plaidera avec un autre si ce n'est pour recevoir droit ou faire droit. » En d'autres termes, une partie ne peut en appeler une autre au plait du prévôt que pour réclamer d'elle la réparation d'un dommage ; et réciproquement une partie n'est tenue à comparaître que pour répondre à une accusation portée contre elle. Article inséré, me semble-t-il, pour prévenir la fréquence des procès ; et analogue au chapitre XXIV des *Assises de la cour des bourgeois* (1) ; « Ici orres de quel chose ne deit estre plais en cort et ne deit estre oys. » Toutefois la charte de Lorris ne tombe pas dans la puérilité du rédacteur des Assises qui rappelle qu'on ne devra pas ouïr deux hommes disputant « de fabrica mundi, ce est de la grandesse dou ciel, ne de magnitudine firmamenti, ce est la puissance del monde, et de impetu maris et cursu fluminum, ni des tempestes de la mer. »

Un certain nombre d'articles donnent des détails sur quelques points de la procédure à suivre devant le tribunal du prévôt.

Au x   , pour qu'un juge prît en mains une cause, il fallait   tie lésée eût préalablement déposé sa plainte : une   nécessaire. Toutefois, on sent déjà une tendance de la part du roi à agir d'autorité contre certains criminels, à se saisir de la connaissance des crimes commis contre la société. Ainsi, à Lorris, avant d'en appeler à la justice, les particuliers pouvaient conclure un accord. Exception est

---

(1) *Assises de Jérusalem*, éd. Beugnot, t. II, p. 33.

faite par l'article 12 de notre charte pour les cas où il y a eu entreprise contre le château ou le bourg (1), c'est-à-dire lorsque la tranquillité publique a été troublée. Alors, le prévôt doit nécessairement instruire l'affaire. Autrement, si un procès s'élève entre deux bourgeois, ils peuvent s'accorder à l'amiable (art. 12) sans déférer la cause à la justice : le roi ni le prévôt ne lèvent dans ce cas aucune amende.

La plainte une fois déposée, le prévôt pouvait, s'il le jugeait convenable, avant de laisser entamer le plait, exhorter les parties à la paix (2). Les prévôts n'avaient pas intérêt à ce qu'une affaire portée devant eux se terminât par un accord : plus la procédure avait été poussée loin, plus était forte l'indemnité à eux due. Aussi le roi ne laissa-t-il pas les plaideurs à la discrétion du prévôt ; il leur était loisible de s'accorder après le claim ; seulement ils devaient payer au prévôt le *districtum*. Je crois qu'il faut assimiler ce *détroit* au claim du prévôt, *clamor præpositi*, fixé par l'article 7 à quatre deniers. En effet, la charte de Chaumont en Bassigny copiée sur celle de Lorris, plus précise en ce point, indique le taux du détroit comme étant de quatre deniers (3).

Il importe de ne pas confondre la *clamor præpositi* avec la *falsus clamor*, cette dernière amende étant perçue dans le cas où un individu s'était plaint à tort (4).

(1) Sur le sens de « *castelli vel burgi infractura*, » voyez Du Cange, éd. Henschel, v° *Burghbrech*, t. I, p. 814. — Plus tard, Beaumanoir dira qu'en cas de *mêlées*, les parties ne peuvent délaisser la cause « sans le volenté du seigneur. » Éd. Beugnot, ch. II, § 23, t. I, p. 55.

(2) « Mais ainçois que il face son jugement, s'il li plaist et il voie que bien soit et loiautez, il doit dire as parties qu'il facent pais et doit faire son loial pooir de la pais. » *Établ. de S. Louis*, l. II, ch. xvi, éd. Viollet, t. II, p. 377.

(3) « Ex quo districtum, scilicet quatuor denarios per[........] Thaum., *Cout. loc.*, p. 428. — Dans l'article 4 de la charte de S[......]nais, qui correspond à l'article 7 de Lorris, les mots *clamor præp[.....]* [pl]acés par *districta* : « et districta perdonabuntur pro quatuor den[.... ....]*Ord.*, t. XI, p. 199.

(4) « Se aucuns jeuee au dez ou au tables et il se plaint dou jeu, il doit XX d. de clameur, car il s'est plaint de chose dont l'en ne li doit pas droit fere, que li rois deffant que l'en ne geuee au des. » *Peines de la duchée d'Orléans*, B. Nat., ms. lat. 14580, f° 28 r°. — La distinction entre le claim et le faux claim est parfaitement établie par un texte des coutumes de Saint-Julien du Sault au diocèse de Langres, cité par *Du Cange*, éd. Henschel, v° *Clamor*

En Berry, on distinguait le *claim du prévôt* et le *ni atteint*. Le claim était dû lorsqu'un des plaideurs, avant que « les parties aient juré en cause, » reconnaissait son tort (1); et aussi, lorsque le demandeur (c'est le cas prévu par l'article 12 de la charte de Lorris) s'accorde avec le défendeur ajourné devant le prévôt (2). Le *ni atteint*, amende plus élevée, était exigé par le prévôt au cas où le coupable n'avouait sa faute qu'après le serment prêté (3).

En Orléanais comme en Berry, le prononcé d'une amende enlevait au prévôt le droit de prendre un *claim*. Il devait en être de même à Lorris (4).

Enfin, en vertu de l'article 12, le roi, ou son prévôt, ne prélevait une amende que si le coupable réparait le préjudice fait au plaignant. En d'autres termes, l'amende royale était toujours accompagnée de dommages-intérêts au profit de la partie lésée.

L'emprisonnement préventif est supprimé par l'article 16 : « Que nul ne soit retenu prisonnier s'il peut s'engager par plége à se présenter devant le juge. » Déjà, à l'époque mérovingienne, on laissait en liberté l'accusé qui promettait en donnant des cautions de comparaître devant le tribunal du roi (5). C'est ce dont témoignent Grégoire de Tours et plusieurs

---

falsus, t. II, p. 374 : « Et la clamors au Prévost vaura a 4 deniers de tournois et ne paiera l'en riens de fause clamor. »

(1) Les coutumes de la ville et septaine de Bourges, art. XXI. La Thaum., *Cout. loc.*, p. 318.

(2) Les coutumes des amendes que le prévost de Bourges a accoustumé à prendre. La Th., *Cout. loc.*, ch. V, p. 336 : « Item se aucun faisoit adjourner ung autre a lui respondre devant le juge, et cellui qui a adjourné soit venist à chevir à sa partie le prévost y auroit un claim qui vault six blans. » — Sur le s̄ chevir, voir : Laurière, *Gloss.*, p. 251 ; *Du Cange*, éd. Henschel, v° ... t. II, p. 327.

(3) ... de la ville et septaine de Bourges, art. XXII, XXIII, La Th., *Cout. loc.*, p. 318. — Les coutumes des amendes, c. iv, *ibid.*, p. 336.

(4) « La ou il a amande juigée n'a point de clameur, » B. Nat., ms. lat. 14580, f° 28 v°; La Th., *Cout. de Beauvaisis*, p. 467; *Justice et Plet*, l. XVIII, c. xxiv, § 15, p. 279. — Pour le Berry : Coutumes de la ville, c. xxiv. La Th., *Cout. loc.*, p. 318.

(5) Childebert, ayant ordonné au comte de Tours de saisir le viguier Animodus et de l'envoyer lié en sa présence, le viguier prit l'engagement de se rendre lui-même au tribunal du roi : « Sed ille non resistens, datis fidejus-

formules de Marculfe (1). La mise en liberté provisoire sous
cautions, nommée dans les Coutumiers *récréance*, est spécifiée
dans la plupart des chartes de coutumes et de franchises de
la fin du xiie siècle et du xiiie siècle (2). Généralement le seigneur y apportait des restrictions en ce qui touchait les crimes
de haute justice (3). La coutume d'Orléanais au xiiie siècle
prévoit, elle aussi, les cas où la récréance ne peut avoir
lieu (4). Mais à Lorris, à s'en tenir aux termes de la charte,
tout prévenu, qui peut fournir caution suffisante, est tempo-
rairement laissé en liberté. (art 16)

Nous connaissons trois des moyens de preuve employés
au tribunal du prévôt de Lorris : les témoins, le serment, le
duel.

Les témoins sont simplement mentionnés par l'article 32.

Le même article porte que, « si quelqu'un des hommes de
Lorris a été accusé de quelque chose et que l'accusation ne
puisse être prouvée par témoin, l'accusé se disculpera par
son seul serment contre l'assertion du demandeur. » Par *pro-
batio* du demandeur il faut entendre son affirmation. Cet article n'implique pas, comme le pense M. Viollet (5), la suppression des cojurateurs. Au contraire, on peut en conclure

---

soribus, quo jussus est abiit. » *Greg. Turon.,* éd. Soc. de l'Hist. de Fr., l. X,
c. v, t. II, p. 219.

(1) *Marculfi formulæ,* l. I, c. xvii; de Rozière, *Rec. de formules,* n° 434, t. II,
p. 527. — *Marculfi form.,* l. I, c. xxviii; *De Roz.,* n° 435, t. II, p. 527. —
De Roz., n° 436, t. II, p. 528. •

(2) Charte de Louis VII pour Dun-le-Roi, 1175 : « Nullus eorum vel res
suæ capientur, quandiu salvum plegium et bonam securitatem præstare poterit et voluerit quod justitiæ stabit. » La Th., *Cout. loc.,* p. 68.

(3) Voyez : juin 1224, Charte de Mathilde de Nevers pour les habitants
de Tonnerre, Quantin, *Rec. de pièces du* xiiie *siècle,* p. 137. — Avril 1233,
Franchises de la Roche-Pot, art. I. Canat, *Documents inédits,* p. 17. — 1241,
Franchises de Montaigu, art. I, *ibid.,* p. 45. — 1269, Privilèges de Menestou-
sur-Cher, La Th., *Cout. loc.,* p. 95. — Chartes de Franche-Comté; voyez :
Tuetey, *Étude sur le droit municipal en Franche-Comté,* p. 87.

(4) « Recréance ne siet mie en chose jugiée, ne en murtre, ne en traïson,
ne en rat, ne en encis, ne en agait de chemin, ne en roberie, ne en larrecin,
ne en omicide, ne en tréve enfrainte, ne eu arson, selonc l'usage de la cort
laie; car li plege si n'an porroient perdre ne vie ne mambre... mais il seroient
en la volenté au seignor des héritages et des muebles. » *Ét. de saint Louis,*
l. II, c. viii, éd. Viollet, t. II, p. 343-344.

(5) *Ét. de saint Louis,* éd. Viollet, t. I, p. 202.

que ce mode de preuve était encore en usage à Lorris au xii°
siècle. Seulement, la charte prévoit le cas où le défendeur
sera dispensé d'y avoir recours : à savoir quand le demandeur
ne pourra amener des témoins pour soutenir son accusation.
D'ailleurs, à l'époque carolingienne, parallèlement à la coju-
ration, beaucoup plus fréquemment employée, on rencontre
déjà le serment purgatoire *per solam manum*, ou *propria
manu* (1).

On pouvait dans certains cas, non indiqués, dispenser une
partie de prêter le serment qu'elle devait à une autre; l'article
13 n'indique pas clairement si cette remise était faite par la
partie ou par le juge (2).

Le duel judiciaire était un des modes de preuve les plus employés aux xi° et xii° siècles. Il semble qu'à partir de la fin du
ix° siècle il ait été particulièrement en faveur. Un des auteurs
des *Miracles de saint Benoît* rapporte un fait curieux (3) qui se
passa au temps de l'abbé Boson (833-840) (4). Un procès s'é-
tant élevé entre l'avoué de Saint-Benoît-sur-Loire et celui de
Saint-Denis, les parties s'en remirent à la décision de maîtres
ès lois et de *missi* royaux. Un premier plait n'eut pas de résultat : de tous les personnages présents (Jonas, évêque d'Orléans, y était), pas un ne connaissait suffisamment la loi
romaine qui régissait les biens d'église. On se transporta à
Orléans dans l'espérance d'y rencontrer des juges plus ins-
truits : il n'en fut rien. Un duel judiciaire : voilà le seul
moyen que les docteurs de l'Orléanais et du Gâtinais trou-

---

(1) Voyez : Pardessus, *Loi Salique, Dissertation XI*, p. 631 ; *Du Cange*, éd.
Henschel, v° *Jurare*, t. III, p. 929, col. 2. — Capitul. 3 de l'an 806, c. 2 :
Un individu est accusé d'avoir donné asile à un voleur.... « Si autem au-
divit quod latro fuisset, et tamen non scit pro firmiter, aut *juret solus* quod
nunquam audisset, nec per veritatem, nec per mandacium eum latronem esse;
aut sit paratus, si ille de latrocinio postea convictus fuerit, ut similiter dam-
netur. » *Baluze*, l. III, § xxiii, t. I, col. 758; Pertz, *Leges*, t. I, p. 146.

(2) Je ne crois pas la traduction, que Laferrière a donnée de l'article 13,
suffisamment justifiée : « Si une partie a déféré en justice le serment à
l'autre, il sera permis à celle-ci de la référer au demandeur. » *Hist. du droit
français*, t. IV, p. 158.

(3) *Miracula Sancti Benedicti*, l. I, c. 25, éd. Soc. de l'Hist. de France,
p. 56-57.

(4) Voyez *Gall. Christ.*, t. VIII, col. 1543.

vèrent pour mettre fin au différend. Et cela, dit le chroni-
queur, parut juste à tous. Les écus et les bâtons étaient prêts,
quand un légiste du Gâtinais proposa de partager les biens
en litige entre les deux avoués. L'assemblée se rallia à cette
opinion.

Si, au ix° siècle, on avait aussi facilement recours au duel,
ce fut bien autre chose au xi° siècle. [Les églises, à cette
époque, n'hésitaient plus à trancher leurs débats par un combat singulier (1), en dépit des défenses, d'ailleurs timides et
rares, des conciles et des papes (2). Au xii° siècle seulement,
la papauté se prononça formellement contre l'emploi du duel
dans les affaires où les intérêts d'une église étaient engagés (3).
On regardait comme privilégiés ceux des seigneurs qui avaient
droit de recevoir les gages de bataille : c'était là, en effet,
une source de revenus.] Ainsi, dans une donation de village
faite, en 1073, par Évrard, vicomte de Chartres, on lit : « Il
est convenable de noter que le dit village non seulement a été
jusqu'ici entièrement libre de toute exaction, mais même qu'il
a sur les autres cet avantage singulier que de long temps

(1) En 1064, charte relatant une contestation entre les moines de Saint-
Serge d'Angers et ceux de Saint-Aubin d'Angers, cit. par Marchegay, *Bibl.
de l'Ec. des Ch.*, t. I, p. 552, n. 3. — Vers 1070, duel judiciaire ordonné
pour terminer un procès entre l'abbaye de S.-Père et les héritiers d'un certain Robert qui avait reçu des moines l'usufruit d'une terre, *Cartul. de S.-
Père de Chartres*, t. I, p. 160, n° 33. — En 1098, Guillaume d'Aquitaine
ordonne un duel entre l'abbaye de Marmoutiers, d'une part, et celles de
Sainte-Croix de Talmont et de Sainte-Marie d'Angles, d'autre part. Charte
publ. par Marchegay, *Bibl. de l'Ec. des Ch.*, t. I, p. 561-564.]

(2) Concile de Valence (855), can. XII, ap. *Labbe*, t. VIII, col. 140-141. —
Nicolas I⁰ʳ n'approuvait pas le combat singulier, comme on le voit dans une
lettre à Charles le Chauve, ep. 148, ed. Migne, col. 1144 D.

(3) 1140, Bulle d'Innocent II, cit. par Du Cange, ed. Henschel, t. II,
p. 952, col. 3. — 1156, Bulle d'Adrien IV, adressée à Ardouin, abbé de
Saint-Germain d'Auxerre, lui interdisant d'avoir recours au duel pour vider
les procès relatifs aux biens de son abbaye, et déclarant nulles les prétentions de ceux qui ne pourraient prouver leur droit contre le monastère autrement que par le duel. Publ. par Quantin, *Cartul.*, t. I, p. 544-545. —
En 1195, Célestin III défend l'emploi du duel dans les affaires concernant les
biens des églises, *Corp. J. C.*, c. 1, Xᵃ, V, xxxv. — Ives de Chartres,
dans une de ses lettres, désapprouve l'évêque d'Orléans d'avoir autorisé un
duel dans son tribunal, et lui rappelle que l'Eglise romaine n'admet pas ce
mode de preuve. Ep. n° 247, éd. Migne, t. II, col. 254.

4

demandeurs et défendeurs s'y rendent des villages d'alentour
pour le jugement du fer chaud et le combat avec bouclier et
bâton, et que toute cause est déférée au tribunal du seigneur
du dit village (1). »

Un des articles (art. 14) des Coutumes de Lorris concerne
les amendes à percevoir sur les plaideurs qui ont recours au
duel : on y a vu un effort de la royauté pour diminuer le
nombre des duels. Les remarques qui précèdent étaient né-
cessaires pour montrer jusqu'à quel point le combat singulier
était passé dans les mœurs judiciaires. C'est à peine si, au
xii⁰ siècle, la voix de la papauté était écoutée par les clercs (2).
Louis VI ne pouvait songer à abolir le duel judiciaire. Lui-
même n'hésita pas à y recourir. Ainsi le comte de Blois ayant
voulu élever, après 1111 (3), un château dans le fief du Puiset, le roi s'y opposa et s'engagea à prouver son droit par un
combat : son sénéchal devait le représenter (4). N'est-ce pas
le même roi qui augmenta le nombre des personnes pouvant
user du combat singulier? Il accorda aux serfs des églises de
Notre-Dame de Paris (5), de Sainte-Geneviève (6), de Saint-
Martin-des-Champs (7), de Saint-Maur (8), et de Notre-Dame
de Chartres (9) le privilège de se battre contre les hommes
libres en même temps que le droit de témoigner contre eux
en justice. Il semble toutefois que Louis VI et Louis VII aient

---

(1) « Non absurde autem videtur hic inserere quod prædicta villa non solum ipsa ab omni prorsus exactione liberrima hucusque perseveraverit, verum
etiam in tantum hujusmodi privilegio omnes cæteras antecellit, ut de proxi-
mis circumquaque villis ad judicium calidi ferri portandum et ad bellum cam-
pionum clipeo et baculo faciendum, ex antiquitate semper illic accusatores et
accusati conveniant, totaque causa ad ipsius villæ domini deferatur audientiam. » Mabille, *Cartulaire dunois*, nᵒ XLI, p. 38-39.

(2) Nous voyons que le duel judiciaire était encore usité, en 1176, à la cour
de l'archevêque de Sens. Eudes, archevêque, règle les droits des marguil-
liers : « Et nullus præter eos possit locare scuta ad facienda duella in curia
archiepiscopi. » *Cartul. de l'Yonne*, t. II, p. 285.

(3) Date de l'annexion du fief du Puiset à la couronne.

(4) Suger, *Vita Ludovici*, c. XVIII, éd. Lecoy, p. 76.

(5) 1108. Charte publ. par Guérard, *Cartul. de Notre-Dame*, t. I, p. 246.

(6) 1109. Tardif, *Cartons des rois*, nᵒ 344.

(7) 1111. Tardif, *Ibid.*, nᵒ 346.

(8) 1118. *Ibid.*, nᵒ 371. — *Ord.*, t. I, p. 3-4.

(9) 1128. *Ord.*, t. I, p. 5.

tenté quelques efforts pour restreindre l'emploi du duel judiciaire : nous allons voir dans quels cas (1).

Lorsqu'un homme de Bourges avait négligé de se rendre à
la semonce du prévôt ou à celle du voyer, il lui fallait prouver
par le duel qu'il n'avait pas eu connaissance de la citation. En
1145, Louis VII, renouvelant une disposition déjà prise par
son père, déclare que le prévenu se libérera par un simple
serment de l'accusation portée contre lui par le prévôt ou le
voyer (2).

En 1174, le même roi, après avoir aboli de mauvaises coutumes en usage à Jusiers, près Meulant, décide qu'au cas où
quelqu'un voudrait inquiéter à ce sujet l'église ou les hommes
de l'église, ceux-ci pourront se défendre contre toute vexa-
tion et garantir la liberté de leurs coutumes, s'en assurer la
paisible jouissance par le simple serment de vingt d'entre
eux, sans qu'on puisse les forcer à prouver leur droit par le
duel (3).

Enfin, en vertu d'une charte de 1178, le combat judiciaire
ne devait plus être usité à Orléans pour une contestation au
sujet d'une dette inférieure à cinq sous (4).

En prenant ces dispositions, Louis VI et son fils ne cherchaient pas tant à substituer au duel un moyen de preuve
plus juridique qu'à améliorer la condition des non nobles devant les tribunaux. Seulement, sans l'avoir voulu et indirec-

(1) Dès 1120, à Fribourg en Brisgau, l'emploi du duel était restreint à
3 cas : « Duellum autem non debet fieri nisi pro sanguinis effusione vel pro
preda vel pro morte. » Giraud, *Hist. du droit français*, t. I, *Pièces justif.*,
p. 128.

(2) « Præpositus urbis præscriptæ sive vigerius aliquem hominem ad se
mandabat et dicebat : mandavi te ad me et contempsisti venire; fac mihi rec-
tum de despectu. Hanc autem consuetudinem sic pater noster emendavit,
præcipiens ut si ille negare potuerit per unum planum sacramentum transeat,
et pro despectu aliquo nullum duellum faciat sicut antea esse solebat. » La
Thaum., *Cout. loc.*, p. 62.

(3) « Si quis igitur predictas consuetudines pervertendo ecclesiam vel homines injuste vexare presumpserit statuimus quod tam ecclesia quam ecclesiæ
siæ homines vicesima manu poterunt, sine contradictione et sine duello, suarum consuetudinum probare libertatem et probatam sibi illesam retinebunt. »
Cartul. de S.-Père de Chartres, n° XLIII, t. II, p. 651.

(4) « Pro debiti citra quinque solidos negatione inter aliquos non judicetur
duellum. » *Ord.*, t. I, p. 16.

tement, Louis VI et Louis VII, par le fait même qu'ils inter-
disaient le combat judiciaire dans les circonstances où son
usage pouvait être préjudiciable à une certaine classe de personnes, en ont restreint l'emploi. Il est évident que le prévôt
ou le voyer de Bourges avaient à leur disposition de meilleurs
champions que ne pouvait s'en procurer un particulier : toutes
les chances de victoire étaient de leur côté ; de là, pour eux,
l'occasion de percevoir une amende sur le vaincu.

Venons maintenant à l'examen de l'article 14 de la charte
de Lorris. Dans le droit féodal primitif, refuser le combat,
c'était s'avouer coupable. Il était cependant barbare de con-
traindre un accusé à courir les chances d'un combat singulier.
La royauté chercha à apporter un tempérament à la rigueur
de cette procédure. L'article 14 de notre charte porte : « Si
les hommes de Lorris ont donné follement des gages de duel,
et qu'avec l'assentiment du prévôt ils se soient accordés avant
de donner des cautions, chaque partie paiera deux sous et six
deniers ; et, si les cautions ont été constituées, chacun paiera
sept sous et six deniers. » Ainsi, les hommes de Lorris qui
ont remis au prévôt leurs gages de bataille, ou même qui ont
établi des cautions, peuvent en venir à une conciliation en
payant au prévôt une indemnité, bien justifiée d'ailleurs par
le dérangement qu'avait occasionné aux officiers royaux ce
commencement inutile de procédure.

L'imposition de ces amendes ne nous semble pas avoir été
en elle-même de nature à diminuer le nombre des provoca-
tions : les parties hésitaient moins à s'engager dans la procédure du duel du moment qu'elles savaient n'être pas forcées
de la suivre jusqu'au bout, jusqu'au champ clos. Mais, comme
à deux moments différents de la procédure on pouvait l'inter-
rompre et conclure un accord, il est certain que les duels
livrés ont dû devenir de plus en plus rares.

J'ai laissé de côté la dernière partie de l'article : « Et si le
duel a eu lieu entre hommes légitimes (1), les cautions du

---

(1) *Homines legitimi.* Cette expression désigne quelquefois les hommes
libres par opposition aux serfs. Mais comme les hommes de Lorris, à qui
s'adressent les Coutumes, sont libres, il faut sans doute entendre ici par
cette expression « les hommes ayant le droit de se battre en duel, » ou encore « les champions légalement constitués. »

vaincu paieront 112 sous. » Deux interprétations se présentent. Ou bien on peut entendre que ces 112 sous sont le taux de l'amende à payer par les otages dans le cas où l'accord a eu lieu seulement après le duel; ou bien, que cette amende est payée par les cautions du vaincu, dans tous les cas où le duel a été livré.

Il semble en effet que, d'après certaines Coutumes, l'accord pouvait être conclu même après le duel terminé. Sans doute un pareil usage ne laisse pas que d'être fort étonnant. Comment les plaideurs peuvent-ils transiger sans reconnaître implicitement que ni l'un ni l'autre n'ont complètement tort. Cependant la Coutume d'Anjou mentionne la paix de chose jugée (1); le jugement rendu servait de base à la transaction (2). Beaumanoir prévoit le cas où la paix est conclue après la défaite de l'une des parties. En Beauvaisis, le consentement du seigneur direct ne suffisait plus pour la conclusion de cet accord; celui du comte de Clermont, seigneur haut justicier, devenait nécessaire (3).

La conjonction et placée en tête de la proposition que je cherche à interpréter nous oblige-t-elle à la relier au reste de l'article et à traduire : « Et si l'accord a eu lieu après que le duel a été livré, les otages du vaincu paieront 112 sous. » Je ne le crois pas. En effet, l'article 12, nettement séparé dans le registre C de Philippe-Auguste de l'article 11 par un trait à l'encre rouge, débute par la conjonction et; cependant, ces deux articles n'ont aucun rapport entre eux; il en est de même de plusieurs autres.

Ce qui est, selon moi, décisif et doit faire abandonner la première explication de la fin de l'article 14, c'est que dans une charte accordée par Héloïse de Chaumont à ses hommes de Villemanoche en 1248 (4), et où je signalerai plus loin de notables emprunts aux Coutumes de Lorris, le rédacteur a

(1) Ét. de saint Louis, l. I, c. 96, éd. Viollet.
(2) Viollet, Ét. de saint Louis, Introduction, t. I, p. 209-210.
(3) « Il loist à cascun segneur qui a gages en se cort de soufrir que pes soit fete des gages, s'il li plest, mais que ce soit avant que l'une des parties soit vaincue, car s'on atendoit tant, le pes ne se porroit fere sans l'acort du conte. » Beaumanoir, éd. Beugnot, ch. LXIV, § 14, t. II, p. 439-440.
(4) Pièces justificatives, n° XX, art. 7.

négligé la première partie de l'article 14 et n'en a transcrit que la dernière, à la suite d'une clause portant réduction des amendes : « Si vero de legitimis hominibus duellum factum fuerit, obsides devicti centum et duodecim solidos turonensium persolvent. »

Ainsi dans tous les cas où un duel avait eu lieu, les cautions du vaincu devaient une amende à la justice. Une telle disposition a-t-elle été prise pour effrayer les personnes prêtes à se porter cautions et diminuer le nombre des duels? Ou bien est-ce là un privilège?

Une étroite solidarité unissait les pléges à celui pour qui ils se portaient garants. Dans la chanson de Roland, (et il nous est bien permis d'invoquer ce poëme qui retrace les mœurs de la fin du xiᵉ siècle), les otages de Pinabel, vaincu par Thierry, subissent la même peine que lui (1). De même dans Huon de Bordeaux, l'abbé de Cluny n'hésite pas à se porter caution pour Huon, bien qu'il sache le sort qui l'attend si Huon est vaincu :

« Et se tu es ne vencus ne maumis »

dit-il à Huon,

« Honnis soit Karles, li rois de Saint Denis,
» S'il ne me pent, ains qu'il soit avespri,
» En ma compaigne de moines IIIIˣˣ X (2). »

Mais, comme l'a fait remarquer M. L. Gautier, les mœurs sont devenues plus douces, et à la prière de Rainfrois, Charles s'engage à ne pas pendre les otages du vaincu : il confisquera seulement leurs terres (3).

Établir qu'à Lorris on ne frapperait jamais les cautions que d'une amende pécuniaire (4), quelle que fût d'ailleurs la peine encourue par le vaincu, c'était leur donner un privilège.

Donc, ce qu'il faut voir avant tout dans l'article 14, c'est

(1) *Chanson de Roland*, éd. L. Gautier, v. 3930-3933, v. 3947-3955.
(2) Huon, éd. Guessard, p. 43.
(3) Huon, éd. Guessard, p. 44.
(4) Bien qu'assez élevée, cette amende de 112 sous ne l'était pas autant que le pense M. Combes qui l'a évaluée en sous d'or. *Annales de la Faculté des lettres de Bordeaux*, t. II, p. 62.

un adoucissement apporté à la rigueur de la procédure du duel. De plus, en permettant les accords, la royauté, sans peut-être qu'elle se fût rendue compte du but qu'elle atteignait, avait porté un premier coup au combat judiciaire : les parties continueront à se provoquer, mais elles transigeront le plus souvent sans en venir aux mains.

Je ne puis passer sous silence un proverbe fameux auquel le texte que je viens d'examiner a donné naissance :

> C'est un proverbe et commun dis
> Qu'en la coustume de Lorris,
> Quoiqu'on ait juste demande,
> Le battu paie l'amende.

Tous les jurisconsultes qui ont parlé des Coutumes de Lorris (1) ont cité ce dicton ; tous en ont cherché l'origine dans l'article 14 de la charte de 1155; il est fort difficile de l'y rattacher. D'abord l'amende est payée, non par le vaincu, mais par ses otages : ceux-ci avaient-ils donc un recours contre celui pour qui ils avaient répondu? Mais il ne faut pas demander trop de précision aux dictons populaires. Admettons que les 112 sous aient été payés par le vaincu ou ses ayant cause. Qu'y avait-il là de si particulier? Pasquier, dans ses Recherches, Delalande dans son commentaire de la Coutume d'Orléans, et les éditeurs du Nouveau Coutumier prétendent que dans la plupart des coutumes le vaincu n'encourait d'autre peine que la perte de son procès. Cependant des chartes du XII° et du XIII° siècles et de divers pays fixent la somme à

---

(1) Et. Pasquier, *Recherches de la France*, l. VIII, c. xxix, éd. 1643, p. 725. — D. Morin, *Hist. du Gastinois*, éd. 1630, p. 167. — Le Maire, *Hist. d'Orléans*, t. II, p. 35. — Ant. Loysel, *Institutes coutumières*, éd. Dupin, l. VI, t. I, § 29, t. II, p. 196. — Floris de Bellingen, *Recueil de Proverbes*, éd. 1656, l. II, ch. 25, n° 60, p. 208. — *Nouveau Coutumier général*, 1724, t. III, p. 829. — *Coutume d'Orléans*, commentée par Delalande, 2e éd. 1704, t. I, ancienne préface. — *Matinées Sénonoises*, 1789, p. 83-84. — Du Cange, éd. 1733, v° *Duellum* 3, t. II, col. 1670. — Le Roux de Lincy, *Le livre des Proverbes français*, t. I, p. 234. — Deligand, *Le battu paie l'amende*, article ap. *Bulletin de la Soc. archéolog. de Sens*, t. VI, p. 50-56. — Dom Morin, Le Maire et Ducange ont imprimé ainsi le premier vers :

« *C'est un proverbe et commun ris.* »

percevoir par le seigneur sur le vaincu (1) ; et Loysel donne comme une règle générale sous le n° 817 de ses Institutes : « Le mort a le tort et le batu paye l'amende. » Ce sont ses commentateurs qui en ont rapproché le proverbe de Lorris. Il faut croire que c'était là un proverbe particulier à la région du Gâtinais où la plupart des villages jouissaient des Coutumes de Lorris.

Pénalité. — La punition des crimes de haute justice n'est pas déterminée dans notre charte. Sur ce point le droit commun resta en vigueur. C'est ce qu'autorise à croire une clause spéciale de la charte de Sceaux en Gâtinais, où d'ailleurs le tarif des amendes est le même qu'à Lorris (2). Ces crimes étaient d'après la charte de Sceaux : l'homicide, la trahison, le vol, le rapt. Il faut y ajouter le meurtre et la mutilation d'un membre (3). Peut-être les criminels passibles d'une peine supérieure à l'amende de 60 sous demeuraient-ils à la merci du roi (4).

La confiscation des immeubles, et plus exactement le retrait des tenures, existe à Lorris dans le cas de forfait envers le roi ou quelqu'un de ses hôtes (5) (art. 5).

(1) 1190. Enquête sur les droits de Ph.-Aug. et de Richard Iᵉʳ à Tours : « Si autem bellum factum fuerit, de victo sexaginta solidos habebit comes et non plus... » Teulet, *Layettes*, t. I, p. 161 a. — Avril 1222 Coutumes de Beaumont-sur-Oise, art. 8 : « De duello victo (habebimus) LXVII solidos et dimidium si duellum fuerit de fundo terre vel pecunia. » *Ord.*, t. XII, p. 298. — Charte de commune de Dijon, art. 22 : « Si duellum victum fuerit, victus LXV solidos persolvet. » Garnier, *Chartes de communes*, t. I, p. 9.

(2) *Sceaux*, Loiret, arr. Montargis, cᵒⁿ Ferrières. — Charte de 1153, art. 5. *Ord.*, t. XI, p. 199.

(3) D'après la charte donnée par Ph.-Aug. aux bourgeois d'Orléans en 1183 : « Et quod nullus eorum pro aliquo forifacto plusquam LX solidos emendabit nobis, nisi pro furto, raptu, homicidio, multro et proditione, vel nisi alicui pedem vel manum, vel nasum, vel oculum, vel aurem, vel aliquod aliud membrum abstulerit. » *Ord.*, t. XI, p. 227.

(4) En 1169, le roi fixant les droits des hôtes de Villeneuve près d'Étampes, réduit le taux des amendes comme à Lorris ; il ajoute : « Quod si forisfactum fuerit plusquam sexaginta solidorum ad nostrum beneplacitum admensurabitur. » *Ord.*, t. VII, p. 684. — Il en était de même dans la franchise de Beaumont-sur-Oise, art. 9 et art. 10. *Ord.*, t. XII, p. 298-299 ; et dans la commune de Chambli, art. 15 ; *Ord.*, t. XII, p. 304,

(5) Outre que le texte même de l'article 5 implique qu'il s'agit de la con-

M. P. Viollet y voit le résultat d'une influence directe du droit romain. Dans le très ancien droit germanique, les meubles seuls étaient susceptibles d'une confiscation. En Touraine et Anjou, la confiscation des terres est encore inconnue au xiii° siècle. L'Orléanais était, d'après le même auteur, plus avancé, puisqu'à Lorris, l'immeuble peut être confisqué dès le xii° siècle (1).

D'abord, le retrait de la tenure n'existe à Lorris que dans le cas de délit commis contre le roi ou une personne placée sous sa protection immédiate (2).

Dans la législation romaine, la confiscation était appliquée dans plus d'un cas, et elle frappait les immeubles. Justinien l'abolit (3), la maintenant toutefois pour la punition du crime de lèse-majesté (4).

Dans la Loi Salique, quand un accusé refusait de comparaître devant le tribunal du roi, il était banni, et ses biens confisqués (5). Un titre de la loi des Ripuaires (6), au vii° siècle, édictait la confiscation contre ceux qui avaient manqué

---

fiscation de la terre : « Quicumque in parrochia Lorriaci possessionem habuerit..... », généralement *possessio* dans la langue juridique du Moyen-âge désigne les immeubles : « Si Romanus homo possessor, id est qui res in pago ubi commanet proprias possidet, occisus fuerit... » *Lex Salica*, t. XLI, § 7, Baluze, t. I, col. 310. — On lit dans les franchises de Cuiseaux (1265), art. LVI : « Item volumus et concedimus quod habitantes in villa Cuiselli qu habent possessiones immobiles in districtu nostro..... » Canat, *Docum. inéd.*, p. 80.

(1) « L'influence romaine se fera sentir plus tard lorsque la confiscation sera prononcée contre le crime de lèse-majesté... L'Orléanais est plus avancé que l'Anjou. » P. Viollet, *Établissements de saint Louis, Introduction*, t. I, p. 107-108.

(2) Il s'agit non pas des personnes que le roi hébergeait dans son château de Lorris, mais bien plutôt des *hôtes*, au sens étroit du mot, des hommes à qui le roi avait donné un lot de terre. On lit dans la charte d'Ervy, imitée de celle de Lorris : « Quicumque eorum in parrochia sive castellania Erviaci possessionem......... nisi adversum me vel *hominem de eadem libertate* forefecerit. » *Ord.*, t. VI, p. 200.

(3) Année 535, *Nov.* XVII, cap. XII.

(4) Par un édit de 556, *Nov.* CXXXIV, c. XIII.

(5) *Lex Salica*, édit. Merkel, t. LVI. — Voir : Sohm, *Procédure de la Lex Salica*, trad. Thévenin, p. 120.

(6) « Si quis homo Regis infideli extiterit, de vita componat, et *omnes res* ejus fisco censeantur. » *L. Rip.*, LXIX; titre tiré d'un édit de Clotaire II ou de Dagobert I°ʳ.

à la fidélité due au roi. Enfin, la saisie des immeubles, propres et bénéfices, revient souvent dans les Capitulaires (1) : elle y est introduite pour les cas où il y a eu manquement au serment de fidélité prêté au roi, infraction à un ordre du roi, injure envers le roi ou quelqu'un de sa famille. Je ne nie pas que le titre de la loi des Ripuaires comme les dispositions des Capitulaires n'ait été rédigé sous une influence romaine. Je voulais seulement établir que c'est non pas tardivement et par suite d'une renaissance du droit romain, comme semble le dire M. Viollet, mais bien à une époque très reculée, que la confiscation des immeubles s'est introduite dans notre législation ; même elle a pu ne jamais disparaître depuis l'époque romaine pour les crimes de droit public.

Quant à ces forfaits commis contre le roi ou ses hôtes, et à l'occasion desquels pouvait être prononcée la confiscation, la charte a négligé de les définir. Ce sont les délits qui atteignent le roi ou ses hôtes dans leur personne ou leurs droits.

Il y eut un temps où le non-paiement du cens pouvait entraîner la confiscation de la tenure. Mais déjà au xe siècle, on a soin de spécifier dans la plupart des concessions de terres à titre de censives qu'au cas où le censitaire ne paiera pas le cens, il en sera quitte pour payer une amende au seigneur (2).

(1) D'abord le comte au nom du roi met la main sur tous les biens du délinquant (Cap. de 802, édit. Boretius, n° 33, § 32, t. I, p. 97; *Ibid.*, § 36, p. 98). Cette main-mise provisoire se change après certains délais en confiscation (Capit. de 803, *addit. Legi Ripuariæ*, édit. Boretius, n° 41, § 6, t. I, p. 118). — Par un diplôme donné à Aix-la-Chapelle, le 31 mars 797, Charlemagne absout un comte nommé Théodulphe, qui s'était révolté, d'une accusation de crime de lèse-majesté et lui restitue les biens qui lui avaient été confisqués à tort ; Théodulphe s'étant justifié par le jugement de Dieu : « Aliqui vero fideles per judicium Dei se idoniaverunt, sicut Theodoldus, comes fidelis noster, visus est fecisse, cui et nos omnes res proprietatis sue, juxta ejus deprecationem,... denuo et nostro largitatis munere, quantumcumque ex hereditate parentum aut de qualibet attractum juste et rationabiliter antea possiderat... jure firmissimo ad legitimam proprietatem reddi fecimus... » Tardif, *Cartons des rois*, n° 96, p. 71. — Dans un capitulaire d'entre 802 et 813, la confiscation de l'*hereditas* est prononcée contre les parricides (édit. Boretius, n° 56, § 3, t. I, p. 143).

(2) En 985, cession de terres par Guill. Fier-à-Bras, moyennant le paiement d'un cens annuel de 5 sous : « Quod si ex jam dicto tardi aut neglegentes pro aliqua difficultate apparuerunt, *geminatum censum* reddant et jam dictas res nullo modo perdant. » *Musée des archives départementales*, n° 16, p. 35. —

Je ne puis citer aucun texte du Gâtinais ou de l'Orléanais : mais il y a lieu de croire que cet usage de substituer au retrait une amende assez minime était en vigueur dans notre région (1).

L'amende de 60 sous est réduite à 5 sous; celle de 5 sous à 12 deniers (art. 7).

Cette amende de 60 sous apparaît déjà à l'époque mérovingienne. D'après la loi des Ripuaires, elle frappait ceux qui négligeaient de se rendre à une convocation royale (2), ou ceux qui commettaient un délit envers une personne placée sous la protection du roi (3). On l'encourait encore en s'appropriant un bien donné par le roi (4), en refusant d'héberger un envoyé royal (5), en mettant un voleur en liberté (6), en donnant asile à un banni (7). C'est par excellence l'amende royale. Tel est encore le caractère qu'elle revêt dans les Capitulaires, où elle est dite par le roi *bannum nostrum* (8). En dé-

---

Entre 991 et l'an 1000, l'abbaye de Marmoutiers accense une terre, sise dans le Dunois, à Gisbaud et Gui : « Studeant nobis censum reddere... et si de eodem censu negligentes aut tardi reperti fuerint, liceat emendare eis et quod tenuerint non perdant. » Mabille, *Cartul. Dunense*, n° VI, p. 7-8. — Entre 1015 et 1020, accensement par la même abbaye d'une terre, sise dans le Dunois, à Guérin : « Ea scilicet ratione ut omni anno... studeat solvere censum... Quod si neglexerit liceat illi emendare. » *Ibid.*, n° XVIII, p. 19. — Voyez encore : même cartul., n° LII, p. 47.

(1) Au moins était-il en vigueur au xiii° siècle : « Qui ne rent son cens à jor, il doit cinq sols d'amende. » *Jostice et Plet*, p. 281.

(2) *Loi des Ripuaires*, LXV, 1.

(3) *Ibid.*, XXXV, 3; LVIII, 12.

(4) *Ibid.*, LX, 3.

(5) *Ibid.*, LXV, 3.

(6) *Ibid.*, LXXIII, 1.

(7) *Ibid.*, LXXXVII. — Ces textes ont été cités par M. J. Tardif, *Institut. politiques*, Période méroving., p. 74.

(8) « De incestis. Si homo incestum commiserit de istis causis, de Deo sacrata aut commatre sua... pecuniam suam perdat, si habet; et, si emendare se noluerit, nullus eum recipiat nec cibum ei donet. Et, si fecerit, *LX solidos domno regi componat.* » Capitul. 754-755, éd. Boretius, n° XIII, § 1, t. I, p. 31. — De presbyteris et clericis sic ordinamus, ut archidiaconus episcopi eos ad synodum commoneat una cum comite. Et si quis contempserit, comes eum distringere faciat, ut ipse presbyter aut defensor suus *LX solidos componat* et ad synodum eat. Et episcopus ipsum presbyterum aut clericum juxta auctoritatem dijudicare faciat; *solidi vero LX de ipsa causa in sacello regis veniant...* » *Ibid.*, § 3, p. 31-32. — « Dedimus potestatem comi-

pit des variations de la valeur des monnaies à travers les âges, le taux de soixante sous persista longtemps après l'époque carlovingienne. C'est bien la même amende qui se continue de siècle en siècle. Car, encore au xive siècle, le mot *compositio* sert parfois à la désigner (1). L'action des capitulaires généraux allait aussi loin que les limites de l'empire, s'étendant à tous les pays soumis à l'autorité de l'empereur ou du roi. Aussi, retrouve-t-on aux xiie et xiiie siècles l'amende de soixante sous dans toutes les coutumes de France, aussi bien au nord qu'au midi, à l'ouest comme à l'est (2). Cette amende est ré-

tibus bannum mittere infra suo ministerio de faida vel majoribus causis *in solidos LX;* de minoribus vero causis comitis bannum in solidos XV constituimus. » Capitul. 775-790, *De partibus Saxoniæ,* éd. Boretius, cap. nº XXVI, § 31, t. I, p. 70. — « Ut raptum vel vim per collecta hominum et incendia infra patriam nemo facere præsumat; et qui hoc commiserit, *sexaginta solidos in bannum nostrum componat.* » Capitul. *Ad legem Baiwarior.,* éd. Boretius, nº 68, § 2, t. I, p. 157-158. — « Statuimus ut liberi homines qui tantum proprietatis habent unde hostem bene facere possint, et jussi facere nolunt, ut prima vice *secundum legem illorum*, statuto damno subjaceant; si vero secunda inventus fuerit negligens, *bannum nostrum id est LX solidos persolvat.* Si vero tertio quis in eadem culpa fuerit implicatus, sciat se omnem substantiam suam amissurum, aut in exsilio esse mittendum. » Capitul., mai 825, Pertz, *Leges,* t. I, p. 251. — Voyez : Viollet, *Ét. de saint Louis, Introduction,* t. I, p. 245-246.

(1) On lit dans la charte de Nant (1308) : « Qui libra propria falsa vel marcha propria falsa vendiderit, *sexaginta solidos componat,* et domino persolvat. » Tuetey, *Droit municipal en Franche-Comté,* p. 67.

(2) Il suffit de citer quelques textes pris au hasard parmi les coutumes des régions les plus diverses : *Beauvaisis,* v. Beaumanoir, XXX, 22, 24, 29, 30, 38. — *Beaumont-sur-Oise* (avril 1222), art. 7, *Ord.,* t. XII, p. 298. — *Chambli,* art. 4 (1222), *Ord.,* t. XII, p. 303. — En *Berry,* charte d'Étienne de Sancerre (1178), pour les habitants des paroisses de Beaulieu et *Centrengiis :* « De omni autem forisfacto quod pœnam irrogat pecuniariam non poterunt exigere canonici plusquam sexaginta solidos, sed et de illis LXᵃ solidis poterunt auferre et moderari decem illi viri qui electi fuerint, prout eis virum fuerit, juxta quantitatem delicti usque ad duodecim denarios. » *Cartul. Saint-Étienne de Bourges,* B. Nat., ms. lat., n. acq., 1274, fº 219 vº. — Charte de *Mézières* (août 1233) : « Si autem aliquis... sanguinem in castro superius sine armis molatis fecerit, sexaginta solidos mihi solvet. » Sénemaud, *Mém. histor. sur les châteaux de Mézières, Charleville,* etc., p. 18. — En *Champagne,* un certain nombre de délits sont frappés d'une amende de 60 s. V. d'Arbois de Jubainville, *Hist. des comtes de Champagne,* t. III, p. 162; et les *Coutumes de Champagne,* ms. du xive siècle, B. Nat., ms. fr. 5256, fº 5 rº. — En *Bourgogne,* on rencontre l'amende de 60 s., par ex., à *Mâcon* (xiiie siècle), art. X,

duite à 5 sous en faveur des bourgeois de Lorris, c'est-à-dire qu'ils ne paieront plus que cette dernière somme pour les forfaits passibles jusqu'alors d'une amende de 60 sous.

De même, l'amende de 5 sous est réduite à 12 deniers. C'est l'amende inférieure dont il est déjà question dans les capitulaires : elle y est opposée au ban royal de 60 sous; elle variait avec la loi d'origine du coupable; lorsqu'à la personnalité des lois succéda le principe de la territorialité des coutumes, son taux fut plus ou moins élevé suivant les pays (1).

Essayons de déterminer quels étaient les principaux délits frappés d'une amende de 5 sous; quels étaient ceux qui n'entraînaient qu'une amende de 12 deniers. Je ne puis tenter cette classification des délits que pour le xiiie siècle; car les seuls textes que je puisse invoquer, sont les suivants : le tarif d'amendes inséré dans le *Livre de Jostice et Plet* (2), presque semblable à celui qu'a publié La Thaumassière (3), in-

---

Canat, *Documents inédits*, p. 7; *Digoin* (1238), art. 5, 9, 10, 16, *ibid.*, p. 40-41. — *Dijon*, sur les terres de Saint-Bénigne, charte de février 1106. Pérard, *Rec. de plusieurs pièces curieuses servant à l'hist. de Bourgogne*, p. 210 : « Justiciam planam... quod intelligimus LX solidorum. » — En Bourgogne, cette amende s'élève cependant quelquefois à 65 sous : charte pour *Dijon* (1187), art. 24, 26, 27, 29, 30. Garnier, *Rec. de chartes de communes*, t. I, p. 10-11. *Fribourg en Brisgau* (1120), art. 32, 34. Giraud, *Essai sur l'hist. du droit*, t. I, *P. just.*, p. 125. — Coutumes d'*Albi* (1220), art. 9. Giraud, t. I, *P. just.*, p. 87. — Charte de Raimond, vicomte de Turenne, pour *Martel*, *ibid.*, p. 81.

(1) Capitul. de 802, § 7 : « Ut bannus quem per semetipsum dominus imperator bannivit, sexaginta solidos solvatur; cæteri vero banni quos comites et judices faciunt, secundum legem uniuscujusque componant. » Pertz, *Leges*, t. I, p. 101. — Voir les autres textes cités par M. Viollet, *Ét. de saint Louis*, t. I, p. 245-246. — Un capitulaire pour les Saxons, entre 775 et 790, fixe à 15 s. cette amende inférieure : « Dedimus potestatem comitibus bannum mittere infra suo ministerio de faida vel majoribus causis in solidos LX; de minoribus vero causis comitis bannum in solidos XV constituimus. » Capitul., n° XXVI, § 31, éd. Boretius, t. I, p. 70. — Cette amende de 5 sols porte encore quelquefois au xiie siècle la dénomination de *lex*. Dans la charte de Raoul de Clermont pour le bourg de Gournay-sur-Aronde, vers 1165 : « Exsolvet *legem* quinque solidorum de Belvaco. » De Luçay, *Le comté de Clermont*, *Pièces just.*, n° I, p. 285.

(2) Liv. XVIII, c. xxiv, § 7 et suiv. « Ties sont les paines en la duchie d'Orleans. »

(3) La Thaumassière a publié ce texte à la suite des *Coutumes de Beauvaisis*, p. 467 et suiv. d'après le ms., aujourd'hui à la Bibl. Nat., *Ms. fr.* 14580.

titulé : « *Les peines de la duchée d'Orléans*, » et encore les passages des *Établissements de saint Louis* empruntés aux usages d'Orléanais. Encore cette classification ne vaut-elle qu'à condition d'admettre que le droit commun du Gâtinais ne différait pas ou très peu de celui de l'Orléanais. J'ai cité plus haut un texte de 1183 qui établit que l'amende pécuniaire la plus forte qui fût levée à Orléans était celle de 60 sous.

Elle frappait quiconque agissait « contre establissement de prince (1); » quiconque, étant retenu par ordre du roi ou de la justice, s'en allait sans congé (2); l'individu, qui, usurpant le titre d'officier seigneurial, levait un droit de péage (3). Elle était encore prononcée contre celui qui refusait de livrer son gage à un sergent (4); contre celui qui interceptait un chemin, une rivière, ou détournait à son profit l'eau d'une fontaine commune (5); contre celui qui ne remettait pas à la justice un objet trouvé (6). Les coups suivis d'effusion de sang rentraient dans la même classe de délits (7), ainsi que le fait de détourner quelqu'un du tribunal compétent (8) ou, celui de refuser de livrer le gage à celui envers qui l'on s'était porté caution (9). Étaient passibles de la même amende les atteintes à la propriété privée accompagnées de violence (10). Pour tous ces délits, les bourgeois de Lorris ne payaient que cinq sous au lieu de soixante qu'on exigeait des autres habitants de cette région.

L'amende inférieure de cinq sous, abaissée à Lorris jusqu'à

---

(1) *Ms.* fr. 14380, f⁰ 25 r⁰; La Th., p. 467; *J. et Plet*, l. XVIII, c.xxiv, § 7, p. 278. — Les articles n'étant pas numérotés dans La Thaumassière, je cite en première ligne le Ms., où les recherches sont faciles, chaque page ne contenant que deux ou trois articles.

(2) *Ms.*, f⁰ 31 r⁰; La Th., p. 468.

(3) *Ms.*, f⁰ 31 v⁰; La Th., p. 468; *J. et Plet*, l. XVIII, c. xxiv, § 50, p. 281.

(4) *Ms.*, f⁰ 30 v⁰; La Th., p. 468; *J. et Plet*, § 45, p. 281. — *Ét. de saint Louis*, l. II, c. xxvii, édit. Viollet, t. II, p. 420.

(5) *Ms.*, f⁰ 31 v⁰; La Th., p. 468; *J. et Plet*, § 36, p. 280.

(6) *Ms.*, f⁰ 29 v⁰; La Th., p. 468; *J. et Plet*, § 28, p. 280.

(7) *Ms.*, f⁰ 28 r⁰, f⁰ 32 r⁰; La Th., p. 467-468; *J. et Plet*, § 14, p. 279.

(8) *Ms.*, f⁰ 24 r⁰, f⁰ 25 v⁰; La Th., p. 467; *J. et Plet*, § 7, p. 278.

(9) *Ms.*, f⁰ 30 v⁰; La Th., p. 468; *J. et Plet*, § 30, p. 280.

(10) *Ms.*, f⁰ 28 v⁰; La Th., p. 467; *J. et Plet*, § 14, p. 279. — *Ms.*, f⁰ 31 r⁰; La Th., p. 468; *J. et Plet*, § 33, p. 280.

12 deniers, frappait ceux qui ne se rendaient pas à une semonce (1); ceux qui quittaient l'assise du prévôt sans lui
avoir payé la « clameur » ou la « preuve pardonnée, » et cela
sans lui avoir demandé un délai (2); les pléges qui ne livraient pas au jour fixé une chose engagée devant la justice (3). Les injures et même les coups, pourvu qu'ils ne
déterminassent ni effusion de sang ni blessures, appartenaient
à la même catégorie de forfaits (4).

Ces amendes ne doivent pas être confondues avec les dom-
mages et intérêts payés par le coupable à la partie lésée, et
dont le tarif des peines du duché d'Orléans les distingue nettement en maints endroits. Les amendes dont nous avons
parlé étaient attribuées à la justice; à Lorris, elles revenaient
au roi comme seigneur.

Quant au *claim* du prévôt, ce n'est pas une amende propre-
ment dite; nous en avons parlé plus haut : c'était l'indemnité
payée au prévôt par les parties qui en appelaient à son tribunal.

Ce tarif d'amendes a pu figurer dans la charte primitive de
Lorris. Car Louis VII en avait établi un analogue au marché
neuf d'Étampes, rabattant à cinq sous et quatre deniers le
forfait de soixante sous, et à seize deniers celui de sept sous et
demi (5). En 1141, Louis VII atteste que les habitants d'une
terre possédée par les églises Notre-Dame et Saint-Martin d'É-
tampes, ne payaient que cinq sous pour le forfait de soixante
sous, et 12 deniers pour celui de sept sous et demi (6). Enfin,
la charte de Sceaux, antérieure de deux ans à la seconde
charte de Lorris, et qui présente avec elle les plus grands
rapports, reproduit le même tarif d'amendes (7).

Après les tailles et les corvées, les amendes étaient les impositions qui pesaient le plus lourdement sur les habitants

(1) *Ms.*, f° 25 v°; La Th., p. 467; *J. et Plet*, l. XVIII, c. xxiv, § 7,
p. 278; *Ét. de saint Louis*, l. II, c. xxvii, édit. Viollet, t. II, p. 420-421.

(2) *Ms.*, f° 28 v°; La Th., p. 467.

(3) *Ms.*, f° 25 v°; La Th., p. 467; *J. et Plet*, § 7, p. 278.

(4) *Ms.*, f° 28 r°; La Th., p. 467; *J. et Plet*, § 15, p. 279; *Ét. de saint
Louis*, l. II, c. xxv, t. II, p. 418.

(5) En 1123, *Ord.*, t. XI, p. 183.

(6) Teulet, *Layettes*, n° 74, t. I, p. 52 b.

(7) *Ord.*, t. XI, p. 199.

des campagnes. En réduire le chiffre, c'était leur donner un privilège considérable. Telle était l'opinion des hommes du Moyen-âge. Car, nous voyons qu'au XIVe siècle, en Bourgogne, il était interdit aux seigneurs d'abaisser le taux des amendes sur leurs terres : d'abord parce qu'on multipliait par là les occasions de méfaire, et surtout parce que les hommes des villes voisines se retiraient tous dans les villes où les amendes étaient moindres (1).

L'article 7 des Coutumes de Lorris fut celui dont la diffusion fut la plus grande; on l'introduisit dans bon nombre de privilèges qui ne procèdent en rien de ceux de Lorris, qui ne se rattachent par aucun autre point à la charte de 1155. En 1185, le roi Philippe-Auguste, confirmant les privilèges accordés par l'abbaye de Ferrières à ses hommes du même territoire, établit que les amendes seront levées d'après la Coutume de Lorris (2). C'est à coup sûr sous l'influence de la même Coutume, qu'en 1194 Pierre de Courtenay octroya à ses bourgeois d'Auxerre la même réduction du chiffre des amendes (3). Il prit les mêmes dispositions en faveur des habitants de Sainte-Vertu (4). Miles, seigneur de Noyers, rabattit, en 1232, à Noyers (5), Moulins (6) et Valnoise, les forfaits

---

(1) *Coutume de Bourgogne.* « Item, s'aucun seigneur fait en sa ville, où il a toutes justices, status et convencion es hommes de la ville de paier moindres admendes, qui ne soloient, et moindres que la generaul coustume du païs ne vuelt, telz statuz ne valent pour plusieurs causes; premierement pour ce qu'il donne occasion de mal faire pour la petite admende; item, pour ce que li homme des villes voisines, ou préjudice de leur seigneur, se retrairient en ladite ville, et ce seroit oster la generaul coustume du pays de Bourgoingne. » Giraud, *Essai sur l'histoire du droit français*, t. II, p. 277-278.

(2) « Emendationes erunt ad consuetudinem Lorriaci. » D. *Morin*, p. 708.

(3) « Concessi etiam quod forifacta LX solidorum ad quinque solidos reducantur. Cetera autem forifacta de quinque solidis et infra ad duodecim denarios redacta sunt. » Charte donnée à Sens, en novembre 1194. *Arch. Nat.*, JJ 7-8, 2e partie, fo 46 vo. — Cet article a passé dans la charte de Mathilde en 1223. Teulet, *Layettes*, t. II, p. 2 a.

(4) *Sainte-Vertu*, Yonne, arr. Tonnerre, canton Noyers. — Charte de juillet 1203 : « Forisfacta sexaginta solidorum venient ad quinque solidos; quæ vero quinque solidorum erant, venient ad duodecim denarios. » Quantin, *Rec. de pièces*, no 21, p. 9.

(5) *Noyers-sur-Serein*, Yonne, arr. Tonnerre, ch.-l: canton. — Quantin *Rec.*, p. 182.

(6) *Moulins*, canton Noyers.

de 60 sous à 5 sous. La charte des habitants de Fouchères (1), émanée d'Érard de Valery en juillet 1243, procède directement, pour ce qui touche les amendes, des privilèges de Lorris (2).

Je me contente de signaler, sans pouvoir en indiquer l'origine, la réduction des amendes de 5 sous à 12 deniers, au xiii° siècle, dans quelques villages de Beauvaisis (3).

Les seigneurs qui tiraient de leurs bois une des parties les plus considérables de leurs revenus ne souffraient pas qu'on y commît des dégâts. Des sergents, et aussi les chevaliers, exerçaient une surveillance sur les bois, et particulièrement sur ceux qui étaient entourés de haies, les forêts, où les seigneurs se livraient au plaisir de la chasse. De là, les amendes qui frappaient les propriétaires dont les animaux pénétraient dans les bois seigneuriaux, à Lorris les bois royaux. Le rôle des sergents et des chevaliers se bornait, à Lorris, à saisir les animaux trouvés dans les bois ou la forêt (art. 23); ils devaient les remettre au prévôt, à qui seul appartenait de prononcer l'amende. M. R. de Maulde (4) pense que cette clause a été introduite pour soustraire les habitants de Lorris à la juridiction exceptionnelle des tribunaux des eaux et forêts, plus sévères que les tribunaux de droit commun. L'administration des eaux et forêts une fois constituée, tel a pu être le résultat de l'article 23. Mais il n'est pas prouvé, et M. de Maulde le reconnaît, que les maîtrises fussent organisées, et surtout qu'une juridiction leur fût attribuée, dès le milieu du xii° siècle. Le roi a voulu seulement prévenir tout abus de pouvoir des sergents ou des chevaliers. L'amende n'était pas due dans tous les cas. Elle s'élevait à 12 deniers par animal. Remarquons qu'elle n'est pas, comme cela se voit d'ordinaire dans les chartes du xii° ou du xiii° siècle, proportionnée à

---

(1) *Fouchères*, Yonne, arr. Sens, canton Chéroy.

(2) « Præterea omnes clamores et omnia forefacta ad consuetudinem de Lorriaco venient, id est forefacta sexaginta solidorum venient ad quinque solidos, et forefacta quinque solidorum ad duodecim nummos et clamor ad quatuor denarios. » Charte d'Érard de Valery en juillet 1243, d'après un vidimus de la prévôté de Sens du 2 janvier 1405. *Arch. de l'Yonne*, E 562.

(3) Beaumanoir, éd. Beugnot, ch. XXX, § 60.

(4) *Condition forestière de l'Orléanais*, p. 368.

l'importance des animaux. Elle n'était percevable qu'au cas
où l'animal avait franchi la haie au su de son gardien. Mais
le propriétaire n'était tenu à aucune indemnité s'il pouvait
jurer que l'animal, poursuivi par les mouches ou par des tau-
reaux, avait pénétré dans le bois malgré les efforts de son
gardien.

CONCLUSION DU CHAPITRE II.

Le caractère de la charte de Lorris se dégage, croyons-
nous, de la précédente analyse.

D'abord, rien ne s'oppose à ce que Louis VII se soit contenté de confirmer et de reproduire le diplôme accordé par son
père aux hommes de Lorris; puisque nous avons rencontré
dans divers actes de Louis VI des dispositions analogues à
celles de la charte de 1155, du moins à celles qui n'étaient
pas absolument propres au bourg de Lorris.

Nous n'y avons signalé aucune concession de droits politiques : ce n'est pas une charte de commune. Il n'y a pas non
plus une seule disposition de droit privé; mais seulement l'é-
nonciation de quelques règles de procédure.

De plus, l'influence de la renaissance des études de droit
romain ne se fait pas encore sentir.

Les articles les plus nombreux sont ceux qui portent suppression de redevances et octroi de privilèges propres à développer l'agriculture et le commerce. Ce qui justifie ce que
j'avançais plus haut, à savoir qu'il faut chercher dans le désir
de la royauté d'augmenter la population et par suite ses revenus, la cause de la rédaction de la charte de Lorris.

Trouve-t-on simplement dans cette charte une constatation
des usages pratiqués dès longtemps à Lorris, et l'engagement
pris par le roi de s'y conformer, ou bien l'introduction de
nouvelles coutumes plus favorables? C'est une question qu'il
importe de résoudre. D'abord nous avons signalé l'abolition
de la taille, des corvées, du droit de poursuite. De plus,
toutes les fois que nous avons pu comparer à des textes juridiques du XII° siècle de la même contrée, les dispositions de
la charte de 1155, nous avons constaté une dérogation au droit
commun du Gâtinais ou de l'Orléanais. La rédaction même de

certains articles implique une concession de privilèges : par exemple, l'article où les amendes sont rabattues de 60 sous à 5 sous, de 5 sous à 12 deniers. Il ne reste donc que très-peu de dispositions qu'on puisse considérer comme anciennes.

Je ne crois pas trop m'avancer en disant que la charte accordée en 1155 aux habitants de Lorris constituait pour eux tout un ensemble de *privilèges*.

Je puis appuyer cette opinion sur des preuves matérielles. Dans le registre A de Philippe-Auguste, la charte de Lorris est précédée de la rubrique : « *Carta franchesie Lorriaci;* » et, dans le registre C, elle est intitulée : « *Census Lorriaci et libertatis.* » Louis VII, fondant en 1163 une ville neuve sur un territoire qu'il avait acquis de l'abbaye de Saint-Marien d'Auxerre, la dota des coutumes de Lorris et lui donna le nom de *Villefranche le roi* (1). Lorsque le même roi accorda en 1175 la charte de Lorris à plusieurs villages des environs de Lorris, il la fit transcrire et précéder des mots : « *Sunt itaque Lorriaci et consuetudines et libertates quas predictis villis indulsimus* (2). » Et, si l'on veut bien parcourir la liste des concessions seigneuriales de la charte de Lorris, on y retrouvera à plusieurs reprises les expressions « *libertas Lorriaci, libertates Lorriaci.* »

Nous comprenons maintenant pourquoi ce texte ne renferme qu'un nombre très restreint de dispositions : le roi s'est contenté de déterminer les points sur lesquels il voulait soustraire les hommes de Lorris au droit commun de la région. Dans tous les cas où la charte de 1155 restait muette, les bourgeois retombaient sous l'action de la Coutume du Gâtinais. La charte de Sceaux en Gâtinais (1153), qui offre, comme on le verra bientôt, les plus grands rapports avec celle de Lorris, stipule qu'un certain nombre de crimes continueront à être jugés d'après la Coutume du Gâtinais (3). Cette coutume est déjà mentionnée dans une charte de 1103 (4).

---

(1) *Ord.*, t. VII, p. 57.

(2) *Arch. nat.*, JJ 166, f° 275 v°.

(3) Art. 5 : « ... homicidium, proditio, furtum, raptum mulierum et similia quæ semper ex consuetudine Gastinensi judicabuntur. » *Ord.*, t. XI, p. 199.

(4) *Pièces justificatives*, n° III.

Il n'y a rien d'étonnant toutefois à ce que cette charte de Lorris ait reçu aussi, dès le xii⁰ siècle, le nom de *Consuetudines* : mot qui désignait alors les redevances. Or, ce que la charte règle surtout, ce sont les redevances. Mais, depuis lors le sens du mot *Coutumes* a changé. De telle sorte qu'il nous semblerait préférable aujourd'hui d'appeler le texte de 1155 : *Charte de franchise.*

En effet, le nom de Coutumes de Lorris donné à la charte de Louis VII n'a pas peu contribué à amener chez les auteurs depuis le xvi⁰ siècle une confusion entre les privilèges de 1155 et la Coutume de Lorris-Montargis rédigée à la fin du xv⁰ siècle.

Voyons maintenant les rapports qui existent entre ces deux textes.

La Thaumassière parle d'une rédaction des Coutumes de Lorris qui aurait eu lieu sous Philippe de Valois (1). Je n'en ai trouvé aucune autre mention. Et d'ailleurs La Thaumassière dit lui-même que ce n'est là qu'une probabilité.

Mais en 1494, le lundi 4 avril, après Pâques, on commença d'enregistrer à Montargis, sur l'ordre donné par Charles VIII, dans ses lettres du 28 janvier 1493 (2), « les Coutumes notoires notoirement tenues, gardées et observées ez bailliages de Montargis, de Cepoy, des ressorts et exemptions d'iceux, du duché d'Orléans, regis et gouvernés sellon *les anciennes Coustumes de Lorris en Gastinois...* (3). » Ces Coutumes furent réformées en 1531. Mais les Coutumes d'Orléans avaient été auparavant séparées de celles de Montargis (1509), d'où la distinction, au xvi⁰ siècle, entre les Coutumes de Lorris-Montargis et celles de Lorris-Orléans.

Les jurisconsultes les plus distingués et des historiens de premier mérite ont vu dans les franchises du xii⁰ siècle l'origine de la Coutume de 1494 (4). Les éditeurs du *Coutumier*

(1) *Cout. loc.*, p. 391.

(2) Lettres publ. ap. La Thaum., *Cout. loc.*, p. 467-468.

(3) *Texte des Coutumes de* 1494, La Thaum., *Cout. loc.*, p. 440-472. Ces Coutumes comprennent 23 chapitres eux-mêmes subdivisés en articles.

(4) « Ces Coutumes (celles de 1155) ne contenoient que 36 ou 37 articles... C'est cependant l'origine des Coustumes de Lorris et de plusieurs lieux du royaume, qui furent dans la suitte de beaucoup augmentées pour le droit des fiefs, censives, champarts, etc. » La Thaumassière, *Cout. loc.*, p. 391.

général ont cependant noté la différence capitale qui sépare la charte de 1155 et les Coutumes de Lorris du xv° et du xvi° siècles (1). Klimrath a fait la même observation (2), et aussi Laferrière (3). Augustin Thierry a bien dit que la situation faite aux habitants de Lorris largement dotés de *franchises* par la charte de 1155, « anticipait en quelque sorte la plupart des conditions essentielles de la société moderne ; » mais il ajoute que la nature de cette charte « exclusivement civile la rendait propre à passer de l'état de loi urbaine à celui de Coutume territoriale ; elle prit ce rôle dans la jurisprudence et finit par régler non-seulement la condition des bourgeois de tel ou tel lieu, mais le droit coutumier de toute une province (4). »

La charte de 1155 ne pouvait servir à régler le droit d'une province puisqu'elle ne contient pas un seul article de droit privé. Et même, les privilèges à la jouissance desquels elle donnait lieu pour les villages qui l'avaient obtenue au xii° ou au xiii° siècle, se trouvaient naturellement annulés dès la fin du xv° siècle, par suite des changements survenus peu à peu dans nos institutions au cours des temps. Il suffit de parcourir les titres des divers chapitres de la Coutume de Lorris rédigée en 1494 (5) pour se convaincre qu'il n'y a aucun rapport entre elle et les franchises de 1155. Il y a plus :

---

(1) *Nouveau Coutumier général*, 1724, t. III, p. 829, note.

(2) *Travaux sur l'hist. du droit français*, t. II, p. 197-198.

(3) *Hist. du droit français*, t. IV, p. 154.

(4) *Essai sur l'hist. du Tiers-État* (tableau de la France municipale), éd. in-16, p. 309-310.

(5) La Thaum., *Cout. loc.*, p. 440-472. — Ch. I, Des fiefs ; — c. II, En matière censuelle ; — c. III, De terrage ou champart ; — c. IV, De pasturages, herbages et pessons ; — c. V, Espaves ; — c. VI, Estangs et garennes ; — c. VII, Comme enfans sont faicts à leurs droicts et sont hors de puissance du père ; — c. VIII, De communaulté d'entre homme et femme mariés ; — c. IX, De sociétés ; — c. X, De servitutes réelles ; — c. XI, De donnations faictes entre-vifs ; — c. XII, De donnation faicte en mariage ; — c. XIII, De donnations testamentaires et pour cause de mort ; — c. XIV, De douaire ; — c. XV, Des droits de successions ; — c. XVI, En matière de retraict ; — c. XVII, De prescriptions ; — c. XVIII, Exécutions de louages ou rentes de maison ; — c. XIX, En matières de criées ; — c. XX, Ajournemens et citations ; — c. XXI, D'exécutions de letres obligatoires ; — c. XXII, Cas possessoires ; — c. XXIII (numéroté par erreur XXII, dans La Th., p. 472), Des appellations.

aucun des articles du texte du xiiᵉ siècle n'a passé dans la rédaction du xvᵉ siècle, si ce n'est l'article 23 reproduit dans l'article XI du chapitre IV : « Toutesfoys quand il advient que les bestes fuient par mouches, espouventement, poursuitte de loups ou autre inconvéniant, sy le pastre faict diligence de les suivre, il n'y a point d'amende (1). » Le texte que nous avons étudié est une suite de dérogations au droit commun, qui n'avaient pas pour la plupart raison d'être au xvᵉ siècle; la coutume de Lorris de 1494, c'est au contraire la consignation par écrit du droit commun du Gâtinais et de l'Orléanais à cette époque.

Il est vrai que les bourgeois de Lorris obtinrent d'abord de Charles VII en 1448, puis de Louis XIII en 1625 la confirmation de leur charte du xiiiᵉ siècle. Ce n'est pas un fait rare dans notre histoire de voir les rois confirmer ainsi des privilèges tombés en désuétude, cherchant par là à s'attacher leurs sujets en montrant combien ils avaient à cœur le maintien de leurs droits. Cette confirmation vient même à l'appui de l'opinion que je soutiens : si la Coutume de Lorris-Montargis n'était que le développement de la charte de 1155, sa promulgation officielle au xviᵉ siècle aurait exclu toute possibilité de confirmation de cette charte au xviiᵉ siècle. Le texte de 1155 n'est donc nullement la source de la coutume du xvᵉ siècle.

Mais pourquoi cette désignation de *Coutume de Lorris* appliquée aux usages juridiques du bailliage de Montargis et du duché d'Orléans et cela dans le préambule même de la Coutume de 1494? — Nous avons vu que les bourgeois de Lorris étaient soumis pour tous cas non prévus dans leur charte à la Coutume du Gâtinais. La charte de franchises fut octroyée pendant les xiiᵉ et xiiiᵉ siècles à un très grand nombre de villages, d'abord à ceux du Gâtinais et de l'Orléanais, puis à d'autres plus éloignés. Il arriva même qu'on leur accorda les *Coutumes* de Lorris, sans préciser davantage, sans en mentionner un à un les articles. Naturellement les communautés d'habitants, qui obtinrent la charte de Lorris, furent

---

(1) *Cout. de* 1494, ch. iv, art. XI, La Thaumassière, *Cout. loc.*, p. 454. — *Nouvelle cout. de* 1531, ch. iv, art. XIV, La Th., p. 550.

amenées à adopter tous les usages suivis à Lorris : les Coutumes du Gâtinais ; à leurs yeux, c'étaient les Coutumes de Lorris. Nous en avons la preuve dans un arrêt du Parlement de 1327 (1), qui confirme une sentence du bailli de Sens sur une question d'héritage. Il y est dit que la Coutume de Lorris régissait les villages de Dimont, les Bordes et Villeneuve-le-Roi. On sait d'autre part que Dimont et Villeneuve avaient obtenu, l'un en 1190, l'autre dès 1163, la charte de Lorris ; or, elle ne traite en aucune façon la matière des successions. Le droit du Gâtinais se répandit, sous le nom de Coutumes de Lorris, sur toutes les régions où un nombre considérable de villages avaient reçu les privilèges de Lorris, par exemple sur le comté de Sancerre qui était du duché de Berry, et qui fut compris non dans le ressort de la Coutume de Berry mais dans celui de la Coutume de Lorris-Montargis (2).

Ainsi, il importe de ne pas confondre la coutume de Lorris avec les coutumes ou franchises du même lieu. Il n'y a entre ces deux textes qu'un lien tout extérieur et une similitude de noms

CHAPITRE III.

Propagation des Coutumes de Lorris dans le domaine royal.

L'influence des Coutumes de Lorris se fit sentir de bonne heure dans le domaine royal, et tout d'abord dans le Gâtinais, avant même que Louis VII ne les eût confirmées en 1155. La plupart des clauses de la charte accordée par ce roi aux habitants de *Sceaux-en-Gâtinais* en 1153 (3) ont été empruntées à la charte primitive de Lorris. Les hommes du roi à Sceaux peuvent librement quitter la ville (art. 2). La franchise s'ac-

(1) Indiqué par Boutaric, *Actes du Parlement,* t. II, p. 636. — *Pièces justific.,* n⁰ XXIII.

(2) Voir : *Cout. de 1494,* Préambule, La Th., p. 440. — *Nouvelle Coutume de 1531,* procès-verbal et ch. ii, art. XLIV.

(3) *Sceaux,* Loiret, arr. Montargis, c⁰ⁿ Ferrières. 1153, 17⁰ année du règne, publ. par La Thaumassière, *Coutumes locales,* p. 706, d'après le Cartulaire de l'abbaye de Saint-Maur, et *Ordonnances,* t. XI, p. 199, d'après La Thaumassière. Je renvoie au texte des Ordonnances divisé en articles.

quiert par résidence d'an et jour (art. 9). Le service militaire
est réglé comme à Lorris (art. 7). Les impositions extraor-
dinaires sont supprimées (art. 1). On ne peut entraîner les
habitants hors du bourg pour les juger ni les retenir en prison
lorsqu'ils ne cherchent pas à se soustraire à la justice (art.
10). Le serment purgatoire sans cojurateurs existe pour les
petits forfaits (art. 5). Les amendes sont abaissées de 60 sous
à 5 sous, de 5 sous à 12 deniers ; le *destroit* n'est que de 4
deniers (art. 4). Louis VI et Louis VII avaient donné de semblables privilèges à la *Chapelle-la-Reine* (1), et aux villages
de sa baillie. Nous n'en connaissons que la confirmation par
Philippe-Auguste en 1186 (2). La rédaction de cette charte
est presque identique à celle de la charte de Sceaux.

Il est d'autant moins téméraire de supposer que ceux des
articles des chartes de Sceaux et de la Chapelle que nous
citions sont dérivés des Coutumes de Lorris que nous savons
d'une façon positive que la réputation de cette charte avait
commencé dès le règne de Louis VI. Ce roi avait accordé les
franchises de Lorris aux habitants du *Moulinet* (3), et cela à
la requête de Blanchard, un de ses familiers, seigneur et
fondateur de ce village (4). En 1157, Louis VII acheta de
Robert, fils de Blanchard, la terre du Moulinet et associa
pour moitié l'abbaye de Saint-Benoît-sur-Loire à la jouissance
des droits et revenus de cette seigneurie (5). Deux ans après,

(1) *La Chapelle-la-Reine*, Seine-et-Marne, arr. Fontainebleau, ch. l. c^on.

(2) Publ. ap. *Ord.*, t. XI, p. 239-240. — Cette charte a été confirmée en
juillet 1470, et encore par lettres de Louis XII données à Blois en décembre
1509 (Mémoire de M. Bimbenet, *Bullet. de la Soc. archéol. de l'Orléanais*,
t. III, p. 51).

(3) *Le Moulinet*, Loiret, arr. et c^on Gien.

(4) Préambule de la charte par laquelle Louis VII confirma les privilèges
du Moulinet en 1159 : « Blancardus, autem de Lorr[iaco] carus nobis et
patri nostro bonæ memoriæ regi Ludovico, familiaritate regia potens effectus
ædificavit Molinetum, cujus loci habitatoribus prece Blancardi, patris mei
indulgentia contribuit consuetudines Lorriaci. Ejusdem Blancardi filius et
hæres Robertus bene Molinetum tenere non poterat ; quia nobis excambivit
et ipsius cambii medietatem ecclesiæ Beati Benedicti donavimus. »

(5) 1157, Charte constatant cette acquisition, donnée à Paris en 1157, la
26e année du règne, publ. par R. de Maulde, *Condition forest. de l'Orléanais*, p. 17, note 2. — Voyez une confirmation de ce pariage émanée de
Louis VII, à Lorris, 1173, ap. Luchaire, *Instit. des prem. Capétiens*, t. II,
p. 328, *Appendices*, n° 27.

il confirma les habitants dans la jouissance des Coutumes de Lorris (1). Mais les habitants de deux dépendances du Moulinet, la Gourmandrie et le bois Saint-Père de Mont de Brême, ne participaient pas à la concession (2).

Un pariage fut conclu, en 1155 (3), entre le roi et l'abbaye de Saint-Jean pour la possession des villages de *Chéroy* (4), *Lixy* (5) et *Voulx* (6), qui appartenaient à l'abbaye. Grâce à ces actes d'association si nombreux sous Louis VII et Philippe-Auguste, la royauté étendait peu à peu sa puissance sur des terres jusque-là soustraites à son autorité directe. Les petits seigneurs et les abbayes y trouvaient aussi avantage ; car le roi, en retour de la part qui lui était cédée sur ces biens les défendait contre les empiètements des seigneurs voisins. Et spécialement, en ce qui regarde Chéroy, Lixy et

(1) Lorris, 1159, *Ord.*, t. XI, p. 204. — Voyez : La Th., *Cout. loc.*, p. 390, et *Bullet. de la Soc. archéol. de l'Orléanais*, t. IV, p. 66.

(2) D'après la charte de 1157, les dépendances du Moulinet étaient : « Verum quoniam de appendiciis Molineti facta est mentio, ut breviter et succincte fere omnia complectamur hec sunt : Curtis Romaneria, Curtis Audoeni, *Nemus Sancti Petri Monsbreme, Garlamandria.* » « Sane omnes alios qui manserint ad *Garmaneriam* et ad *Boscum Sancti Petri* excipimus a supradictis consuetudinibus » (*Ord.*, t. XI, p. 399). — Le *Cartul. de Fleury*, aux *Arch. du Loiret*, n° I, p. 17-19, porte « *Germandiam et ad Boscum Sancti Petri.* » Il n'est pas douteux qu'il faille identifier le *Boscus Sancti Petri* avec le *Nemus Sancti Petri Monsbreme.*

(3) Charte de pariage conclu en 1155 entre Louis VII et l'abbaye de Saint-Jean de Sens pour les villages de *Chéroy, Voulx* et *Lixy,* publ. par D. Martène, *Ampl. collect.*, t. I, p. 832 ex ms. Colbertino; *Ord.*, t. XI, p. 203 d'après le reg. D de Ph. Aug., f° 90 r°, col. 2; copie aux *Arch. du Loiret*, A 1350, indiq. *Invent. sommaire*, p. 299, col. 2. — Autre charte (*actum Gisticiaci*), 1155, d'un pariage conclu entre Louis VII et la même abbaye pour le village de Chéroy, *Arch. de l'Yonne, Cartul. de S.-Jean*, f° 9 r°-v°, publ. par D. Morin, *Hist. du Gastinois*, p. 546-547, et par Quantin, *Cart. de l'Yonne*, t. I, n° 372, p. 532-533, d'après une copie du XVIIIe siècle. — L'*Invent. des Arch. du Loiret* indique (A 1497, p. 325, col. 2) une « copie informe de la donation faite (en 1160) par l'abbé de Saint-Jean-lès-Sens au roi Louis VI de la moitié de la terre de Voulx. » — Charte de pariage en 1176, à Boiscommun, entre le roi et la même abbaye pour le village de Lixy, publ. par Quantin, *Cartul.*, t. II. p. 287-288, n° 269, d'après le Cartul. de S.-Jean; copie aux *Arch. du Loiret*, A 1496, Invent., p. 325, col. 2.

(4) *Chéroy,* Yonne, arr. Sens, ch.-l. c^{on}.

(5) *Lixy,* Yonne, arr. Sens, c^{on} Chéroy.

(6) *Voulx,* Seine-et-Marne, arr. Fontainebleau, c^{on} Lorrez-le-Bocage.

Voulx, ce fut ce qui décida l'abbé de Saint-Jean à mettre ces domaines sous la protection du roi en lui cédant une part dans les revenus (1). Un grand nombre de villages du Gâtinais ou des pays voisins tenus en pariage par le roi et une abbaye obtinrent les Coutumes de Lorris : le roi avait intérêt à provoquer leur développement.

Voulx, Lixy et Chéroy avaient à la fin du xiiie siècle « les us? les coutumes et les privilèges » de Lorris (2). Bien qu'il ne soit pas fait mention de cet octroi dans les chartes de pariage il y a lieu de croire qu'il remonte jusqu'à 1155 ou au moins au règne de Louis VII. Les moines de Saint-Jean avaient fait transcrire au xiiie siècle, à la fin de leur cartulaire, la charte de Philippe-Auguste pour Lorris (3).

En 1163, les franchises de Lorris sortent du Gâtinais : « Au nom de la sainte et indivisible Trinité, Amen. Je, Louis, par la grâce de Dieu roi de France, faisons savoir à tous présents et à venir que nous avons acquis de l'abbaye Saint-Marien d'Auxerre une terre sise près d'Egriselles pour y établir une ville neuve dite Villefranche le roi. Afin de déterminer un rapide accroissement de la ville et parce que nous voulions que les habitants y fussent nombreux, nous leur avons concédé tant à ceux de l'intérieur qu'à ceux du dehors de l'enceinte toutes les coutumes de Lorris (4). » Il s'agit ici de *Villeneuve-le-Roi* (5).

L'archevêque de Sens, Guillaume de Champagne, suivant l'exemple du roi, contribua à la diffusion de ces Coutumes dans la même région. Il en dota deux villes neuves, l'une *Villeneuve-l'Archevêque* (6) (1172), à laquelle l'avait associé le chapitre

(1) « Ecclesia Sancti Johannis Senonensis quandam villam habebat Lixiacum nomine, in mala vicinia affligebatur graviter et vastabatur; obtentu defensionis et considerationis in posterum emendationis abbas ejusdem loci, Renardus collegit ad medietatem totius ville nos in quibuscumque redditibus. Charte de pariage, en 1176, pour Lixy. Quantin, *Cartul.*, t. II, p. 287. — On retrouve le même préambule dans la charte de pariage pour Chéroy en 1155. Quantin, *Ibid.*, t. I, p. 532.
(2) *Pièces justificatives*, no XXII.
(3) *Arch. de l'Yonne*, H 376, Cartul. de Saint-Jean, fo 42 vo-fo 43 vo.
(4) Charte publ. *Ord.*, t. VII, p. 57.
(5) *Villeneuve-le-Roi*, Yonne, arr. Joigny, ch.-l. con.
(6) *Villeneuve-l'Archevêque*, Yonne, arr. Sens, ch.-l. con.

de Saint-Jean de Sens (1), l'autre qu'il fonda à *Rousson* (2)
(1175).

C'est encore pour augmenter le nombre de ses sujets et
relever le village de *Sennely* (3), ruiné par les exactions des
sergents que le roi l'admit, en 1165, à la jouissance des Coutumes de Lorris, et y établit des hôtes (4).

Un peu plus tard, Louis VII conclut avec l'abbé de Saint-
Florentin-de-Bonneval (5) un pariage pour les terres dépendant des villages de *Lorrez* (6) sur le Lunain et de *Préaux* (7).
Les coseigneurs convinrent d'y établir une ville qui serait
régie par les Coutumes de Lorris (8).

La Thaumassière assigne à cette charte la date de 1159 (9),
et le texte qu'il publie porte MCLXXIX (10). Les historiens
de l'abbaye de Bonneval ont imprimé MCLXIX. Duchesne en
a donné une copie qui porte la date de 1160 (11). L'année du
règne n'est nulle part indiquée. Mais les auteurs sont d'accord
sur les noms des grands officiers : Thibaud sénéchal, Mathieu chambrier, Gui bouteiller, Raoul connétable (12). Or,

(1) En 1172, charte ap. Quantin, *Cartul. de l'Yonne*, t. II, p. 240-242.

(2) *Rousson*, Yonne, arr. Joigny, c^on Villeneuve-sur-Yonne. — Quantin,
Cartul., t. II, p. 272-274.

(3) *Sennely*, Loiret, arr. Orléans, c^on La Ferté-Saint-Aubin.

(4) Charte de Louis VII, 1165, *Ord.*, t. XIII, p. 520-521.

(5) *Saint-Florentin-de-Bonneval*, Eure-et-Loir, arr. Châteaudun.

(6) *Lorrez-le-Bocage*, Seine-et-Marne, arr. Fontainebleau, ch.-l. c^on.

(7) La Th., *Cout. loc.*, p. 396, et les *Ord.*, t. XI, p. 213, ont imprimé
« in potestate Lorri vel *Petrelli*. » Le texte donné par D. Jean Thiroux et D.
Lambert, *Hist. de l'abb. S.-Florentin*, p. 74, porte « in potestate Lorri vel
Perellæ. » On lit dans le vol. 191 de la *Collection Gaignières*, B. Nat., ms.
lat. 17139, p. 18 : « Hubertus qui eodem anno (1169) nonnulla cum Ludovico VII° Francorum rege commutavit et, cessa media parte Lorreti le Bocage
dicti, medios *Pratellos* accepit. » *Préaux*, Seine-et-Marne, arr. Fontainebleau,
c^on Lorrez-le-Bocage.

(8) « Ex amborum itaque assensu constitutum est ut ibidem castellum seu
villa constituatur ad consuetudinem alterius Lorry, in omnibus redditibus, in
omnibus utilitatibus regibus Franciæ et ecclesiæ Bonævallensi semper et per
omnia communis. » *Ord.*, t. XI, p. 213.

(9) *Cout. loc.*, p. 391.

(10) *Ibid.*, p. 397.

(11) B. Nat., *Coll. Duchesne*, vol. 78, f° 226.

(12) La copie de Duchesne porte *S. Richardi constabularii;* il est probable
qu'il y avait sur l'original *R.* Il n'y a pas eu sous Louis VII de connétable du
nom de Richard.

en 1159, Mathieu Ier de Montmorency était connétable (1). En 1160, il y avait vacance de la connétablie. Nous ne pouvons davantage admettre la date de 1179. A cette époque, le chambrier était, non pas Mathieu, comte de Beaumont, mais Renaud (2). Des quatre années proposées, 1169 est la seule où les officiers nommés plus haut aient été tous en fonctions.

L'an 1175, Louis VII étendit les privilèges de Lorris à 14 villages compris dans la *potestas* de ce bourg, c'est-à-dire probablement dans le ressort de la prévôté (3). C'étaient *Courcelles-le-Roi* (4), *Bricovillare* (5), *Virgutellum* (6), *Montes-Estue*, *Bois-Girard* (7), *Batilly* (8), *Bratellos* (9), *Barville* (10), *Gaubertin* (11), le *Clos-le-Roi* (12), l'*aleu de Goi* (Elodium de Goy), la *baillie de Saint-Loup* (13), la *terre de Sainte-Marguerite* en la paroisse de *Saint-Michel* (14), le *Bourg-Neuf de la Brosse* (15).

(1) Luchaire, *Annales de la Faculté des Lettres de Bordeaux*, t. III, p. 66.

(2) Luchaire, *loc. cit.*, p. 65-66. — Delisle, *Catal. des actes de Ph.-Aug.*, *Introduct.*, p. 82-83.

(3) Diplôme de Louis VII, publ. *Ord.*, t. X, p. 49-52.

(4) *Courcelles-le-Roi*, Loiret, arr. Pithiviers, c^{on} Beaune-la-Rolande. — Le texte porte *Courcelle*. — Il existe un hameau dit « les *Courcelles* » plus près de Lorris, aujourd'hui dans la commune d'Ouzouer-des-Champs, et qui était au xve siècle de la châtellenie de Lorris.

(5) Les ordonnances donnent à tort *Briconillare*; le reg. JJ 166 porte *Bricovillare*.

(6) Serait-ce *Vergonville* dans la commune de Beaune-la-Rolande ?

(7) *Bois-Girard*, lieudit de la commune de Batilly.

(8) *Batiglhiacum*, *Batilly*, c^{on} Beaune-la-Rolande.

(9) S'agit-il de *Breteau*, Loiret, arr. Gien, c^{on} Briare; ou bien du hameau dit *Les Breteaux*, ar. et c^{on} Orléans, c^{ne} Mardié?

(10) *Barville*, c^{on} Beaune-la-Rolande.

(11) *Gaubertin*, c^{on} Beaune-la-Rolande. Le registre JJ 166 porte *terra nostra de Gaubertin* et non pas *Gambertin*, comme l'ont imprimé les éditeurs des Ordonnances.

(12) *Clausum Regis*. — Il y avait, au xviiie siècle, un fief de ce nom dans la paroisse de Dampierre-en-Burly, arr. Gien, c^{on} Ouzouer-sur-Loire. Voyez : *Invent. des Arch. du Loiret*, A 279, p. 48. — Mais il s'agit plutôt d'un fief du même nom sis en la paroisse de Chemault, c^{on} Beaune-la-Rolande. (Voyez même *Invent.*, A 181, p. 30) ou encore d'un lieudit de la commune de Lorris.

(13) *Saint-Loup-des-Vignes*, c^{on} Beaune-la-Rolande.

(14) Le registre JJ 166 donne « terra eciam nostra in parrochia sancti Michaelis *scita* Marguerite. » Je corrige *scita* en *sancte*. — Saint-Michel, c^{on} Beaune-la-Rolande. *Sainte-Marguerite* n'est plus qu'une ferme.

(15) Les éditeurs des *Ord.* ont identifié *Broscie* avec *La Brosse* au sud de

A dater de cette concession l'accès de ces terres fut interdit aux serfs ou serves du roi, qui seraient devenus libres par résidence d'an et jour (1) : le roi préférait augmenter le nombre des hommes libres dans son domaine au détriment des seigneurs d'alentour. Louis VII fit transcrire, pour l'usage des terres ci-dessus énumérées, les privilèges de Lorris en y apportant quelques modifications. Le cens fut élevé à 12 deniers (2). Une seule corvée subsistait : les habitants, possesseurs de chevaux et de charrettes étaient tenus d'apporter une fois par an à Lorris le grain qui provenait du champart (3).

En 1177, Hugues le Noir de Mareuil conclut un traité de pariage avec le roi pour ses terres de *Flagy* (4) et de *Bichereau* (5), afin d'y établir des hôtes que les coseigneurs gratifieraient des Coutumes de Lorris. Tous les revenus étaient partagés par moitié. Le prévôt et les sergents, établis par le roi et Hugues le Noir, prêtaient à l'un et l'autre le serment de fidélité (6). Les seigneurs prenaient l'engagement de ne pas admettre sur les terres qu'ils voulaient peupler les hommes de Gilon de Moret et de Guibert *de Caneris* (7), seigneurs dont relevaient en fief lesdites terres.

C'est sous le même règne, sans que nous puissions préciser la date, mais probablement avant 1152, quand Louis VII était encore duc d'Aquitaine, que les hommes d'*Yèvre-le-Châtel* (8) en Gâtinais obtinrent les Coutumes de Lorris (9).

Corbeilles en Gâtinais, arr. Montargis, cᵒⁿ Ferrières. Il y a non loin de là *Bourgneuf,* cⁿᵉ Auxy, cᵒⁿ Beaune-la-Rolande. — Dans la forêt d'Orléans, on trouve *Bourgneuf,* arr. Orléans, cᵒⁿ Neuville-aux-Bois, cⁿᵉ Loury ; et à côté un lieu dit *Les Brosses*.

(1) *Ord.*, t. X, p. 52.

(2) Art. 33, *Ord.*, t. X, p. 52.

(3) Art. 14, *Ibid.*, p. 51.

(4) *Flagy,* Seine-et-Marne, arr. Fontainebleau, cᵒⁿ Lorrez-le-Bocage.

(5) *Bichereau*, S.-et-M., même canton, cⁿᵉ Thoury-Férottes.

(6) Charte de pariage, *Pièces just.,* nᵒ VII.

(7) *Cannes* (??), Seine-et-Marne, arr. Fontainebleau, cᵒⁿ Montereau.

(8) *Yèvre-le-Châtel*, Loiret, arr. et cᵒⁿ Pithiviers.

(9) Arrêt du Parlement de 1272 : « Homines de Evera-castro quibus concessum est per cartam cujusdam regis Ludovici, *ducis Aquitanie,* quod habeant consuetudines quas habent homines Lorriaci per Gastinesium : visa carta ipsa, absoluti sunt ab emenda que ab eis, eo quod in exercitum non venerant, petebatur, cum homines Lorriaci, quorum habent consuetudines, ad hoc minime teneantur. » Beugnot, *Olim*, t. I, p. 901, nᵒ XLIX.

Philippe-Auguste était homme trop entendu aux affaires du gouvernement pour ne pas comprendre tout le profit qu'il pouvait tirer de pareilles concessions. Aussi, sous son règne, les Coutumes de Lorris continuèrent-elles de se répandre dans le domaine royal.

En 1185, Philippe-Auguste confirma l'affranchissement concédé par Arnoul, abbé de Ferrières, à tous les hommes et femmes de corps et leurs descendants établis dans la paroisse de Saint-Éloi et la banlieue de *Ferrières* (1). Cette terre devint une franchise. Aussi le roi stipula-t-il que l'abbé n'y recevrait, sans son consentement, aucun de ses hommes de corps, ni de ses hôtes, ni même de ses bourgeois. La charte contient la fixation de certains droits seigneuriaux et de quelques redevances. Pour les cas non prévus, les habitants de Ferrières devaient se régler désormais d'après la Coutume de Lorris (2).

L'année suivante (1186), en même temps que Philippe-Auguste confirmait aux habitants de *Boiscommun* (3) ces mêmes Coutumes qu'ils tenaient de son père, il donnait aux manants (*tam ibi manentes quam post mansuri*) d'*Angy* (4) une charte sur laquelle celle de Lorris a marqué son influence. Elle ne comprend que cinq articles : le premier constate le pariage intervenu entre le roi et les chanoines de Saint-Frambaud ; un autre, l'engagement pris par le roi de ne pas aliéner le domaine. Les trois autres qui concernent la taille, l'host et la chevauchée, les amendes, sont presque textuellement empruntés à la charte de Lorris.

En 1187, les habitants de *Voisines* obtinrent les franchises de Lorris dans leur intégrité (5).

Mais en 1188, Philippe-Auguste transplanta cette même

(1) *Ferrières*, Loiret, arr. Montargis, ch.-l. cᵒⁿ.— Charte donnée à Lorris en 1185. *D. Morin*, p. 705-709.

(2) « Reliquæ consuetudines et emendationes erunt ad consuetudinem Lorriaci. » *D. Morin*, p. 708.

(3) *Boiscommun*, Loiret, arr. Pithiviers, cᵒⁿ Beaune-la-Rolande.— Charte, *Ord.*, t. IV, p. 73-77.

(4) *Angy*, Oise, arr. Clermont, cᵒⁿ Moui.— Charte publ. ap. *Ord.*, t. IV, p. 129-130.

(5) *Voisines*, Yonne, arr. Sens, cᵒⁿ Villeneuve-l'Archevêque. — Charte publ. *Ord.*, t. VII, p. 455.

charte en Auvergne; il la concéda au village de *Nonette* (1).
Un diplôme de Louis VII, daté de Paris l'an 1171, la trente-
quatrième année du règne (2), où sont rapportées tout au
long les luttes du vicomte de Polignac contre l'évêque du
Puy et les efforts du roi pour y mettre fin, rappelle que le roi
vint mettre le siège devant le château de Nonette, possession du vicomte de Polignac (3). Cette expédition se place en
l'année 1169 (4). Contraint de déposer les armes, le vicomte
fut condamné à laisser dans la main du roi tous les fiefs qu'il
tenait de lui jusqu'au prononcé d'un jugement définitif (5).
Cette main-mise, changée peut-être en confiscation, ne se-
rait-elle pas l'origine de l'annexion de Nonette au domaine
royal (6)? De longues contestations s'élevèrent entre Philippe-
Auguste et le roi d'Angleterre au sujet de la suzeraineté de
l'Auvergne. La lutte se ranima en 1186 (7). Il n'y a donc
rien d'étonnant à ce que le roi ait cherché à se concilier les
populations en donnant des franchises aux quelques terres
d'Auvergne dont il avait le domaine direct. La concession
que j'ai signalée a une importance toute particulière. En
effet, au siècle suivant, Nonette devint ville de bourgeoï-
sie (8). Le roi en fit un centre d'où il étendit son action

(1) *Nonette*, Puy-de-Dôme, arr. Issoire, c^on Saint-Germain-Lembron. —
Charte : *P. just.*, n° XII. M. Rivière, *Institut. de l'Auvergne*, t. I, p. 266,
a rapporté à 1288 l'octroi des Coutumes de Lorris au village de Nonette; il a
confondu la date d'un *vidimus* avec celle de la concession primitive.

(2) Baluze, *Hist. généalog. de la maison d'Auvergne*, t. II, p. 66-68.

(3) « Contigit nos in Alverniam propter has et alias regni causas cum exer-
citu venisse et castrum Nonettæ obsedisse. » Baluze, *Hist. généal. de la
maison d'Auvergne*, t. I, p. 66.

(4) Nous avons deux diplômes de Louis VII datés de 1169, l'un « *apud
Nonedam*, » l'autre « *cum essemus in Alvernia in expeditione apud Nonnetam.* »
Voyez *Histoire du Languedoc*, nouv. édit., t. VII, p. 8, note III.

(5) Diplôme de 1171, cité plus haut.

(6) Dans le reg. B de Ph.-Aug., *Arch. nat.*, JJ. 7-8, 1re partie, f° 69 r°,
on trouve la liste des cités et châteaux du domaine du roi (civitates et castra
que rex habet in domanio); *Noneta* y figure à la fin de la liste.

(7) *Rigord*, D. Bouq., t. XVII, p. 23.

(8) Voir la charte de Philippe le Bel, 1290, *P. just.*, n° XXI. — M. Rivière, *Institut. de l'Auvergne*, t. II, p. 337, a publié une pièce des *Arch. nat.*,
J. 1046, n° 3, où les conditions requises pour être reconnu bourgeois de
Nonette sont un peu différentes de celles exprimées dans la charte que je
donne. Au lieu de résider à Nonette à la Toussaint et à la Chandeleur, le

tout à l'entour enlevant aux seigneurs voisins leurs hommes
pour les soumettre à la juridiction royale. Les habitants de
Nonette ne furent plus seuls en Auvergne à jouir des privilèges de Lorris. Y participèrent tous ceux qui, possédant une
maison à Nonette, y faisaient résidence an et jour au commencement de leur bourgeoisie. Et même si, pendant cette
période de temps, leurs affaires les appelaient ailleurs, il leur
était loisible de s'absenter, sans perdre leurs droits, pourvu
que leur famille demeurât. On exigeait, en outre, la présence
à Nonette du bourgeois du roi ou de quelqu'un des siens chaque année aux fêtes de la Toussaint et de la Chandeleur.
A ces conditions, on acquérait le droit à se réclamer de la
juridiction royale. Mais, si le roi y gagnait, les seigneurs
n'y trouvaient pas leur compte. Ce fut même la source de
longs débats et procès entre les officiers de Philippe le Bel
et le chapitre de l'église de Brioude (1), dont les hommes se
faisaient à l'envi bourgeois de Nonette.

En février 1189, Philippe - Auguste prit en sa garde
et protection les habitants de *Saint-André-le-Désert* (2), qui
dépendaient de l'abbaye de Moutiers-Saint-Jean (3), et leur
concéda les Coutumes de Lorris à condition que la moitié de
tous les revenus de la posté lui serait acquise.

Cette charte de Saint-André est probablement la source où
en 1236 Josseran, seigneur de Brancion, puisa un certain
nombre de dispositions pour les introduire dans les franchises
de *Cortevais* (4). On ne saurait expliquer autrement la relation

bourgeois est tenu à la présence aux quatre fêtes de l'année. Mais il semble
que cette charte n'ait pas été expédiée ; car, outre qu'il y a plusieurs ratures
et corrections, elle n'a pas été scellée.

(1) Voir les pièces de ces procès : *Arch. nat., J.* 1046.

(2) *Saint-André-le-Désert,* Saône-et-Loire, arr. Mâcon, c^on Cluny. La charte
est publ., *Ord.,* t. XI, p. 252. — Les édicteurs des Ord. indiquent qu'il
s'agit de Saint-André, au diocèse de Mâcon, dépendance de l'abbaye du
Moutiers. Or on lit dans un Pouillé de cette abbaye, écrit au xve s., *B. Nat.,*
ms. lat. 10031, f° 26 r°-v^o : « In archipresbyteratu de Rosey solvunt decimam... *Prior Sancti Andree Deserti...* Sequuntur non solventes decimam ;
tamen solvunt subvencionem episcopalem... *Curatus Sancti Andree Deserti.* »

(3) *Moutiers-Saint-Jean,* abb. bénédict., dioc. de Langres, Côte-d'Or, arr.
Semur, c^on Montbard.

(4) *Cortevais,* Saône-et-Loire, arr. Mâcon, c^on Saint-Gengoux. — Charte
publ. par Canat, *Documents inédits,* p. 31-32.

évidente qui existe entre la charte de Lorris et celle de Cortevais. Les hommes de Cortevais sont déclarés exempts de
taille (art. 2). Voilà une disposition qui n'est pas suffisamment caractéristique; mais qu'on veuille bien remarquer la
rédaction de cet article dans la charte de Cortevais, et on ne
pourra s'empêcher de croire que le seigneur de Brancion
a eu connaissance du texte de Lorris (1). La résidence continuée à Cortevais pendant an et jour conférait la franchise.
Il y a encore ici une imitation partielle de l'article 18 de
Lorris; seulement le rédacteur de la charte qui nous occupe
a cru devoir régler la procédure à suivre pour réclamer un
serf avant l'expiration du délai de 12 mois (2). Pour pouvoir
quitter librement la ville, les bourgeois de Cortevais avaient
à satisfaire aux mêmes conditions que ceux de Lorris (3).
Josseran limita à une journée le temps pendant lequel il
pouvait exiger le service d'host (4). Les Coutumes de Bourgogne ont pour la plupart fixé à 40 jours la durée du crédit
seigneurial (5) : ici nous trouvons comme à Lorris le terme
de quinze jours (6). Josseran se conforme toutefois à l'usage
bourguignon en donnant à son créancier des gages ou des
cautions. L'article 4 par lequel il prend sous sa protection
les marchands qui se rendent aux marchés de Cortevais est
calqué sur l'article 6 de Lorris (7). Et encore, l'empri-

---

(1) Art. 2 « Nullus nec nos nec successores nostri hominibus Cortevasii
tailliam nec ablationem vel rogam facient. » Canat, p. 31. Cf. *Lorris,* art. 9.

(2) Art. 3. « Si quis in potestate Cortevasii per annum et diem manserit,
nullo clamore eum sequente, neque per nos aut per ministros nostros rectitudinem prohibuerit, deinceps liber et quietus permanerit, nisi de servitute
poterit legitime convinci et infrà annum impetitus fuerit; et convictus non
reddetur competitori, sed licebit et pergere quo voluerit... » Canat, p. 31.
— Cf. *Lorris,* art. 18.

(3) Art. 14 *bis.* « Item si quis res suas vendere voluerit, vendat, et a
villa, si recedere voluerit, reddito jure vendicionis, liber recedat, nisi in
villa forisfactum fecerit. » Canat, p. 34. — Cf. *Lorris,* art. 17.

(4) Art. 13. « Item nullus eorum in expeditione vel equitatione ibit, nisi
eadem die ad domum suam, si voluerit, revertatur; nec etiam tunc nisi pro
negociis nostris. » Canat, p. 34. — Cf. *Lorris,* art. 3.

(5) Voyez les textes cités à la page 172.

(6) Art. 14. « Nos credicionem habebimus, datis ydoneis vadiis vel fidejussoribus, usque ad quindecim dies persolvendam. » Canat, p. 34. — Cf.
Lorris, art. 11.

(7) Art. 4. « Nullus ad mercatum veniens sive rediens capiatur vel distur-

sonnement préventif est supprimé dans le cas où l'accusé peut fournir des garanties (1); il serait téméraire d'affirmer qu'il y a eu ici emprunt à la charte de Lorris; la rédaction ne nous y autorise pas; et c'est là une clause qu'on retrouve dans nombre de coutumes du XIIIᵉ siècle. En ce qui touche les amendes, elles sont réduites., mais d'une autre façon qu'à Lorris (2).

Dixmont reçut en 1190 les Coutumes de Lorris (3) précédemment accordées dans la même région à Villeneuve-le-Roi, Villeneuve-l'Archevêque, Rousson et Voisines, tous villages sis sur les confins du comté de Champagne. Philippe-Auguste avait été précédemment associé à la possession de la terre de Dixmont par le prieur de la Charité-sur-Loire (4). Les nouvelles acquisitions devaient être mises en commun. Le prévôt était nommé à la fois par le roi et le prieur.

Les hommes du comté de Champagne, quittant les terres de leurs seigneurs, se portèrent vers la nouvelle franchise. En 1205 le roi reconnut à ces seigneurs (5) le droit de s'emparer de tous les biens des fugitifs; en même temps qu'il déclarait siens tous les hommes résidant alors à Dixmont. Cette charte n'était pas faite pour donner satisfaction aux seigneurs champenois. Ils ne perdaient rien de leur domaine foncier. Mais à quoi bon les terres si les bras manquaient pour les cultiver. Ce qui leur importait, c'était d'arrêter les empiétements de plus en plus marqués de la royauté, dont la juridiction et le territoire allaient toujours s'étendant. En 1207, Philippe-Auguste

---

betur, nisi ipsa die forefactum fecerit; vel antea raptum fecerit, vel mulctrum, vel homicidium, vel furtum; et nullus in die mercati vadium plegii sui vel debitoris capiat, nisi die consimili plegiacio illa vel debitum factum fuerit. » Canat, p. 31-32. — Cf. *Lorris*, art. 6.

(1) Art. 6. « Si quis delinquerit, si jus facere velit et pro posse sus ydoneam securitatem dederit, neque corpus ejus neque res ejus capi aut male tractari debent. » Canat, p. 32. — Cf. *Lorris*, art. 16.

(2) Art. 4. « Forefactum autem de sexaginta solidis ad XV veniet, de XX ad quinque, decem ad tres. » Canat, p. 32. — Cf. *Lorris*, art. 7.

(3) *Dixmont*, Yonne, arr. Joigny, cᵒⁿ Villeneuve-sur-Yonne. Charte publ. ap. *Ord.*, t. XI, p. 268.

(4) Diplôme de Ph.-Aug. donné en 1187 entre le 29 mars et le 31 octobre, publ. par Teulet, *Layettes*, nº 348, t. I, p. 148.

(5) Dipl. de Ph.-Aug., nov. 1205, indiq. par Delisle, nº 962; publ. Quantin, *Recueil de pièces du XIIIᵉ s.*, nº 53, p. 25.

s'engagea vis-à-vis de Blanche de Navarre, régente de Champagne, Gui Gasteble et Henri de Maunid (1) à ne plus édifier de ville neuve, à ne plus contracter de pariage sur le territoire compris entre les limites suivantes : de Dixmont à Malay-le-Roi (2), de là à Fontaine (3), de là à Voisines, et de là à Thorigny (4), et de Thorigny à l'Yonne en suivant le cours de l'Oreuse (5). Il annula même l'association qu'il venait de faire avec les chanoines de Sens pour la terre de Thorigny. En retour de ces concessions, il reçut mille livres parisis. Quelques années après (septembre 1210) Philippe-Auguste promit (6) de ne recevoir sur ses terres, ni dans ses communes, ni dans ses villes franches les hommes ou femmes de la comtesse de Champagne jusqu'à la majorité de son fils Thibaud. Blanche prit envers le roi un engagement réciproque (7). Saint Louis promit encore en 1229 à Thibaud IV de n'admettre aucun de ses bourgeois ou hommes taillables à Sens, ni à Villeneuve-le-Roi, ni à Dixmont, avant d'avoir atteint sa vingt et unième année (8). Cependant, au milieu du XIIᵉ siècle, l'émigration vers les villes dotées des franchises de Lorris continuait. En 1257, l'abbaye de Saint-Pierre-le-Vif réclamait comme ses serfs nombre d'individus qui avaient élu domicile à Villeneuve-le-Roi (9). L'abbé Geoffroy ne trouva qu'un moyen d'arrêter cette désertion, et c'était le meilleur : il affranchit

(1) Charte indiq. par Delisle, *Catalogue*, n° 1055 ; *P. just.*, n° XVI.

(2) *Malay*, Yonne, arr. et cᵒⁿ nord de Sens.

(3) *Fontaine-la-Gaillarde*, cᵒⁿ nord de Sens.

(4) *Thorigny*, Yonne, arr. Sens, cᵒⁿ Villeneuve-l'Archevêque.

(5) *Oreuse*, ruisseau qui prend sa source à Thorigny et se jette dans l'Yonne, près de Serbonnes, en aval de Pont-sur-Yonne.

(6) Charte ind. Delisle, n° 1230, p. 283 ; *B. Nat.*, ms. lat. 5992, Cartul. 3 de Champagne, fᵒ 48 rᵒ. Publ. par D. Martène, *Ampl. Collectio*, t. I, col. 1098.

(7) Ind. par Delisle, *Catalogue*, n° 1231, p. 283.

(8) Charte de Thibaud IV donnée en avril 1228 avant Pâques, indiq. par d'Arbois de Jubainville, *Catalog. des actes des comtes de Champagne*, n° 1823. Publ., Teulet, *Layettes*, n° 1995, t. II, p. 153, et Quantin, *Rec. de pièces*, n° 356, p. 160. — En mai 1230, saint Louis renouvela sa promesse pour 3 ans à compter de juin. Ind. par Quantin, *Rec.*, p. 160, d'après le *Liber princip.*, *Bibl. Nat.*, ms. lat., fᵒ 28 vᵒ.

(9) Vidimus donné par saint Louis à Melun, mai 1257, 31ᵉ année du règne, d'un acte du même mois, par lequel l'abbé de Saint-Pierre-le-Vif de Sens, affranchit ses serfs ; publ. par Quantin, *Rec. de pièces*, n° 567, p. 270-272.

tous les hommes et femmes demeurant sur les terres de l'abbaye comprises entre la Seine et l'Yonne, de Bray (1) jusqu'à Sens et Nogent-sur-Seine (2), et de Sens jusqu'à Villeneuve-l'Archevêque, Arces (3), Dixmont et Villeneuve-le-Roi. Il leur fit remise de la main-morte, les déclara libres de corvées et de tailles, abandonna son droit de poursuite, et réduisit les amendes de 60 sous à 15, de 15 sous à 5, et de 5 à 2 sous. Le roi était d'ailleurs intervenu en faveur des serfs, et avait député auprès des moines noble homme Gilon de Villemarchez et Étienne Tatesaveur, bailli de Sens. Mais, comme malgré toutes ces concessions, il pouvait encore arriver que les affranchis, autorisés à quitter librement les terres des moines, préférassent la protection et la juridiction royales à celles de l'abbé, celui-ci, pour ne rien perdre de ses revenus, exigea d'eux une somme de six mille livres parisis.

Avec le XIII⁰ siècle, la diffusion des Coutumes de Lorris dans le domaine royal se ralentit. *Cléri*, village à la possession duquel Philippe-Auguste avait été associé par Hécelin de Linays les reçut cependant en 1201 (4). Elles ne furent modifiées qu'en un point : le cens de six deniers était remplacé par un *fouage* ou *festage* de quatre sous par maison (5).

En 1202, le roi accorda aux hommes de *Sancoins* (6) les Coutumes de Lorris, au moins en ce qui concernait le tarif des amendes. Mais ces mêmes hommes restaient justiciables des moines de la Charité-sur-Loire, qui percevaient les fruits de la justice. Le prévôt royal prêtait aux moines serment de fidélité.

Dalmas de Luzy ayant cédé au roi vers 1220 la moitié de ses droits sur le village de *Salornas* (?), les deux seigneurs convinrent qu'on y suivrait les usages de Lorris (7).

(1) *Bray-sur-Seine*, Seine-et-Marne, arr. Provins, ch.-l. cᵒⁿ.

(2) *Nogent-sur-Seine*, Aube.

(3) *Arces*, Yonne, arr. Joigny, cᵒⁿ Cerisiers.

(4) *Cléri*, Loiret, arr. Orléans, ch.-l. cᵒⁿ. — Charte publiée ap. *Ord.*, t. VII, p. 3.

(5) « Ita tamen quod unaqueque masura illius ville nobis dabit annuatim quatuor solidos. » *Arch. Nat.*, JJ. 198, nᵒ 19, fᵒ 19 vᵒ.

(6) *Sancoins*, Cher, arr. Saint-Amand-le-Rond, ch.-l. cᵒⁿ. — Charte, *P. just.*, nᵒ XIV.

(7) Charte, publ. par Teulet, *Layettes*, t. 1, p. 507. « Hoc etiam addendum

Le roi saint Louis, confirmant en mai 1239 un acte par lequel Philippe-Auguste avait dès 1190 (1) abandonné au chapitre Saint-Étienne de Sens tous les droits de justice à *Pont-sur-Yonne* (2), stipula que les chanoines ne pourraient lever d'amende sur les hommes du roi qu'à condition de leur appliquer le tarif fixé par la charte de Lorris (3).

Héloïse, dame de Chaumont (4), et Pierre des Barres, son fils, dont les domaines étaient situés sur la limite du Gâtinais, suivirent l'exemple du roi. En 1248, ils affranchirent (5) de toute corvée et exaction leurs hommes demeurant à *Villemanoche* (6), *Pont-sur-Yonne*, *Gisy* (7), *la Chapelle-Champigny* (8), *Villeneuve-la-Guyard* (9), *Villeblevin* (10), *Chaumont*, *Diant* (11), et sur les rives de l'Yonne jusqu'à Moret. Ils leur accordèrent, entre autres privilèges, la réduction des amendes telle qu'elle était à Lorris (art. 6). Les cautions du vaincu dans un duel judiciaire devaient payer cent douze sous tournois (art. 7). L'article concernant les amendes (art. 8) exigibles des propriétaires dont les animaux avaient pénétré dans les bois seigneuriaux a été inspiré par les Coutumes de Lorris; mais ici l'amende est réduite à 4 deniers tournois, et même à un denier pour les brebis. Les hommes n'étaient tenus à l'host qu'au cas où ils pouvaient revenir le jour même chez eux; restaient-ils plus longtemps, le gîte leur était dû (art.

ut omnes consuetudines secundum maneriam et usum de Losriz in supradicta villa teneantur. »

(1) Charte de Ph.-Aug., publ. par Quantin, *Cartul.*, t. II, p. 427.

(2) *Pont-sur-Yonne*, Yonne, arr. Sens, ch.-l. c^{on}.

(3) Lettres de Louis IX données à Melun en mai 1239, publ. par Quantin, *Rec. de pièces*, n° 456, p. 206-207. « Capitulum Senonense habebit justicias et remansiones in villa de Pontibus secundum quod in predictis litteris continetur, hoc excepto quod non poterit levare emendas ab hominibus nostris in eadem villa commorantibus, nisi ad usus et consuetudines Lorriaci prout in carta Lorriaci continetur. »

(4) *Chaumont*, Yonne, arr. Sens, c^{on} Pont-sur-Yonne.

(5) Lettres, *P. just.*, n° XX.

(6) *Villemanoche*, Yonne, arr. Sens, c^{on} Pont-sur-Yonne.

(7) *Gisy*, même canton.

(8) *La Chapelle*, hameau de la commune de Champigny, c^{on} Pont-sur-Yonne.

(9) *Villeneuve-la-Guyard*, même canton.

(10) *Villeblevin*, même canton.

(11) *Diant*, Seine-et-Marne, arr. Fontainebleau, c^{on} Lorrez-le-Bocage.

12). Ils ne pouvaient être emprisonnés lorsqu'ils promettaient sous caution de se rendre au plaid (art. 15).

Nous savons par un arrêt du Parlement de 1272 que les habitants d'*Aubigny* (1) et de *Châteaulandon* (2) jouissaient des Coutumes de Lorris, sans qu'il nous soit possible de dire à quelle époque remonte la charte de concession (3).

Les hommes d'*Arconville* (4) usaient des mêmes franchises. Car un arrêt du Parlement de 1281 les déclare du ressort de Lorris (5). Le Parlement reconnut en 1300 (6) aux habitants de *Chalou* (7) et de *Moulineux* le droit de suivre les Coutumes de Lorris et de profiter de la réduction des amendes. C'est la reine Adèle qui avait donné à Chalou les franchises de Lorris ; son octroi avait été confirmé par Louis VII dès 1175 (8). Une enquête de la Chambre des comptes faite en 1314 (9) nous permet d'ajouter à cette liste *Dollot* (10) et *Ferrottes* (11).

L'abbaye de Saint-Denis a pris soin de faire noter dans son Cartulaire, dit Livre Vert, rédigé en 1411 (12), ceux d'entre

(1) *Aubigny*, Cher, arr. Sancerre, ch.-l. c^on.

(2) *Châteaulandon*, Seine-et-Marne, arr. Fontainebleau, ch.-l. c^on.

(3) Parl. de la Toussaint 1272 : « Visa carta hominibus Lorriaci concessa, per quam eis conceditur quod in expedicionem et exercitum....; item carta hominum *Albigniaci*, per quam hominibus Albigniaci conceduntur usus et consuetudines Lorriaci; item, visis diligenter cartis hominum de *Castro-Nantonis* qui sunt ad usus hominum Lorriaci, vel quasi; item visa carta hominum de *Capella;* pronunciatum fuit quod homines dictarum villarum non tenentur ad exercitum domino regi, pro quo, cum submoniti non venissent, emenda petebatur ab eis. » Beugnot, *Olim*, t. I, p. 887-888.

(4) *Arconville*, Loiret, c^on Beaune-la-Rolande, c^ne de Batilly.

(5) « Visa carta hominum de *Arconvilla*, declaratum fuit ipsos non debere trahi extra Arconvillam placitaturi, nisi fuerit per resortum, et tunc erunt de resorto Lorriaci. » Beugnot, *Olim*, t. II, p. 186, n° XLIV.

(6) Boutaric, *Actes du Parlement*, n° 3014, t. II, p. 4.

(7) *Chalou-Moulineux*, Seine-et-Oise, arr. Étampes, c^on Méréville.

(8) Charte de Louis VII pour *Sonchalo*, *Ord.*, t. VIII, p. 34-35. — J'identifie *Sonchalo* avec *Chalou-la-Reine* devenu Chalou-Moulineux.

(9) *Pièces justif.*, n° XXII.

(10) *Dollot*, Yonne, arr. Sens, c^on Chéroy. — Le document que je cite porte *Doleil;* une autre copie donne *Doleit.* — La forme lat. de Dollot était *Dooletum* (Comptes de 1295, Prévôtés, art. 45, *Rec. des hist.*, t. XXII, p. 635). Dans ce compte, *Dooletum* occupe la même place que dans l'enquête de la Ch. des comptes, entre les prévôtés de Chéroy, Lixy et Voulx, et celle de Flagy.

(11) Près *Flagy*, c^on Lorrez-le-Bocage.

(12) *Pièces justific.*, n° XXV.

ses domaines du Gâtinais qui, à ce moment, usaient des coutumes et privilèges de Lorris : c'étaient les paroisses de Saint-Michel et de Batilly que j'ai citées plus haut; les hameaux dépendant de Saint-Michel : *Gabveau* et *Champ-Bertrain* (1), le terroir de *Nibelle* (2), *Soissy* (3), *Fréville* (4), *Mézières* (5), et plusieurs hameaux de la paroisse de *Lorcy* (6); tous les bourgeois du *Val de Saint-Leu*; enfin le *Clos-le-Roi de Romainville* (7).

M. R. de Maulde a donné (8), d'après D. Morin (9), l'énumération d'un assez grand nombre de villages du Gâtinais qui auraient eu la charte de Lorris. Ce sont Ouzoi (10), Thorailles (11), Courtemaux (12), les Noües (13) en la paroisse de Rosoy-le-Vieil, Bougligny (14), Arville (15), Invilliers (16), Burcy (17), la Neuville (18), Givraines (19), Saint-Pierre-lez-Puiseaux (20), Vulaines (21), l'Espuys et Sorques en la paroisse de Montigny-sur-Loing (22), Saint-André-lez-Châteaulandon, la Selle-sur-le-Bied (23), Saint-Genoul, Saint-Pierre-de-Chon, Saint-Loup-de-Bezard. M. de Maulde aurait

(1) *Gabveau*, lieudit de la commune de Saint-Michel.

(2) *Nibelle-Saint-Sauveur*, Loiret, arr. Pithiviers, cᵒⁿ Beaune-la-Rolande.

(3) *Soissy*, ancien nom de *Bellegarde*, arr. Montargis, cb.-l. cᵒⁿ.

(4) *Fréville*, arr. Montargis, cᵒⁿ Bellegarde.

(5) *Mézières-en-Gatine*, arr. Montargis, cᵒⁿ Bellegarde.

(6) *Lorcy*, commune du canton de Beaune-la-Rolande.

(7) *Romainville*, hameau de la commune de Beaune.

(8) *Mém. de la Soc. de l'Orléanais*, t. XIV, p. 218-219.

(9) D. Morin, *Hist. du Gastinois*, p. 174-175.

(10) Probablement *Louzouer*, Loiret, arr. Montargis, cᵒⁿ Courtenay.

(11) *Thorailles*, même canton.

(12) *Courtemaux*, Loiret, arr. Montargis, cᵒⁿ de Courtenay.

(13) *Les Noues*, cⁿᵉ de Rozoy, cᵒⁿ Courtenay.

(14) *Bougligny*, Seine-et-Marne, arr. Fontainebleau, cᵒⁿ Château-Landon.

(15) *Arville*, même canton.

(16) *Invilliers*, Loiret, arr. et cᵒⁿ Pithiviers, cⁿᵉ Givraines.

(17) *Burcy*, Seine-et-Marne, arr. Fontainebleau, cᵒⁿ La-Chapelle-la Reine.

(18) *La Neuville*, Loiret, arr. Pithiviers, cᵒⁿ Puiseaux.

(19) *Givraines*, canton de Pithiviers.

(20) Faubourg Saint-Père de Puiseaux.

(21) *Vulaines-sur-Seine*, Seine-et-Marne, arr. et cᵒⁿ Fontainebleau.

(22) *Montigny-sur-Loing*, Seine-et-Marne, arr. Fontainebleau, cᵒⁿ Moret.

(23) *La Selle-sur-le-Bied* Loiret, arr. Montargis, cᵒⁿ Courtenay.

pu ajouter Nargis (1), Griselles (2), Fontenay (3), Bransles (4) et Pers (5). Il y a ici une méprise. Le texte cité par
D. Morin prouve simplement que toutes ces terres étaient
régies par l'ancienne Coutume de Lorris, rédigée en 1531,
rien de plus; et nullement qu'elles aient obtenu les franchises de Lorris (6).

C'est par suite de cette confusion entre deux textes si différents qu'on a pu exagérer la diffusion et la popularité de la
charte de Lorris, et porter à plus de 300 (7) le nombre des
villes ou villages qui en avaient sollicité et obtenu l'octroi.

CHAPITRE IV.

Propagation des Coutumes de Lorris dans les domaines des maisons de Courtenay et de Sancerre.

La maison de Courtenay ne contribua pas peu à la diffusion des Coutumes de Lorris. D'ailleurs, les terres que Pierre
de France, fils de Louis le Gros, tenait de sa femme Élisa-
beth, comprises pour la plus grande partie, dans le Gâtinais,
confinaient au domaine royal; ce prince ne pouvait rivaliser
de puissance avec son frère Louis VII qu'à la condition d'u-
ser des mêmes procédés de gouvernement. La royauté avait
amélioré la situation des classes agricoles dans la région cen-

---

(1) *Nargis*, Loiret, arr. Montargis, c^{on} Ferrières.

(2) *Griselles*, même canton.

(3) *Fontenay*, même canton.

(4) *Bransles*, Seine-et-Marne, arr. Fontainebleau, c^{on} Château-Landon.

(5) *Pers*, Loiret, arr. Montargis, c^{on} Courtenay.

(6) « Les lieux qui sont sous la Coutume de Lorris se voyent dans le Cous-
tumier de la ville de Sens, ainsi qu'il suit. Par le cardinal de Tournon , abbé
de Ferrières, religieux, prieur et convent d'icelle abbaye a esté remonstré
par Dumez que les terres, justices et chastellenies dudit Ferrières, Nargy
(suivent les noms des villages cités) et aussi les prieurés dépendans d'icelle...
ont de tout temps esté mis et régis et sont de présent régis et gouvernez soubs
l'ancienne Coustume de Lorris rédigée et accordée en la ville de Montargis
l'an 1531... » D. Morin, p. 174-175. — Voyez : Procès-verbal de la coutume
de Sens en 1555. *Coutume de Sens*, commentée par Juste de Laistre, Paris,
1731, in-4°, p. 487.

(7) Menault, article sur *Les villes neuves, Revue moderne,* t. XLVIII, p. 478.

trale. Les villes royales, dotées de franchises, n'auraient pas manqué d'absorber la population des domaines de Pierre de France et de ses descendants, sans la précaution qu'ils eurent de retenir leurs hommes dans leur dépendance par l'octroi de franchises.

Montargis fut la première ville, à notre connaissance du moins, qui reçut de Pierre (1) les Coutumes de Lorris en 1170. Pierre y apporta toutefois quelques modifications. D'abord, il préserva les habitants de toute oppression possible du prévôt et des sergents en donnant plus d'importance au serment que ces officiers prêtaient à leur entrée en charge de respecter les coutumes. L'exercice de leur autorité était subordonné à cette condition (2). En ce qui touche l'état des personnes, on peut s'étonner de ne pas retrouver dans le texte publié par La Thaumassière l'article 18 de la charte de Lorris, si important pour le développement de la ville. Le service d'host n'est pas non plus mentionné. Le cens pour une maison et un arpent de terre est porté à cinq sous (3). La durée du crédit seigneurial est fixée à un mois (4). Les habitants de Montargis avaient l'usage du bois mort en dehors de la forêt (5). Ils pouvaient transporter leurs marchandises dans toute l'étendue du domaine de leur seigneur sans ac-

(1) La Thaumassière a publié dans les *Coutumes locales* deux textes de cette concession, l'un qui semble n'être qu'un abrégé (p. 401, ch. V) d'après le registre de Philippe le Long ; l'autre où la charte de Lorris est reproduite en son entier, *mutatis mutandis* (p. 401-403, ch. VI) d'après l'original de la confirmation donnée à Châteauneuf-sur-Loire, l'an 1320, en avril.

(2) « Quotiescumque Montis-Argi tam præpositorum quam servientium fiet commutatio, toties istas consuetudines tenendas et inviolabiliter servandas alter post alterum jurabit. Si hoc aliquis jurare noluerit, homines pro eo nichil facient donec sacramentum fecerit. » ¡La Thaumassière, p. 403, cf. *Lorris*, art. 35.

(3) « Quæque domus ad festum Sti Johannis V solidos census persolvet, quæ Lorriaci cum uno arpento terræ, sex denarius census persolvit. » La Thaumassière, p. 402.

(4) « Homines de Monte-Argo domino suo de rebus suis pro victu creditionem per unum mensem facient. Et si prepositus Montis-Argi debitum domini non persolverit, dominus, facta conquestione a creditoribus, illud infra mensem alium persolvi faciet. » La Th., p. 402.

(5) « Homines de Monte-Argo nemus mortuum ad usum suum extra forestam capiant. » La Th., p. 403.

/

quitter aucune redevance (1). Interdiction d'avoir recours au duel judiciaire pour vider une querelle entre deux individus : on devait s'en rapporter à la déposition de deux ou trois témoins, renforcée au besoin par un serment (2). Le seigneur devait justice aux étrangers résidant à Montargis (3). Les articles 20, 26-28 de Lorris sont naturellement supprimés; ils concernent des exemptions de péages à Orléans et dans des villes royales du Gâtinais, exemptions que Pierre de France n'avait pas pouvoir d'accorder. L'article 31, qui réglait les rapports des bourgeois de Lorris avec l'abbaye de Saint-Benoît, n'avait pas non plus ici sa raison d'être. Quant aux articles 2 et 33, une clause analogue leur est substituée (4). Ces privilèges s'étendaient aux hommes du Chénoy et d'Amilly (5). La charte dont Pierre gratifia *Bois-le-Roi* (6) à l'autre extrémité du Gâtinais, en 1171, est absolument semblable à celle que je viens d'analyser.

Pierre de Courtenay, fils de Pierre de France, épousa Agnès, héritière des comtés d'Auxerre et de Nevers. Il accorda les Coutumes de Lorris aux populations groupées sur son domaine de Mailly qu'il avait acheté de sa belle-mère, la comtesse Mahaud (7). La charte pour *Mailly-le-Château*

(1) « In tota terra domini homines de Monte-Argo nullam debent consuetudinem. » La Th., p. 402.

(2) « Et si aliquis erga aliquem dicto vel facto inimicitiam incurrerit, non fiet inde duellum; sed duorum vel trium tertium ori committetur, subsequente tamen, si necesse erit, sacramento. » La Th., p. 402.

(3) « Alienos autem Montis-Argi permanentes dominus eos tenebit ad jus contra suos accusatores. » *Ibid.*, p. 402.

(4) « Nullus hominum de parrochia Montis-Argi, de quacumque re emerit vel vendiderit nullam consuetudinem dabit. » *Ibid.*, p. 401.

(5) « Eæ autem consuetudines sicut concessæ sunt hominibus de Monte-Argo similiter communes sunt hominibus qui habitant in Calceia quæ est inter Burgum et domum Leprosorum. Homines de Casneio qui sunt positi in consuetudinibus Montis-Argi et homines qui habitant in partem quam habemus in Atrio Amiliaci eodem judicio et eodem modo tractabuntur quo et illi qui sunt de castello. » La Th., p. 403.

(6) *Bois-le-Roi*, Seine-et-Marne, arr. et cᵒⁿ Fontainebleau. — La charte de Bois-le-Roi est publ. par La Thaumassière, *Cout. loc.*, p. 413-414.

(7) 1207, charte de Pierre, comte d'Auxerre et de Tonnerre, où il rappelle qu'il a acheté Mailly de madame Mahaud (le texte porte *Maria*), comtesse de Tonnerre, et qu'il a rendu hommage pour cette terre successivement à Marie, comtesse de Champagne, (régente jusqu'à la majorité de son fils Thi-

n'est pas datée (1). Elle est rendue au nom de Pierre et de sa femme Yolande de Flandre. Elle n'est donc pas antérieure à 1193, date à laquelle Pierre convola en secondes noces avec Yolande (2). De plus, Pierre y prend les titres de *comte d'Auxerre et de Tonnerre, seigneur de Mailly*. A la suite de démêlés avec Hervé de Gien, il avait été obligé en 1199 de lui donner en mariage sa fille Mathilde avec le comté de Nevers pour dot (3). Dès lors, il cessa de s'intituler *comte de Nevers*, qualification qu'il prenait toujours jusque-là dans ses actes (4) et qui passa à Hervé (5). A partir de 1200, la suscription de ses chartes porte *comes Autissiodo-rensis et Tornodorensis* (6). D'autre part, après la mort de Philippe, son beau-frère, arrivée en octobre 1212, le comte d'Auxerre prit la qualification de *marquis de Namur* (7). Je crois donc qu'il faut placer entre 1200 et 1212 l'acte par lequel Pierre concéda les Coutumes de Lorris aux habitants

baud, arrivée le 29 juillet 1187,) à Thibaud, et à Blanche de Navarre. Chantereau-Lefebvre, *Traité des fiefs, preuves*, p. 32.

(1) Charte publ. ap. *Ord.*, t. V, p. 713-717. Je ne sais quelles sont les raisons qui ont déterminé M. Quantin à dater cette charte de l'année 1206, *Rec. de pièces*, n° 56, p. 26-27. — *Mailly-le-Château*, Yonne, arr. Auxerre, c⁰ⁿ Coulanges-sur-Yonne.

(2) Lebeuf, *Mém concernant l'hist. d'Auxerre*, éd. *Challe et Quantin*, t. III, p. 127.

(3) Voyez Lebeuf, *Op. cit.*, t. III, p. 132-133.

(4) 1188, charte de Ph.-Aug., « Cognatus noster Petrus comes Nivernensis. » (Lebeuf, éd. Challe, *preuves*, n° 78, t. IV, p. 57.) — 1188, 29 juillet : « Ego Petrus comes Nivernensis. » (*Ibid.*, n° 79, p. 58.) — 1190, « Petrus... Nivernensis comes. » (*Ibid.*, n° 80, p. 58; n° 81, p. 58.) — 1193, « Ego Petrus Nivernensis comes. » (*Ibid.*, n° 85, p. 60.)

(5) 1205, 25 août. « Ego Herveus comes Nivernensis. » (Lebeuf, *Op. cit.*, n° 101, p. 68). Hervé prend le même titre en 1207. (*Ibid.*, n° 102, p. 69.)

(6) 1200, charte de Ph.-Aug. : « Quod comes Petrus Autissiodorensis et Tornodorensis. » (Lebeuf, *Op. cit.*, n° 87, t. IV, p. 61.) — 1209, « Ego Petrus comes Autissiodor, » (n° 104, p. 69). — 1209, « Ego Petrus comes Autissiodorensis et Tornodorensis. » (*Ibid.*, n° 105, p. 69.) — Juillet 1210, même suscript. (*Ibid.*, n° 109, p. 71); sept. 1210, *idem*, (*Ibid.*, n° 110, p. 71).

(7) Voyez : Lebeuf, *Op. cit.*, t. III, p. 144. — Janv. 1213, (1214) « Ego Petrus marchio Namucencis et comes Autiss. et Tornod. » (*Ibid.*, n° 120, t. IV, p. 76); (n° 121, p. 76). — 1214, « Ego Petrus marescalus Namucensis, comes Autissiodor. et Tornod. » (*Ibid.*, n° 122, p. 76.) — Il est vrai qu'en novembre 1216, on trouve : « Ego Petrus comes Autissiod. et Tornodor. » (*Ibid.*, n° 134, p. 81).

de Mailly-le-Château et ses faubourgs. C'est à peine si j'ai
besoin de rappeler qu'on a laissé de côté les articles portant
dispense de péages dans le Gâtinais, articles dont j'ai signalé
la suppression dans la charte de Montargis. La franchise s'acquérait par résidence d'an et jour à Mailly. Les serfs des
chevaliers, dont les fiefs relevaient du château de Mailly,
ne pouvaient toutefois se prévaloir de cette prescription (1).
Le seigneur pouvait exiger des habitants possesseurs de
chevaux et de charrettes qu'ils transportassent une fois par
an ses vivres à Bétry (2), Voutenay (3) ou Coulanges (4); et
aussi son bois à brûler de la forêt de Frétoy (5) à sa maison
de Mailly (6). Le cens est remplacé par un festage de 5 sous
par maison payable à la Saint-Remi en monnaie auxerroise;
les clercs et les chevaliers en étaient dispensés (7). Les habitants conservaient le droit d'usage qu'ils avaient d'ancienneté
dans le bois du Frétoy (8); les amendes pour les délits fo-
restiers étaient abaissées comme les autres, de 60 sous à
5 sous, et de 5 sous à 12 deniers. Une amende de 5 sous

---

(1) Art. 18 de Lorris «...Quitus permaneat; hoc tamen observato quod si
aliquis militum casatorum Mailliaci aliquem hominem apud [Mailliacum] pro
servo suo calumpniaverit et hec tercia manus militum et procinctu parentale
probare poterit, ille servus ultra quindecim dies non tenebitur apud Mailliacum; sed in salvo conductu extra castellaniam Mailliaci conducetur. »
(*Ord.*, t. V, p. 716.)

(2) *Bétry*, lieu détruit au xiv siècle, près Vermanton.

(3) *Voutenay-sur-Cure*, Yonne, arr. Avallon, cᵒⁿ Vézelay.

(4) *Coulanges-sur-Yonne*, Yonne, arr. Auxerre, ch.-l. cᵒⁿ.

(5) La forêt de Frétoy est voisine de Coulanges.

(6) « Nullus hominum Mailliaci aliquam curvatam nec michi nec alteri faciat,
nisi tantum illi qui quadrigas habebunt, qui semel in anno, si submoniti
fuerint, quadrigas suas michi usque ad Betriacum vel usque ad Voletenetum
vel usque ad Collengias, pro cibis meis quadrigandis accomodabunt; et
semel in anno michi adducent ligna de Fretoy in domum meam de Mailliaco
ad comburendum si inde submoniti fuerint. » (*Ord.*, t. V, p. 716.)

(7) « Quilibet hominum Mailliaci, singulis annis in festo Sancti Remigii,
quinque solidos monetæ Antissiodorensis pro festagio domus suæ michi
dabit; salva tamen libertate clericorum et militum qui nullum debent festagium. » (*Ord.*, t. V, p. 715.)

(8) « Homines de Mailliaco illum usagium habebunt in bosco de Fretoy,
quem in eo semper habuerunt, hoc etiam observato quod forifacta mea de
bosco sicut et alia de sexaginta solidis ad quinque solidos et de quinque
solidis ad duodecim denarios veniant » (*Ord.*, t. V, p. 717).

frappait ceux qui chassaient dans la garenne; mais, à moins de flagrant délit, on se disculpait de cette accusation par un simple serment (1). Le comte confirma l'ancienne coutume en vertu de laquelle la vente d'une maison n'emportait le paiement d'aucun droit par le vendeur ou l'acheteur (2). Nous constatons l'introduction de deux articles de droit privé. L'un n'accorde aux lignagers que le délai d'an et jour pour faire valoir leurs droits sur un immeuble vendu, à moins d'absence du lignager pendant l'année, auquel cas il peut après ce délai revendiquer l'immeuble vendu en remboursant à l'acquéreur le prix d'achat (3). L'autre article règle les successions. Les biens du défunt passent à son hoir le plus proche; si un bourgeois meurt sans laisser d'héritiers connus, ses co-bourgeois détiennent sa succession pendant an et jour; de façon à pouvoir la remettre à celui qui prouverait son droit par témoins légitimes; si personne ne se présente, les biens, à l'expiration du délai prescrit, reviennent au seigneur de Mailly-le-Château (4).

La charte pour *Mailly-la-Ville* est semblable à la précédente (5). Elle n'est pas davantage datée. Gui, comte de Forez, qui avait épousé en 1225 (6) Mahaud, fille de Pierre de

(1) « Si cui impositum fuerit quod in garena mea in planum venatus fuerit, solo juramento se deculpabit; alioquin, quinque solidos emendabit. » (*Ord.*, t. V, p. 717.)

(2) « Quilibet hominum Mailliaci domum suam, quando voluerit, ad libitum suum juxta antiquam domorum libertatem vendere poterit, nec pro ea sive emptor sive venditor aliquam consuetudinem dabit. » (*Ord.*, t. V, p. 716.)

(3) « Quicumque in parrochia Mailliaci domum suam aut pratum aut vineam aut agrum aut quamcumque aliam possessionem, anno et die pacifice tenuerit, nulli super hoc de cetero respondebit, nisi aliquis qui se jus sciat in hoc habere et qui per illum annum extra patriam moram fecerit voluerit reclamare. » (*Ord.*, t. V, p. 716.)

(4) « De excasuris ita erit quod semper ad propinquiorem heredem deveniet. Si vero mortuus nullum heredem habuerit, burgenses Mailliaci tenebunt per annum et diem in manu sua excasuram; et si infra illum terminum aliquis venerit qui se sciat jus habere in excasura, quiquid per legitimorum testium probationem acquirere poterit, habebit; alioquin, post annum et et diem, ad dominum Mailliaci deveniet excasura. » (*Ord.*, t. V, p. 717.)

(5) *Mailly-la-Ville*, Yonne, arr. Auxerre, c^{on} Vermenton. — Charte publ. par La Th., *Cout. loc.*, p. 708-710, avec la confirmation par Gui de Forez en 1229, contenue dans un *vidimus* royal de 1382.

(6) Voy., *Art de vérif. les dates*, 3e éd., t. II, p. 469-470.

Courtenay, héritière du comté de Nevers, la confirma en 1229.

Robert de Courtenay (1), second fils de Pierre de France, dota, en 1216, le village de *la Selles* (2) en Berry, des Coutumes de Lorris. La redevance annuelle due pour une maison était d'un setier d'avoine, douze deniers de monnaie courante et deux gélines (3). Le même seigneur fit la même concession en 1219 aux habitants de *Mehun-sur-Yèvre* (4), village qu'il tenait de sa femme Mahaud. En 1481, certains des privilèges conférés par la charte de Lorris étaient encore maintenus en faveur des bourgeois de Mehun. Le séjour dans le village ou la « voirie » conférait la franchise (5). La réduction des amendes subsistait (6). Les franchises de Mehun furent étendues à *Saint-Laurent-sur-Barenjon* (7). A Mehun, comme à

(1) Voy. *P. Anselme*, t. I, p. 481-482.

(2) *La Selles-sur-Cher*, Loir-et-Cher, arr. Romorantin, ch.-l. cᵒⁿ. — Voyez, sur *Celles-en-Berry*, La Thaum., *Hist. du Berry*, p. 730. — Charte publ. par La Th., *Cout. loc.*, p. 83-84.

(3) « Quicumque in parrochia Cellensi domum habebit pro domo sua dabit unum sextarium avenæ, duodecim denarios usualis monetæ et duos gallinas. » La Th., *Cout. loc.*, p. 83.

(4) *Mehun-sur-Yèvre*, Cher, arr. Bourges, ch.-l. cᵒⁿ. — La Th. n'a publié qu'une traduct. de la charte de Mehun, *Cout. loc.*, p. 425-426, qu'il a par erreur datée de 1209 ; date qui n'a pas laissé que de le jeter dans l'embarras (*Hist. du Berry*, p. 378), la charte étant rendue au nom de Robert et de Mahaud, dame de Mehun : or, en 1211, Mahaud offrait encore seule l'hommage pour sa terre de Mehun à l'archevêque de Bourges. Il faut restituer la date de 1219 donnée par la Coutume de Mehun de 1481.

(5) Coutumes de Mehung-sur-Yèvre mises par écrit en 1481, publ. par La Th., *Cout. loc.*, p. 375 et suiv. : « Et premierement du droict des personnes, qui est tel que, en icelle ville et veherye de Mehung-sur-Evre, n'a nulz gens serfs ne de serve condition : ains que tout homme qui vient demourer en la dicte ville et veherye de quelque lieu que ce soit est franc... par la coustume sur ce notoirement tenue et gardée en la dicte ville et veherye de tout temps et d'ancienneté comme il nous est aparu par letres et privileges faictes et données par Messire Robert de Corthenay et Mahault sa femme seigneurs de Mehung, et dactées de l'an deux cens dix-neuf le premier jour de juillet et seelées du seel des dicts seigneur et dame en cire rouge et laz de soye. » Rubrique 1, art. I, *Cout. loc.*, p. 376.

(6) Pour les bourgeois, l'amende de 60 s. est réduite [à 5 s. (Rubrique I, art. III, La Th., p. 376 ; rub. I, art. IX, p. 377). Celle de 5 s. est réduite à 12 deniers (R. I, art. IV, p. 376 ; art. IX, p. 377).

(7) *Saint-Laurent-sur-Barenjon*, Cher, arr. Bourges, cᵒⁿ Mehun-sur-Yèvre. Charte de 1234 (*La Th.*, p. 426-428) concédant aux hommes de Saint-Laurent

Saint-Laurent les possesseurs d'une maison et d'un arpent de terre devaient annuellement un setier d'avoine et douze deniers; ceux qui n'avaient pas de maison n'étaient tenus qu'au paiement d'une mine et de six deniers (1).

Gui de Forez et Mahaud sa femme, qui avaient confirmé aux habitants de Mailly leurs privilèges octroyèrent en 1235 les Coutumes de Lorris à leurs bourgeois de *Vermenton* (2). C'est la charte de Lorris moins les articles spéciaux (3). De plus le cens y est dit festage (4). Le marché qui se tenait le jeudi à Bétry est transféré à Vermenton (5). Un article règle les successions (6). La protection des classes agricoles semble avoir préoccupé tout particulièrement le comte Gui. C'est lui qui défendit à ses barons de détruire les habitations des laboureurs et de saisir leurs bestiaux ou leurs instruments de culture dans l'étendue du Nivernais, de l'Auxerrois et du Tonnerrois; tout manquement à ces prescriptions entraînait pour le seigneur coupable la confiscation de ses fiefs et le bannissement (7).

Jean de Courtenay, seigneur de Champignelles, qui épousa Jeanne, dame de Saint-Briçon, fille d'Étienne II de Sancerre (8), confirma en avril 1303 à ses bourgeois de la châtellenie de la *Ferté-Loupière* (9) les Coutumes de Lorris que leur

« consuetudines Magdunenses secundum consuetudines Lorriaci, exceptis illis fœminis quæ maritatæ sunt hominibus aliis ab hominibus nostris. »

(1) La Thaum., *Cout. loc.*, p. 426.

(2) *Vermenton*, Yonne, arr. Auxerre, ch.-l. c^{on}. — Charte ap. *Ord.*, t. IX, p. 576-579. En 1214-15, Pierre de Courtenay et Yolande promettent à leurs hommes de Vermenton et de Bétry de les maintenir dans leurs droits et coutumes; en 1231-32, Gui et Forez et Mahaud renouvellent cette promesse. Quantin, *Recherches sur l'hist. de Vermanton*, Auxerre, 1876, in-8°, p. 9-10.

(3) C'est-à-dire les art. 15, 20-23, 26-29 de la charte de Lorris.

(4) Art. 1; *Ord.*, t. IX, p. 577.

(5) Art. 6; *Ibid.*

(6) Art. 5; *Ibid.*

(7) Ordonnance rendue par Gui, d'accord avec ses barons, en avril 1235, publ. par Quantin, *Rec. de pièces*, n° 737, p. 387-388.

(8) Voyez *P. Anselme*, t. I, p. 486. Le P. Anselme donne ce Jean de Courtenay comme fils de Robert I de Courtenay. Mais dans la charte pour La Ferté, Jean nomme « Guillaume de Courtenay et Agnès, sa femme » ses feu père et mère.

(9) *La Ferté-Loupière*, Yonne, arr. Joigny, c^{on} Charny. — Charte ap. La Th., *Cout. loc.*, p. 435-437. La charte est du 21 avril 1303 (n. st.).

avait successivement concédées dès la fin du xiie siècle les comtes de Sancerre, Étienne I, Guillaume et Louis I.

Nous avons vu que Robert de Courtenay avait donné les Coutumes de Lorris à deux villages du Berry. Mais, bien auparavant, les comtes de Sancerre avaient fait pénétrer ces Coutumes dans la région d'entre Loire et Cher. Ces deux grandes maisons, de Courtenay et de Sancerre, si étroitement unies par des liens nombreux de parenté et par le voisinage de leurs domaines, employèrent leurs efforts communs à répandre sur leurs terres les franchises de Lorris. *Sancerre* en obtint l'octroi d'Étienne I (1). La Thaumassière a publié la confirmation qu'en donna Louis II en 1327 (2). Mais ce texte est très défectueux et présente des lacunes (3). Le comte se réservait son tonlieu, son droit de ban-vin, son péage, ses moulins, ses fours (4). Chaque feu était tenu au paiement annuel de cinq sous (5). Des privilèges spéciaux étaient attribués aux familles dont les membres remplissaient héréditairement l'office de sergent (6). En 1190, la charte de Lorris fut donnée à *Barlieu* (7) par le même seigneur. Le cens y est de 12 deniers (8). C'est du même Étienne que *Ménétréol-sous-*

(1) Probablement en 1190 avant le départ d'Étienne pour la Terre sainte où il mourut au siège d'Acre.

(2) 1327 (1328, n. st.) 7 février. — La Th., p. 421-422.

(3) On m'a assuré qu'il n'en existait pas d'autre aux Archives de Bourges.

(4) « Notum facio.... quod castellum meum de Sancero intra muros et extra ad consuetudines Lorriaci amodo sit et in perpetuum, exceptis reddifibus meis, theloneo meo, banno meo in vino, pedagio meo, molendinis meis, urnis meis. De cætero consuetudines autem Lorriaci Sancero constituo observari. » La Th., *Cout. loc.*, p. 421.

(5) « Quicumque in terra mea de qua agitur domum habuerit in qua focus fiat pro domo illa quinque solidos persolvat annuatim; domus autem in qua focus non fuerit, censam istam non debebit, nec area vacans; et si in eadem domo plures manserint familiæ, singuli foci quinque solidos debebunt; si autem una familia in mansione sua plures habuerit, non idcirco plusquam quinque solidos persolvat. » La Th., p. 421.

(6) « Nullus eorum qui quondam servientes erant de proprietate sua quam vendet, aliquam dabit consuetudinem, vel imbreviaturas. Hæc sunt genera eorum qui servientes esse solent... » *Ibid.*

(7) *Barlieu,* Cher, arr. Sancerre, con Vailly. — Charte, La Th., p. 415-416.

(8) « Quicumque Barloci infra ambitum muri domum habebit, pro domo et pro quolibet arpento terræ, si in eadem parrochia habuerit, duodecim denarios census persolvat tantum; et si illud acquisierit ad censum domus suæ illud teneat. » La Th., p. 415.

Sancerre (1) tenait les Coutumes de Lorris : la charte est presque semblable à celle de Barlieu; toutefois le taux du cens est de cinq sous. *L'Étang-le-Comté* reçut les mêmes Coutumes en 1199 de Guillaume, fils d'Étienne (2) : le taux du cens fut maintenu à 6 deniers. En 1210, le frère de Guillaume, Étienne, seigneur de Châtillon, assura aux habitants de *Saint-Brisson* (3) la jouissance des Coutumes de Lorris dont son père Étienne I les avait dotés. Les bourgeois devaient annuellement un cens de deux sous de monnaie de Sancerre et une mine d'avoine payables à la Saint-Remi (4). Ceux-ci, ayant renoncé au droit de pâture et à l'usage du bois mort dans les bois seigneuriaux, leur seigneur en retour réduisit à trois semaines la durée de son ban-vin jusque-là illimitée (5). Il les dispensa de tout péage (6) jusqu'à Châtillon-sur-Loire (7), Concressault (8) et Pierrefitte (9), ainsi que de tonlieu dans l'étendue de ses terres (10).

Vers 1212, Archambaud de Sully fit rédiger pour ses hommes de la châtellenie de *La Chapelle Dam Gilon* (11) une charte de libertés où il inséra le tarif des amendes de Lorris (12). On

(1) *Ménétréol-sous-Sancerre*, Cher, arr. et cᵒⁿ Sancerre. — Charte confirmée en 1241, La Thaum., *Cout. loc.*, p. 419-420.

(2) Charte publ. ap. La Th., *Cout. loc.*, p. 416-418.

(3) *Saint-Brisson*, Loiret, ar. et cᵒⁿ Gien. — Charte, La Th., p. 423-424.

(4) « In censibus domorum, de quibus prædicti burgenses debent duos solidos Sacri Cæsaris monetæ, ad festum Sancti Remigii persolvendos et tunam minam avenæ. » La Th., p. 423.

(5) « Et quoniam burgenses de Sancto-Bricio nobis et heredibus nostris, dominis Sancti Bricii, quittaverunt pasturas et usuarium suum quod habebant ad mortuum nemus in nemoribus nostris, volumus ut bannus noster qui erat in villa nostra Sancti-Bricii ad voluntatem nostram de vino nostro proprio de cellario nostro vendendo, duret solummodo per tres septimanas et incipiat ultima die Maii. » La Th., *Ibid.*

(6) « Nullus eorum ad Castellionem nec ad Concorsault, nec ad Petram fictam pedagium reddat. » *Ibid.*

(7) *Châtillon-sur-Loire*, Loiret, arr. et cᵒⁿ Gien.

(8) *Concressault*, Cher, arr. Sancerre, cᵒⁿ Vailly.

(9) *Pierrefitte-ès-Bois*, Loiret, arr. Gien, cᵒⁿ Châtillon.

(10) « Nullus eorum in terra nostra dabit tonleium. » La Th., p. 424.

(11) *La Chapelle-d'Angillon*, Cher, arr. Sancerre, ch.-l. cᵒⁿ. — Cette ville tire son nom de Gilon de Sully, père d'Archambaud III. — L'orthographe actuelle était déjà adoptée au temps d'*Expilly* (t. II, p. 218).

(12) « Volo quod forisfactum sexaginta solidorum ad V solidos parisienses, et de quinque solidis par. ad duodecim denarios par. redigantur, nisi fori-

7

peut encore considérer comme emprunté à la même charte
l'article portant suppression de la prison préventive, dans le
cas où le prévenu fournit caution (1). Philippe-Auguste,
suzerain d'Archambaud confirma cette charte. Le même tarif
d'amendes a passé dans la charte de franchise accordée par
Henri de Sulli en 1227 aux manants d'*Isdes* (2). En juin 1246,
Pierre de Graçay, en vue d'accroître sa ville de *Graçay* (3)
et d'augmenter ses revenus, fit rédiger pour les habitants de
ce lieu une charte où, au milieu des règlements particuliers
sur les redevances dues par les laboureurs et les marchands,
on retrouve plusieurs articles tirés de la charte de Lorris (4),
ce sont les articles de Lorris : 3, 6, 8, 12 (moins la fin : *et si
clamor inde factus fuerit*), 13, 16, 17, 18 (restreint : c'est-à-
dire que les hommes du sire de Graçay ne pouvaient venir
sans son consentement habiter la franchise de Graçay). On
remarquera que ces articles sont rangés dans le même ordre
que les articles correspondants de la charte de Lorris. Les
mêmes clauses ont été introduites avec quelques modifications
peu importantes dans la charte donnée par Renoul de Culant et Pierre de Saint-Palais, à leur ville de *Châteauneuf-
sur-Cher* (5) (octobre 1258).

En même temps que les privilèges de Lorris, et en quelque
sorte sous leur couvert, les coutumes de cette ville, c'est-à-
dire les usages du Gâtinais s'introduisaient en Berry, de telle
sorte qu'au xvie siècle, le comté de Sancerre fut pour sa plus
grande partie régi par la Coutume de Lorris-Montargis (6).

factum fuerit de furto vel raptu vel homicidio, quæ in mea remanebunt voluntate... Pro clamore facto ad præpositum, præpositus habebit quatuor tantum denarios parisienses. » La Th., *Cout. loc.*, p. 78.

(1) « Neminem autem capiam seu capi faciam neque res ipsius nec incar-
cerabo quamdiu fidejussorem dare poterit de stando juri. » La Th., *Cout. loc.*,
p. 78.

(2) *Isdes*, Loiret, arr. Gien, con Sully. — Charte. La Th., p. 84-85.

(3) *Graçay*, Cher, arr. Bourges, ch.-l. con. — Charte, ap. La Th., p. 86-88.

(4) Charte de Graçay, La Thaum., *Cout. loc.*, p. 86-88. — Je dois signaler
une particularité assez remarquable, les amendes sont réduites, mais non
pas d'après le même système qu'à Lorris; elles sont réduites de moitié :
60 s. à 30 s.; et ainsi des autres « *et sic de aliis.* »

(5) *Châteauneuf-sur-Cher*, Cher, arr. Saint-Amand-Mont-Rond, ch.-l. con.
Charte, ap. La Th., p. 155-159. — Les amendes continuent d'être levées
comme avant l'octroi de la charte.

(6) Voy. Cout. de 1531, art. XLIV-XLVIII, *Coutumier général*, t. III,

Le village de *Marchenoir* (1) est le seul qui, dans le Blésois, ait eu, à ma connaissance, une charte imitée de celle de Lorris (2). Je mentionne cet acte à la suite des chartes de la maison de Sancerre, parce qu'il est émané en 1193 de Louis I, comte de Blois, petit-fils de Thibaud le Grand de Champagne, fils de Thibaud le Bon, et neveu d'Étienne de Sancerre. La charte de Marchenoir n'est pas une copie de celle de Lorris. Mais la plupart des articles de Lorris y ont été reproduits dans leurs traits essentiels. Bon nombre d'expressions très caractéristiques ont été conservées (3). Et ce qui montre assez que le rédacteur de la charte de Marchenoir avait sous les yeux le texte des Coutumes de Lorris, c'est que l'ordre des matières est le même dans les deux Coutumes. Notons toutefois quelques modifications importantes. Le cens est fixé à deux sous de monnaie dunoise, pour chaque maison (4). Les hommes de Marchenoir sont tenus sur toute semonce d'accompagner à l'host le comte ou son lieutenant (5). En cas de duel judiciaire, l'accord n'est pas possible, si l'une des parties est le comte. Les otages du vaincu paient 9 livres (6).

p. 839. — La Th., *Cout. loc.*, p. 692-693. — Raynal, *Hist. du Berry, Notions préliminaires*, p. LXVII.

(1) *Marchenoir*, Loir-et-Cher, arr. Blois, ch.-l. c⁰ⁿ.

(2) Charte publ. par Poulain de Bossay, *Chartes octroyées par Louis I de Blois*, p. 19-22.

(3) Art. 6 et 7 : « Nullus ad mercatum vel ferias ville veniens pro forisfacto capietur, vel disturbabitur, nisi latro vel proditor manifestus fuerat, vel nisi ipsa die forisfactum fecerit. » Cf. art. 6 de *Lorris*. — Art. 12 : « Si alius erga alium forisfecerit absque castelli infractura, clamore non inde facto, licebit eis concordare. Si autem clamor factus fuerit, concordare licebit, ex quo districtum persolverit. » Cf. *Lorris*, art. 12. — Art. 10 : « Ego et comitissa creditionem et pretium cibarium meorum, sicut semper consuevimus, usque ad quindecim dies persolvendam habebimus. » Cf. *Lorris*, art. 11. — L'article 13 de Marchenoir est la transcription de l'article 13 de Lorris, si ce n'est que le mot *consuetudines* remplace le mot *tonleium*. — Art. 11 : « Vadium meum vel alterius non tenebunt nisi tantummodo per octo dies, nisi sponte sua. » Cf. art. 11 de *Lorris*.

(4) Art. 1 : « Quicumque apud Marchesneium vel in ipsius ville burgis domum habebit, pro unaquaque domo sua II⁰ˢ solidos Dunensis monete census singulis annis persolvet. »

(5) Art. 3 : « In exercitum meum et in expeditionem meam ibunt quotiens submoniti fuerint mecum vel cum mandato meo. »

(6) Art. 14.

CHAPITRE V.

Propagation des Coutumes de Lorris en Champagne.

Louis VII et Philippe-Auguste avaient accordé la charte de Lorris à plusieurs villages voisins de la Champagne; de là, chez les hommes du comte de Champagne une tendance à se porter vers les franchises royales. J'ai rappelé plus haut les traités intervenus au commencement du xiiie siècle entre le roi et la comtesse Blanche, à l'effet d'arrêter cette émigration. Dès la fin du xiie siècle cependant les comtes avaient pris des mesures plus efficaces en accordant à leurs sujets un grand nombre de chartes de coutumes. Parmi ces chartes, quelques-unes ont été copiées sur la charte de Lorris, d'autres ont été rédigées sous son influence (1).

Les habitants de *Chaumont* (2) en Bassigny reçurent d'Henri II, en 1190, les Coutumes de Lorris, comme le porte le préambule de leur charte. Naturellement, les articles qui contiennent des exemptions de péages dans le Gâtinais, sont supprimés; aucune disposition analogue pour la Champagne ne les remplace. La résidence d'an et jour donne droit à la participation aux privilèges de la paroisse de Chaumont. Mais le comte s'engage à ne pas y retenir les hommes d'un certain seigneur, Girard *de Eschit*. Cette charte diffère en quelques points de celle de Lorris. Il n'y est question ni de l'host ni du guet (*excubiæ*). Le comte se réserve le droit de faire amener son vin de Bar à Chaumont, ou de tout autre endroit dans un rayon de huit lieues. Il fixe à un mois la durée de son ban-vin. Chaque laboureur ne paie aux sergents lors de la mois-

(1) Voyez l'étude qu'a faite de ces chartes M. d'Arbois de Jubainville, *Hist. des comtes de Champagne*, t. IV, p. 707.

(2) *Chaumont*, chef-lieu du département de la Haute-Marne. — La Thaumassière a publié la charte, *Cout. loc.*, p. 428. Ces privilèges furent confirmés en 1198 par Thibaud III, par Thibaud IV en 1228, par Thibaud V en 1259, et Philippe de Valois en janvier 1338.

son que deux bichets de froment ; à Lorris, c'était une mine de seigle. Les habitants de Chaumont ne sont justiciables que du prévôt de cette ville. Les amendes infligées aux propriétaires d'animaux qui ont pénétré dans les bois seigneuriaux sont en proportion des dégâts que ces animaux ont pu causer : ainsi, pour le bœuf, la vache et son veau, le cheval, la jument et son poulain, on paye 12 deniers; mais on ne doit que 4 deniers pour le porc et l'âne; 1 denier seulement pour la brebis et la chèvre.

En 1199, Thibaud III concéda à ses hommes de la châtellenie d'*Ervy* (1) et aux aubains qui s'y établiraient la liberté de Lorris « *libertatem Lorriaci.* » La charte d'Ervy est toutefois notablement plus courte que celle de Lorris; les privilèges octroyés sont moins nombreux. D'abord, aucune restriction n'est apportée au service d'host et de chevauchée (2). Une seule corvée est réservée : les hommes d'Ervy amèneront le vin seigneurial de *Danemoine* (3) à Ervy. Le cens est de six deniers pour une maison et un arpent de terre; mais les anciennes redevances dues pour les maisons et les terres subsistent (4). La taille n'est pas abolie. Aucune disposition n'est prise, propre à favoriser le commerce; cependant l'article 2 de Lorris est transcrit. Mais les articles 8-10 sont supprimés ainsi que les articles 20, 21, 23-29. Dans le cas où un homme de la franchise meurt intestat et sans hoir, le comte hérite de ses biens (5).

Nous devons passer à l'examen d'une série de chartes champenoises, dont plusieurs antérieures aux précédentes, et que M. d'Arbois de Jubainville a regardées comme des abré-

---

(1) *Ervy*, Aube, arr. Troyes, ch.-l. cᵒⁿ.— Charte, ap. *Ord.*, t. VI, p. 199-200.

(2) Art. 3 d'Ervy, *Ord.*, t. VI, p. 201. « In expedicionem et exercitum ibunt, quociens ex parte mea fuerint requisiti. »

(3) La Thaumassière a lu *Denemoine*; et les *Ord.*, *Denenrame.*

(4) Art. 1, p. 200. « Quicumque homo reus in Castellania Erviaci sive albanus infra terminos parrochie Erviaci manserit, pro domo sua et pro uno arpenno terre, sex denarios census persolvet; salvo michi et aliis dominis censu nostro aliisque consuetudinibus que de domibus sive terris ab antiquo debentur. »

(5) Art. 21, p. 202. « Si aliquis eorum intestatus obierit, herede suo non apparente, res ejus mee erunt. »

gés des Coutumes de Lorris (1). Jusqu'à quel point cette opinion est-elle vraie ?

La plus ancienne est la charte concédée en 1165 à *Chaource* (2) et à Metz-Robert. La taille est supprimée. Les habitants sont exempts de péage et de tonlieu sur les terres du comte. Ils ne doivent l'host qu'au cas où le comte ou quelqu'un des officiers de sa maison est présent à l'armée, et où ils peuvent revenir le jour même chez eux. Il leur est loisible de quitter le pays, après avoir vendu leurs maisons, leurs meubles et leurs vêtements (*pennis*). Le tarif des amendes est exactement le même qu'à Lorris. Mais, chaque habitant doit rendre annuellement à la Saint-Remi au comte et à l'abbé de Montiéramey 12 deniers et une mine d'avoine. Les privilèges de *Maraye-en-Othe* (3) (1173) étendus en 1198 à *Saint-Mards* (4), le *Chemin* et *Vauchassis* (5) sont semblables. Toutefois, les hommes qui ne possèdent pas d'animaux propres au labourage ne payent que 12 deniers. On voit qu'il n'y a dans ces chartes qu'un souvenir assez vague des Coutumes de Lorris; l'influence n'est évidente qu'en ce qui concerne les amendes. Remarquons que les habitants de Maraye-en-Othe étaient forts voisins de Villeneuve-l'Archevêque dotée en 1172 de la charte de Lorris.

Les privilèges de *Villeneuve-au-Châtelot* (6), donnés par Henri I en 1175, s'éloignent bien plus encore de ceux de Lorris. Comme à Maraye, les habitants doivent annuellement chacun 12 deniers et une mine d'avoine; ce qui ne les empêche pas de rendre encore 4 deniers de cens par arpent de terre. Nous retrouvons le tarif d'amendes de Lorris. Toutefois, l'amende de 60 sous subsiste pour blessure faite sans arme le jour du marché. Dans le cas de provocation au duel

---

(1) D'Arbois, *op. cit.*, t. IV, p. 709-710.

(2) *Chaource*, Aube, arr. Bar-sur-Seine, ch.-l. c^on. — Charte publ. par d'Arbois, *Voyage paléograph. dans le département de l'Aube*, p. 69-71.

(3) *Maraye-en-Othe*, Aube, arr. Troyes, c^on Aix-en-Othe. — Charte publ. ap. d'Arbois, *Hist. des comt.*, t. III, p. 462-463.

(4) *Saint-Mards*, Aube, arr. Troyes, c^on Aix-en-Othe.

(5) *Vauchassis*, même arr., c^on Estissac. — Charte de 1198, ind. ap. d'Arbois, *Catalogue*, n° 466.

(6) *Villeneuve-au-Châtelot*, Aube, arr. Nogent-sur-Seine, c^on Villeneuve. — Charte publ. ap. *Ord.*, t. VI, p. 319-320.

judiciaire, les parties peuvent s'accorder après la remise des gages en payant chacune 2 sous et 6 deniers au prévôt, et, si les otages ont été constitués, 7 sous et 6 deniers; mais, le prévôt est libre de permettre ou non l'accord. Le vaincu d'un duel doit 100 sous. Ainsi, voilà plusieurs articles qui ont pu être inspirés par la charte de Lorris; mais ils ont subi des modifications très importantes. Enfin, et cela établit entre les deux chartes une différence capitale, les habitants de la ville neuve élisent six échevins qui administrent le bourg de concert avec le prévôt et assistent à ses plaids.

En 1198, Thibaud III détermina les charges et les droits des hommes de *Jonchery*, *La Harmand*, *Treix* et *Bonmarchais* (1), domaines de l'abbaye Saint-Remi de Reims. La charte de Lorris n'a fait sentir ici son influence qu'en un seul point : la Coutume de Chaumont doit régler les amendes des forfaits et des duels : depuis 1190, Chaumont se régissait d'après les Coutumes de Lorris.

La comtesse Blanche s'associa en 1200 à l'abbé de Montiéramey pour fonder une ville neuve à *Pargues* (2). La charte de pariage fixe les coutumes. Une seule disposition a pu être empruntée aux Coutumes de Lorris : le droit de bourgeoisie s'acquiert par résidence d'an et jour, à moins de juste réclamation d'un seigneur pendant ce laps de temps; encore, la rédaction de cette clause est-elle très différente dans les deux chartes (3).

Quant aux chartes de la *Montagne* au delà de l'Aisne (4)

(1) *Jonchery*, Haute-Marne, arr. et c°ⁿ Chaumont en Bassigny. — *Treix*, arr. et c°ⁿ Chaumont. — Charte publ. ap. *Ord.*, t. VIII, p. 408.

(2) *Pargues*, Aube, arr. Bar-sur-Seine, c°ⁿ Chaource. — Charte de pariage ap. *Cartul. de Montiéramey*, B. Nat., ms. lat. 5342, f° 66 r°-67 v°. — Publ. ap. Teulet, *Layettes*, t. I, p. 346, n° 915.

(3) M. d'Arbois de J. n'a d'ailleurs pas rattaché les Coutumes de Pargues à celles de Lorris. — « Quicumque eciam in eadem villa per annum et diem manserit, nisi dominus suus eum infra annum et diem coram prepositis de Pargis reclamaverit, si facultatem habuerit reclamandi, in eadem villa sicut alius quilibet burgensis sine contradictione remanebit. » B. Nat., ms. lat. 5432, f° 67 v°.

(4) Charte de la Montagne concédée par Thibaud III en oct. 1200, d'Arbois, *Catalogue*, n° 523. — *Bibl. Nat.*, Cartul. de Champagne, ms. lat. 5992, f° 44 r°.

(oct. 1200), de *Maurupt* (1) (nov. 1200) et de *Villiers-en-Argonne* (2) (oct. 1208) toutes trois identiques, il est impossible,
non-seulement d'y voir un abrégé de la charte de Lorris,
mais même de les y rattacher par quelque point que ce soit.
En voici les dispositions. L'administration n'est pas toute
entre les mains du seul prévôt. A Maurupt, à côté de lui, il
y a un maire élu par les habitants. A la Montagne, quatre
jurés veillent au maintien des droits du comte et de la communauté. En justice, leur témoignage prévaut. La même institution existait à Villiers-en-Argonne. Et il est probable qu'il
faut assimiler ces jurés aux échevins mentionnés dans la
charte du pariage (3) conclu entre l'abbé de Saint-Remi et la
comtesse de Champagne pour la fondation de cette nouvelle
ville. La taille à la volonté du seigneur est abolie; des redevances annuelles basées sur la quantité de terre ou le nombre
d'animaux possédés par le laboureur la remplacent. Ce n'est
pas là un trait suffisamment caractéristique. Dans la plupart
des chartes de coutumes, on trouve la suppression des exactions arbitraires. La présence à l'armée du comte ou d'un de ses
officiers est nécessaire pour que le service militaire puisse être
exigé des hommes de ces trois villages. A Lorris, la restriction à ce service était d'une autre sorte. Le sang versé entraîne
une amende de 15 sous; la simple amende est de 12 deniers.
La punition du vol, du rapt, de l'homicide et du meurtre est
réservée au comte. Les amendes imposées aux plaideurs qui
avaient recours au duel judiciaire sont très différentes de
celles des Coutumes de Lorris. Le tarif des amendes est cependant l'article de ces Coutumes qui a été le plus répandu;
il a pénétré là même où les autres dispositions n'ont laissé
aucune trace. Les habitants de la Montagne, Maurupt et Vil-
liers peuvent quitter ces terres et obtiennent un sauf-conduit

---

(1) *Maurupt*, Marne, arr. Vitry-le-François, con Thiéblemont. — Charte,
publ. ap. de Barthélemy, *Diocèse ancien de Châlons-sur-Marne*, t. II, p. 109-
110.

(2) *Villiers-en-Argonne*, Marne, arr. et con Sainte-Ménehould, — Charte donnée par Blanche de Navarre, oct. 1208. — *Pièces justific.*, n° XVII.

(3) « Notandum quod prepositus monacus noster, qui in eadem villa ma-
nebit pro nobis, et prepositus comitisse majorem et scabinos eligent per commune. » *B. Nat.*, ms. lat. 5992, f° 181 v°.

du comte. Ils doivent dans ce cas vendre leur maison ou la louer, mais non la détruire.

Si ces trois chartes ont dans leur allure générale une certaine ressemblance avec les Coutumes de Lorris, c'est qu'il est impossible qu'il n'y ait pas une analogie entre des textes rédigés sous l'influence des mêmes idées, dans le même but, à la même époque, et dans deux régions où l'état social ne différait guère. D'ailleurs, à s'en tenir aux grandes lignes, à ne pas entrer dans les détails, toutes les franchises de villages, au XIIe siècle et dans le centre de la France, se ressemblent : aux mêmes maux, les mêmes remèdes. Des ressemblances très caractéristiques permettent seules d'établir la parenté de plusieurs chartes de coutumes.

En résumé, Chaumont en Bassigny et Ervy sont les deux seules villes qui aient reçu des comtes de Champagne les Coutumes de Lorris.

Les chartes de Chaource et de Maraye-en-Othe ont subi légèrement l'influence de ces mêmes Coutumes sans qu'elles en soient un abrégé : on y retrouve le même tarif d'amendes qu'à Lorris.

Quant aux chartes de Villeneuve-au-Châtelot, de la Montagne au delà de l'Aisne, de Maurupt et Villiers-en-Argonne, aucun de leurs articles n'a été emprunté à la charte de Lorris; on n'y retrouve pas même son influence.

Nous avons vu l'immense succès de la charte de Lorris, et, comment gagnant de proche en proche, elle était devenue aux XIIe et XIIIe siècles la loi d'un grand nombre de villages du centre de la France.

La cause de sa diffusion, on pourrait dire de sa popularité se trouve dans ce fait qu'elle était également profitable aux habitants des petites villes qui les recevaient et aux seigneurs qui les concédaient. Il est vrai qu'elle ne conférait aux premiers aucune espèce de droit politique. Mais les paysans, occupés à la culture de la terre, étaient sans doute peu jaloux de participer à l'administration. Il leur suffisait d'être à l'abri de toute exaction : or, comme on l'a vu, cette garantie de leur liberté individuelle et de leur fortune, ils

la trouvaient dans la charte de Lorris. D'autre part, l'octroi
de cette charte était pour les seigneurs un moyen d'attirer
sur leurs terres de nouveaux habitants et d'accroître leurs
revenus.

On ne doit pas non plus oublier qu'avant de devenir charte
seigneuriale, la charte de Lorris avait été royale. Les vas-
saux du roi n'ont fait que suivre la voie que leur avait
montrée leur suzerain. Et souvent même les seigneurs,
moins généreux que le roi, ont supprimé ou modifié les
clauses qui leur paraissaient entraîner une trop grande dimi-
nution de leurs droits. Si la charte de Lorris n'est pas la plus
ancienne des chartes de coutumes, c'est tout au moins la
première qui, dans le centre de la France, ait été rédigée avec
autant d'ampleur et de précision. De telle sorte qu'on peut
dire que Louis VI et Louis VII ont pris, à leur plus grande
gloire, l'initiative de l'amélioration du sort des classes agricoles.

LISTE CHRONOLOGIQUE

DES CHARTES COPIÉES EN TOTALITÉ OU EN PARTIE
SUR LES COUTUMES DE LORRIS.

---

1 (p. 72) (1).

Le Moulinet (Loiret, arr. et c°ⁿ Gien).

Entre 1108 et 1137. — Louis VI accorde aux habitants du Moulinet les Coutumes de Lorris comme en témoigne une confirmation de Louis VII donnée à Lorris en 1159.

Copie d'après l'original, *Cartul. I de Fleury*, XVIII s., p. 17-19, *Archives du Loiret*. — Autre copie, *Bibl. Nat.*, collect. Duchesne, vol. 78, f° 83.

Publ. La Thaumassière, *Cout. loc.*, p. 397-399. — *Ord.*, t. XI, p. 204, d'après La Thaum.

Indiq. Bréquigny, *Table des diplômes*, t. III, p. 277.

2 (p. 72).

Chapelle-la-Reine (Seine-et-Marne, arr. Fontainebleau, ch.-l. canton).

Entre 1108 et 1137.

1186, 7° a. du règne (du 13 avril au 31 octobre), Vitry-aux-Loges. — Philippe-Auguste confirme les coutumes accordées aux habitants de la Chapelle par *Louis VI* et *Louis VII;* certains articles ont été empruntés aux Coutumes de Lorris.

Publ. La Thaum., *Cout. loc.*, p. 707, d'après le Mémorial O de la Chambre des comptes, f° 17. — *Ord.*, t. XI, p. 239-240, d'après le même Mémorial. — *Ord.*, t. XVII, p. 321, d'après un vidimus de 1470, JJ 195, pièce n° 475.

Confirmation de Louis XII, à Blois, décembre 1509, *indiq.* ap. *Bulletin de la Soc. archéolog. de l'Orléanais*, t. III, p. 51.

Indiq. Bréquigny, *Table des dipl.*, t. IV, p. 82.

---

(1) J'indique pour chaque charte la page du présent travail où l'on trouvera des renseignements plus complets sur cette charte.

3 (p. 77).

Yèvre-le-Châtel (Loiret, arr. et c^{on} Pithiviers).

Entre 1137 et 1152. — La concession des Coutumes de Lorris aux habitants d'Yèvre par *Louis VII*, roi de France et duc d'Aquitaine, est constatée dans un arrêt du Parlement de 1272.

Indiq. Boutaric, *Actes du Parlement*, n° 1837, t. I, p. 169.
Publ. Beugnot, *Olim*, t. I, p. 901.

4 (p. 71).

Sceaux en Gâtinais (Loiret, arr. Montargis, c^{on} Ferrières).
1153, 17° a. du règne. *Actum Bussis.* — Louis VII accorde aux hommes de Sceaux des coutumes semblables à celles de la Chapelle-la-Reine (voy. n° 2).

Publ. La Thaum., *Cout. loc.*, p. 706, d'après le Cartul. de l'abbaye de Saint-Maur, f° 152 v°. — *Ord.*, t. XI, p. 199, d'après La Thaum.

Indiq. Bréquigny, *Table des diplômes*, t. III, p. 214.

5 (p. 74).

Villeneuve-le-Roi (Yonne, arr. Joigny, ch.-l. c^{on}).
1163, Sens. — Louis VII fonde une ville neuve sur une terre achetée de l'abbaye de Saint-Marien d'Auxerre, et la dote des Coutumes de Lorris.

Publ. Ord., t. VII, p. 57, d'après un vidimus donné par Charles VI à Paris en février 1383, *Arch. nat.*, JJ 124, pièce n° 97. — Quantin, *Cartul. de l'Yonne*, t. II, p. 160, n° 145, d'après une copie du 1er avril 1467 émanée de la prévôté de Villeneuve, aux *Arch. de l'Yonne*.

6 (p. 102).

Chaource (Aube, arr. Bar-sur-Seine, ch.-l. c^{on}).
1165 (du 4 avril 1165 au 23 avril 1166), Troyes. — Henri, comte de Champagne, donne aux habitants de Chaource des privilèges, et spécialement le tarif d'amendes de la charte de Lorris.

Publ. d'Arbois de Jubainville, *Voyage paléograph. dans le dép. de l'Aube*, p. 69-71, d'après un vidimus de 1412 aux *Arch. de Chaource.* — *Indiq.* par d'Arbois, *Catalogue des actes des comtes*, n° 135.

7 (p. 75).

Sennely (Loiret, arr. Orléans, c°ⁿ La Ferté-Saint-Aubin).

1165, Châteauneuf. — Louis VII accorde les Coutumes de Lorris à son village de Sennely, ruiné par les exactions des sergents royaux et des seigneurs voisins.

Publ. Ord., t. XIII, p. 520-521, d'après un vidimus de Charles VII à Bourges en novembre 1447, 26° a. du règne, contenant une précédente confirmation du roi Jean à Paris, mars 1360, JJ 179, p. n° 26, f° 12 r°.

8 (p. 75).

Lorrez-le-Bocage (Seine-et-Marne, arr. Fontainebleau, ch.-l. c°ⁿ).

1169, Orléans. — Louis VII déclare avoir été associé par H., abbé de Bonneval, à la jouissance du territoire dépendant de Lorrez et Préaux; les coseigneurs y établiront une ville neuve qui sera régie par les Coutumes de Lorris.

Copie, Bibl. nat., *Collect. Duchesne*, vol. 78, f° 226, avec une confirmation de Philippe le Bel en décembre 1292 à Paris.

Publ. D. Thiroux et D. Lambert, *Histoire abrégée de l'abbaye de Saint-Florentin de Bonneval*, éd. par Beaupère et Lejeune, Châteaudun, 1876, in-8°, p. 74-75. — *La Thaum., Cout. loc.*, p. 396-397, sous la date de 1179, d'après un vidimus de Philippe le Bel donné à Paris le 24 décembre 1295. — *Ord.*, t. XI, p. 213, d'après La Thaum.

Indiq. Bréquigny, *Table des dipl.*, t. III, p. 553. — La Thaum., p. 391. — *Collect. Gaignières*, 191, ms. lat. 17139, p. 18.

9 (p. 89).

Montargis (Loiret, ch.-l. d'arr.).

1170. — Pierre de France, frère de Louis VII, accorde aux habitants de Montargis les Coutumes de Lorris. Il y apporte quelques modifications.

Copie, Collect. Duchesne, vol. 78, fº 68.

Publ. Dubouchet, *Hist. généalogique de la maison de Courtenay, Preuves*, p. 7, d'après le registre de Philippe le Long, p. nº 90. — La Thaum., *Cout. loc.*, p. 401, ch. V, d'après le même registre. — *Ibid.*, p. 401-403, ch. VI, d'après l'original de la confirmation donnée par Ph. le Long à Châteauneuf-sur-Loire, avril 1320.

Indiq. Ms. E 426 de la *Bibl. de Montargis* (xviiiᵉ s.), p. 5. — Ms. nº 478, même Biblioth., 2ᵉ vol., p. 631. La charte y est indiquée à la date du 18 nov. 1170. — Bréquigny, *Table des dipl.*, t. III, p. 430.

10 (p. 90).

Bois-le-Roi (Seine-et-Marne, arr. et cᵒⁿ Fontainebleau).

1171. — Pierre de France donne à ses hommes de Bois-le-Roi les Coutumes de Lorris.

Publ. La Thaum., *Cout. loc.*, p. 413-414.

Indiq. Bréquigny, *Table des dipl.*, t. III, p. 455.

11 (p. 74).

Villeneuve-l'Archevêque (Yonne, arr. Sens, ch.-l. cant.).

1172, Sens. — Guillaume, archevêque de Sens, dans le but d'accroître la ville neuve, à laquelle l'avait associé le chapitre de Saint-Jean de Sens, lui donne les Coutumes de Lorris.

Traduction du xiiiᵉ s., publ. par Quantin, *Cartulaire de l'Yonne*, nº 225, t. II, p. 240-242, d'après une pièce des *Archives de l'Yonne*, qui renferme aussi la confirmation par Michel, archevêque, en 1197.

12 (p. 102).

Maraye-en-Othe (Aube, arr. Troyes, cᵒⁿ Aix).

1173, Troyes. — Henri Iᵉʳ, comte de Champagne, conclut avec les habitants de Maraye une convention, en vertu de laquelle il leur donne des privilèges, où a été introduit le tarif des amendes de Lorris.

Publ. d'Arbois de Jubainville, *Hist. des comtes de Champagne*, t. III, p. 462-463.

Indiq. Ibid. Catalogue des actes des comtes, nº 214 *bis*.

13 (p. 76).

Courcelles-le-Roi, et autres villages *de la posté* de Lorris
(Loiret, arr. Montargis, c^{on} Beaune-la-Rolande).

1175, Étampes. — Louis VII concède les Coutumes et libertés de Lorris à 14 villages sis dans *la posté* de Lorris.

Publ. Ord., t. X, p. 49-52, d'après un vidimus de Charles
VI, Paris, janv. 1412, la 33e a. du règne, JJ 166, p. n° 440,
f° 275 v°-f° 276 r°.

14 (p. 86).

Chalou-la-Reine (auj. Chalou-Moulineux, Seine-et-Oise,
arr. Étampes, c^{on} Méréville).

1175, Paris. — Louis VII confirme l'octroi fait par la reine
Adèle, aux habitants de Chalou (*Sonchalo*) des Coutumes de
Lorris.

Publ. Ord., t. VIII, p. 34-35, d'après un vidimus de Charles
VI à Paris, janvier 1395, 16e a. du règne. — Hubert, *Anti-
quités histor. de l'église Saint-Aignan d'Orléans*, *Preuves*,
p. 83.

Indiq. Bréquigny, *Table des dipl.*, t. III, p. 505.

15 (p. 75).

Rousson (Yonne, arr. Joigny, c^{on} Villeneuve-sur-Yonne).

1175. — Guillaume, archevêque de Sens, fonde à Rousson
une ville neuve qu'il dote des Coutumes de Lorris.

Publ. Quantin, *Cartul. de l'Yonne*, n° 254, t. II, p. 272-274,
d'après une charte de confirmation de Gautier, archevêque
de Sens, datée de 1223, *Arch. de l'Yonne*.

16 (p. 77).

Flagy (Seine-et-Marne, arr. Fontainebleau, c^{on} Lorrez),
et **Bichereau** (même canton, commune Thoury-Férottes).

1177. — Louis VII fait savoir qu'il a été associé à la possession des terres de Flagy et Bichereau par Hugues le Noir
et madame *Favia*, pour y établir des hôtes, régis par les Coutumes de Lorris.

Pièces justificatives, n° VII, d'après le reg. C de Phil.-Aug.,
Arch. Nat., JJ 7-8, 2e partie, f° 76 r°.

17 (p. 78).

Ferrières (Loiret, arr. Montargis, ch.-l. canton).

1185, 7ᵉ a. du règne (entre le 1ᵉʳ nov. 1185 et le 12 av. 1186). — Philippe-Auguste accorde aux hommes de la paroisse de Saint-Éloi et de la banlieue de Ferrières, affranchis par l'abbé Arnoul, les Coutumes de Lorris, en partie seulement, et spécialement en ce qui touche les amendes.

Publ. D. Morin, *Hist. du Gastinois*, p. 705-709, d'après l'original. — *Indiq.* Delisle, *Catal.*, n° 145.

18 (p. 78).

Boiscommun (Loiret, arr. Pithiviers, cᵒⁿ Beaune).

1186, 7ᵉ a. du règne (du 13 avr. au 31 oct.), Lorris. — Ph.-Auguste confirme aux habitants de Boiscommun les Coutumes de Lorris qu'ils avaient obtenues de *Louis VII.*

Publ. Ord., t. IV, p. 73-77, d'après un vidimus du roi Jean donné à Vaudreuil, avril 1351, JJ 81, n° 204, f° 113. — *Indiq.* Delisle, *Catal.*, n° 163. — Bréquigny, *Table des dipl.*, t. IV, p. 82.

19 (p. 78).

Angy (Oise, arr. Clermont, cᵒⁿ Moui).

1186, 8ᵉ a. du règne (entre le 1ᵉʳ nov. 1186 et le 28 mars 1187), Pontoise. — Ph.-Aug., en même temps qu'il renouvelle le pariage intervenu entre son père et les chanoines de Saint-Frambaud de Senlis, pour le village d'Angy, accorde aux manants trois privilèges probablement empruntés à la charte de Lorris.

Publ. Ord., t. IV, p. 129-130, d'après un vidimus du roi Jean, mai 1363, JJ 96, n° 92.

Indiq. Bréquigny, *Table des dipl.*, t. IV, p. 82.

20 (p. 78).

Voisines (Yonne, arr. Sens, cᵒⁿ Villeneuve-l'Archevêque).

1187, 8ᵉ a. du règne (du 29 mars au 31 octobre), Sens. — Philippe-Auguste accorde les Coutumes de Lorris aux habitants de Voisines.

Copie, Biblioth. Nat., *Collect. Duchesne*, vol. 78, f° 81.

Publ. La Thaum., *Cout. loc.*, p. 399. — *Ord.*, t. VII, p. 455, d'après un vidimus de Charles VI daté de Paris en février 1391, JJ 143, n° 30, f° 18. — Quantin, *Cartul. de l'Yonne*, t. II, p. 381-383, d'après une copie du xvii° siècle, faite sur le vidimus de 1391, *Arch. de l'Yonne*, fonds de l'abbaye de Saint-Jean de Sens.

Indiq. Bréquigny, *Table des dipl.*, t. IV, p. 95. — Delisle, *Catal.*, n° 194. — Quantin, *Recherches sur le Tiers-État*, pp. 23, 99.

21 (p. 79).

Nonette (Puy-de-Dôme, arr. Issoire, c°ⁿ Saint-Germain-Lembrun).

1188, 9° a. du règne (entre le 17 avril et le 31 octobre), Le Pui. — Philippe-Auguste accorde les Coutumes de Lorris aux habitants de Nonette.

Pièces justif., n° XII, d'après un vidimus de 1290, *Arch. nat.*, J 1046, n° 2.

Indiq. Rivière, *Hist. des institut. de l'Auvergne*, t. I, p. 266, sous la date de 1288.

22 (p. 80).

Saint-André-le-Désert (Saône-et-Loire, arr. Mâcon, c°ⁿ Cluny).

1188, février (1189, n. st.), Sens. — Philippe-Auguste prend les habitants de Saint-André sous sa protection et leur accorde les Coutumes de Lorris, à condition qu'il percevra la moitié des revenus de cette posté.

Publ. Ord., t. XI, p. 252, d'après Rouvière, *Historia monasterii S. Joannis Reoamensis*, p. 220.

Indiq. Delisle, *Catal.*, n° 229.

23 (p. 82).

Dixmont (Yonne, arr. Joigny, c°ⁿ Villeneuve-sur-Yonne).

1190, 11° a. du règne (du 25 mars à juillet), Fontainebleau. — Philippe-Auguste accorde les Coutumes de Lorris aux habitants de Dixmont.

Copie, *Collect. Duchesne*, vol. 78, f° 66.

Publ. Galand, *Traité du franc-aleu*, p. 375, d'après l'orig.

8

— La Thaum., *Cout. loc.*, p. 432, d'après Galand. — *Ord.*,
t. XI, p. 268, d'après les précédents.

Indiq. Bréquigny, *Table des dipl.*, t. IV, p. 130. — Delisle, *Catal.*, n° 275. — Confirmation de 1408, indiq. par La
Thaum., p. 391.

24 (p. 96).

Barlieu (Cher, arr. Sancerre, c°ⁿ Vailly).

1190. — Étienne I, comte de Sancerre, concède les Coutumes de Lorris à ses hommes de la paroisse de Barlieu.

Copie, *Collect. Duchesne*, vol. 78, f° 85, ex transcripto sub
sigillo ducis Bituric. præposituræ antiquorum ressortorum
Albigniaci et de Concorcello.

Publ. La Thaum., *Cout. loc.*, p. 415-416.
Indiq. Bréquigny, *Table des dipl.*, t. IV, p. 133.

25 (p. 96).

Sancerre (Cher).

Entre 1152 et 1190. — Étienne I, comte de Sancerre, avait
accordé aux habitants de son château de Sancerre les Coutumes de Lorris, comme en témoigne la confirmation du
comte Louis II, donnée le 7 février 1327 (1328, n. st.).

Publ. La Thaum., *Cout. loc.*, p. 421-422.

26 (p. 97).

Saint-Brisson (Loiret, arr. et c°ⁿ Gien).

Entre 1152 et 1190. — Octroi des Coutumes de Lorris aux
habitants de Saint-Brisson, par Étienne I, comte de Sancerre,
constaté dans la confirmation d'Étienne, seigneur de Châtillon, en date de Châtillon, sept. 1210.

Copie, *Collect. Duchesne*, vol. 78, f° 77.
Publ. La Thaum., *Cout. loc.*, p. 423-424.
Indiq. Table des dipl., t. IV, p. 488.

27 (p. 96).

Ménétréol-sous-Sancerre (Cher, arr. et c°ⁿ Sancerre).

Entre 1152 et 1190. — Les habitants de la paroisse de Ménétréol avaient obtenu d'Étienne I les Coutumes de Lorris, comme en témoigne la confirmation de Louis I, comte de Sancerre, en 1244.

Publ. La Thaum., *Cout. loc.*, p. 419-420.

28 (p. 95).

La Ferté-Loupière (Yonne, arr. Joigny, cᵒⁿ Charny).
Entre 1152 et 1190.

1302, 6 avril. — Jean de Courtenay, chevalier, seigneur de Champignelles, et Jeanne, sa femme, confirment les habitants de la châtellenie de la Ferté, dans la jouissance des Coutumes et franchises de Lorris, qu'ils tenaient des concessions des comtes de Sancerre, Étienne I, Guillaume I, Louis I, et de Guillaume de Courtenay et Agnès, sa femme.

Publ. Du Bouchet, *Hist. généalog. de la maison de Courtenay, Preuves*, p. 74, d'après l'original autrefois au Trésor de Chevillon. — La Thaum., *Cout. loc.*, p. 435, d'après le même original.

Indiq. Bréquigny, *Tabl. des dipl.*, t. VII, p. 573.

29 (p. 100).

Chaumont-en-Bassigny (Haute-Marne).
1190 (après le 24 mars), Troyes. — Henri II de Champagne accorde aux habitants de Chaumont les Coutumes de Lorris.

Copie, Collect. Duchesne, vol. 78, fᵒ 75.

Publ. La Thaum., *Cout. loc.*, p. 428-430, avec les confirmations de Thibaud III (1198), de Thibaud IV (1228), de Thibaud V (1259). — *Ord.*, t. XII, p. 48-53, d'après La Thaum.

Indiq. d'Arbois de Jubainville, *Catal. des actes des comtes*, nᵒ 403, t. III, p. 397; nᵒ 467, t. V, p. 44; nᵒ 1894, t. V, p. 262.

La Thaumassière a publié, p. 431-432, des lettres de Philippe VI données à Paris en 1338 apportant quelques modifications à la charte précédente.

30 (p. 99).

Marchenoir (Loir-et-Cher, arr. Blois, ch.-l. cᵒⁿ).
1193. — Louis, comte de Blois, concède aux habitants de la ville et des bourgs de Marchenoir des coutumes pour la plupart calquées sur celles de Lorris.

Publ. Poulain de Bossay, *Chartes octroyées par Louis I,*

Châteaudun, 1875, in-8°, p. 19-22, d'après un vidimus du 22 janv. 1481, Bibliothèque de Châteaudun, L 17.

31 (p. 102).

Saint-Mards (Aube, arr. Troyes, c^{on} Aix-en-Othe) et **Vauchassis** (arr. Troyes, c^{on} Estissac).

1198, Troyes. — Thibaud étend les privilèges de Maraye-en-Othe aux habitants de Saint-Mards, le Chemin et Vauchassis (Voyez n° 12).

Indiq. d'Arbois de Jubainville, *Catal. des actes des comtes,* n° 466. — M. d'Arbois de Jubainville indique comme existant aux Arch. Nat. une copie que je n'ai pu y retrouver.

32 (p. 101).

Ervy (Aube, arr. Troyes, ch.-l. c^{on}).

1199, Troyes. — Thibaud III donne à ses hommes de la châtellenie d'Ervy la *liberté* de Lorris.

Publ. La Thaum., *Cout. loc.*, p. 472-474, d'après des lettres de Charles V, mai 1376, la 13e a. du règne, contenant un vidimus de Philippe VI, à Orléans, mars 1332, JJ 109, p. n° 8. — *Ord.*, t. VI, p. 199-200, d'après la même pièce.

Indiq. d'Arbois de Jubainville, *Catalogue*, n° 501. — Bréquigny, *Table des dipl.*, t. IV, p. 275.

33 (p. 97).

L'Étang-le-Comte (Loiret, arr. Gien, c^{on} Châtillon-sur-Loire).

1199. — Guillaume, comte de Sancerre, concède les Coutumes de Lorris à l'Étang.

Publ. La Thaum., *Cout. loc.*, p. 416-418, d'après le Trésor de Sancerre.

Indiq. Bréquigny, *Table des dipl.*, t. IV, p. 276.

34 (p. 84).

Cléri (Loiret, arr. Orléans, ch.-l. c^{on}).

1201, 23e a. du règne (1201 du 1er nov. au 13 av. 1202), Paris. — Ph.-Aug. accorde les coutumes de Lorris aux habitants de Cléri.

Publ. La Thaum., *Cout. loc.*, p. 710, d'après un vidimus

d'avril 1383, la 3° a. du règne, à Orléans, JJ 122, n° 248, f°
125. — *Ord.*, t. VII, p. 3-4; les édit. des Ord. n'ont reproduit
du texte des privilèges que le 1ᵉʳ article. — *Ord.*, t. XV, p.
166, d'après un vidimus donné à Tours, oct. 1461, 1ʳᵉ a. du
règne, contenant la confirmation de 1383, et une autre d'octobre 1434, à Orléans, la 12° a. du règne, JJ 198, n° 19, f° 19
v°. — *Ord.*, t. XX, p. 201, d'après un vidimus donné à Orléans, déc. 1489, 7° a. du règne, JJ 220, n° 294.

Indiq. Delisle, *Catalogue*, n° 683.

35 (p. 84).

Sancoins (Cher, arr. Saint-Amand-Mont-Rond, ch.-l. cᵒⁿ).
1202, 24° a. du r. (du 1ᵉʳ nov. 1202 au 5 av. 1203), Bourges.
— Ph.-Aug. accorde les Coutumes de Lorris, en partie, aux
habitants de Sancoins.

Pièces justif., n° XIV, d'après une copie (xviiiᵉ s.) du Cartul.
du Prieuré de Paray, *Bibl. Nat.*, ms. lat. 9884, f° 47.

Indiq. Delisle, *Catalogue*, n° 733.

36 (p. 90).

Mailly-le-Château (Yonne, arr. Auxerre, cᵒⁿ Coulanges-sur-
Yonne).

Entre 1200 et 1212. — Pierre, comte d'Auxerre et de Tonnerre, du consentement de sa femme Yolande et de son fils
Philippe, concède les Coutumes et la franchise de Lorris aux
habitants de Mailly-le-Château.

Publ. Ord., t. V, p. 715-718, d'après un vidimus de Charles V d'oct. 1371, contenant une confirmation de ces Coutumes
par Gui, comte de Nevers et Mathilde, sa femme en 1229,
JJ 105, f° 90. — Quantin, *Recueil de pièces du xiiiᵉ s.*, n° 56,
p. 26-27, d'après les *Ord.*, sous la date de 1206. — Le même
vidimus de Charles V contient une charte de Gui de Nevers,
confirmative d'un acte du comte Pierre réglant l'usage dans
le bois de Frétoy.

37 (p. 93).

Mailly-la-Ville (Yonne, arr. Auxerre, cᵒⁿ Vermenton).
Entre 1200 et 1212. — Pierre, comte d'Auxerre et de Tonnerre, seigneur de Mailly, du consentement de sa femme

Yolande, et de son fils Philippe, concède les Coutumes et la liberté de Lorris à ses bourgeois de Mailly-la-Ville, dans le but d'accroître la population.

Publ. La Thaum., *Cout. loc.*, p. 708-710, d'après un vidimus de Charles VI, à Paris, oct. 1382, la 3ᵉ a. du règne, contenant une confirmation de Gui de Forez en 1229.

38 (p. 97).

La Chapelle d'Angillon (Cher, arr. Sancerre, ch.-l. cᵒⁿ).

Vers 1212. — Archambaud de Sulli accorde à ses hommes de la châtellenie de la Chapelle, des privilèges, parmi lesquels est inséré le tarif des amendes de la charte de Lorris.

Publ. La Thaum., *Cout. loc.*, p. 78. — *Nouv. Coutumier général*, t. III, col. 1004.

Indiq. Bréquigny, *Table des dipl.*, t. IV, p. 554. — Delisle, *Catal.*, n° 1418.

39 (p. 94).

La Selles-en-Berry (La Selles-sur-Cher, Loir-et-Cher, arr. Romorantin, ch.-l. canton).

1216. Oct. — Robert de Courtenay concède aux habitants de La Selles une charte de libertés, imitée de celle de Lorris.

Publ. La Thaum., *Cout. loc.*, p. 83-84, d'après un titre du Trésor de Selles.

Indiq. Bréquigny, *Table des dipl.*, t. V, p. 57.

40 (p. 94).

Mehun-sur-Yèvre (Cher, arr. Bourges, ch.-l. canton).

1219, 11 juillet. — Robert de Courtenay et Mahaud, sa femme, accordent les Coutumes de Lorris à leurs hommes demeurant en la ville et viguerie de Mehun.

Traduction faite par un praticien et *publ.* par La Thaum., *Cout. loc.*, p. 425-426.

Original mentionné dans les Coutumes de Mehung, rédigé en 1481, La Thaum., p. 376.

41 (p. 84).

Salornas. (?)

Vers 1220. — Pariage entre Dalmas de Luzy et Ph.-Aug.

pour le village de Salornas. Les habitants suivront toutes les Coutumes de Lorris.

Publ. Teulet, *Layettes*, t. I, p. 507, d'après l'orig., J 398, n° 38.

Indiq. Delisle, *Catalogue*, n° 2025 A.

42 (p. 98).

Isdes (Loiret, arr. Gien, c[on] Sully).

1227, mars. — Henri de Sulli et Marie de Dampierre, sa femme, accordent des libertés à leurs hommes possédant une maison à Isdes. Cette charte contient le tarif des amendes de Lorris.

Publ. La Thaum., *Cout. loc.*, p. 84-85.

43 (p. 94).

Saint-Laurent-sur-Barenjon (Cher, arr. Bourges, c[on] Mehun-sur-Yèvre).

1234. — Robert de Courtenay et Mahaud, sa femme, accordent les Coutumes de Mehun, qui sont celles de Lorris, à leurs hommes de Saint-Laurent.

Copie, Coll. Duchesne, vol. 78, f° 79.

Publ. La Thaum., *Cout. loc.*, p. 426-428, d'après l'original scellé.

Indiq. Bréquigny, *Table des dipl.*, t. V, p. 475.

44 (p. 95).

Vermenton (Yonne, arr. Auxerre, ch.-l. canton).

1235, 24 juillet, Vermenton. — Gui, comte de Nevers et de Forez, et Mahaud, sa femme, accordent à leurs bourgeois de Vermenton et à tous ceux qui viendront habiter sur leur domaine dans cette ville les libertés et les Coutumes de Lorris.

Copie, Archives de la Côte-d'Or, copie faite par Peincedé, d'après l'original à lui communiqué en 1770 par le maire de Vermenton.

Publ. Ord., t. IX, p. 576-579, d'après un vidimus de Charles VI, avril 1410 avant Pâques, JJ 165, pièce n° 88, f° 59 v°. — Quantin, *Rec. de pièces*, n° 425, p. 192-193, d'après les *Ord.*

Indiq. Quantin, *Recherches sur l'hist. de Vermanton*, Auxerre, 1876, in-8°, p. 10.

45 (p. 80).

Cortevaix (Saône-et-Loire, arr. Mâcon, c^on Saint-Gengoux).
1236, janvier (1237, n. st.). — Josseran, seigńeur de Brancion et de Cortevaix, accorde des franchises aux habitants de *la posté* de Cortevaix. Un certain nombre de dispositions sont empruntées à la charte de Lorris.
Publ. Canat, *Documents inédits*, p. 31-34.

46 (p. 85).

Pont-sur-Yonne (Yonne, arr. Sens, ch.-l. canton).
1239, mai, Melun. — Louis IX, confirmant un diplôme par lequel Philippe-Auguste avait reconnu au chapitre de Sens le droit de justice à Pont-sur-Yonne, stipule en outre que le chapitre lèvera les amendes sur les hommes du roi d'après les usages de Lorris.
Publ. Quantin, *Rec. de pièces* du xiii° s., n° 456, p. 206-207.

47 (p. 65).

Fouchères (Yonne, arr. Sens, c^on Chéroy).
1243, juillet. — Érard de Valery fixe les Coutumes du village de Fouchères. Il réduit les amendes d'après les usages de Lorris.
Vidimus de la prévôté de Sens (2 janvier 1405), *Arch. de l'Yonne*, E 562.

48 (p. 98).

Graçay (Cher, arr. Bourges, ch.-l. canton).
1246, juin. — Pierre de Graçay accorde aux habitants de Graçay une charte de franchises, en partie imitée de celle de Lorris.
Publ. La Thaum., *Cout. loc.*, p. 86-88, d'après une charte du Trésor de l'église Notre-Dame de Graçay.
Indiq. Bréquigny, *Table des dipl.*, p. 107.

49 (p. 85).

Chaumont (Yonne, arr. Sens, c^on Pont-sur-Yonne).

1247, 29 mars (1248, n. st.). — Héloïse, dame de Chaumont, et Pierre des Barres, son fils, affranchissent leurs hommes demeurant à Chaumont, Villemanoche, et autres lieux voisins, et leur accordent une charte de coutumes empruntée en partie à la charte de Lorris.

Vidimus d'Eudes, official de Sens en août 1257, des lettres de Pierre, official de Sens, données le 29 mars 1247, *publ.* Quantin, *Rec. de pièces* du XIII° s., n° 573, p. 274-276, d'après un *vidimus* de la châtellenie de Bray-sur-Seine, du 19 avril 1408. *Arch. de l'Yonne*, E 636. — *Pièces justif.*, n° XX.

Copie du XIII° s. de la charte de l'official de Sens, *Arch. Nat.*, J 203, n° 56, indiq. par Teulet, *Layettes*, n° 3642, t. III, p. 23.

Mêmes lettres d'affranchissement rédigées au nom d'Héloïse et de Pierre, fév. 1247-1248, dans un vidimus de la châtellenie de Bray du 4 fév. 1511, *Arch. de l'Yonne*, E 636.

50 (p. 98).

Châteauneuf-sur-Cher (Cher, arr. Saint-Amand, ch.-l. c^on).

1258, octobre. — Renoul de Culant et Pierre de Saint-Palais, chevaliers, donnent à leurs hommes de Châteauneuf-sur-Cher une charte de privilèges où sont insérés quelques articles tirés de la charte de Lorris.

Publ. La Thaum., *Cout. loc.*, p. 155-159, d'après une confirmation de saint Louis donnée à Paris en novembre 1275, tirée du Trésor de Châteauneuf. — *Nouveau Coutumier général* t. III, col. 1018.

Indiq. Bréquigny, *Table des dipl.*, t. VI, p. 334.

51 (p. 86).

Aubigny (Cher, arr. Sancerre, ch.-l. c^on).

Avant 1272. — Un arrêt du Parlement de la Toussaint 1272 constate que ce village jouissait des Coutumes de Lorris; Beugnot, *Olim*, t. I, p. 887.

52 (p. 86).

Châteaulandon (Seine-et-Marne, arr. Fontainebleau, ch.-l. canton).

Avant 1272. — Un arrêt du Parlement de la Toussaint 1272

constate que ce village jouissait des Coutumes de Lorris; Beugnot, *Olim*, t. I, p. 887.

53 (p. 86).

Arconville (Loiret, arr. Pithiviers, c^on Beaune, c^ne Batilly).

Avant 1281. — Un arrêt du Parlement de la Pentecôte 1281 constate que ce village était régi par les Coutumes de Lorris; Beugnot, *Olim*, t. II, p. 186, n° XLIV.

54 (p. 86).

Moulineux (Chalou-Moulineux, Seine-et-Oise, arr. Etampes, c^on Méréville).

Avant 1300. — Arrêt du Parlement de 1300. *Indiq.* par Boutaric, *Actes du Parlement*, n° 3014, t. II, p. 4.

55 (p. 73) (p. 86).

Chéroy (Yonne, arr. Sens, ch.-l. canton).

Voulx (Seine-et-Marne, arr. Fontainebleau, c^on Lorrez).

Lixy (Yonne, arr. Sens, c^on Chéroy).

Dollot (Yonne, arr. Sens, c^on Chéroy).

Ferrottes (Seine-et-Marne, c^ne Thoury, c^on Lorrez).

Ces villages jouissaient des coutumes et privilèges de Lorris avant 1344, comme le constate une enquête de la Chambre des comptes, *Pièces just.*, n° XXII.

LISTE ALPHABÉTIQUE

DES VILLES ET VILLAGES DONT LES CHARTES SONT COPIÉES
EN TOTALITÉ OU EN PARTIE SUR LES COUTUMES
DE LORRIS (1).

1. Amilly, près Montargis, 9.
2. Angy, 19.
3. Arconville, 53.
4. Aubigny, 51.
5. Barlieu, 24.
6. Barville, 13.
7. Batilly, 13.
8. Bicherau, 16.
9. Boiscommun, 18.
10. Bois-Girard, 13.
11. Bois-le-Roi, 10.
12. Bourg-Neuf-de-la-Brosse, 13.
13. *Bratellos*, 13.
14. *Bricovillare*, 13.
15. Chalou-la-Reine, 14.
16. Chaource, 6.
17. Chapelle-d'Angillon (la), 38.
18. Chapelle-Champigny (la), 49.
19. Chapelle-la-Reine (la), 2.
20. Châteaulandon, 52.
21. Châteauneuf-sur-Cher, 50.
22. Chaumont-en-Bassigny, 29.
23. Chaumont-sur-Yonne, 49.
24. Chemin (le), 31.
25. Chéroy, 55.
26. Cléri, 34.
27. Clos-le-Roi (le), 13.
28. Cortevaix, 45.

29. Courcelles-le-Roi, 13.
30. Diant, 46.
31. Dixmont, 23.
32. Dollot, 55.
33. Ervy, 32.
34. Étang-le-Comte (l'), 33.
35. Ferrières, 17.
36. Ferrottes, 55.
37. Ferté-Loupière (la), 28.
38. Flagy, 16.
39. Fouchères, 47.
40. Gaubertin, 13.
41. Gisy, 46.
42. Goi (l'aleu de), 13
43. Graçay, 48.
44. Isdes, 42.
45. Lixy, 55.
46. Lorrez-le-Bocage, 8.
47. Mailly-le-Château, 36.
48. Mailly-la-Ville, 37.
49. Maraye-en-Othe, 12.
50. Marchenoir, 30.
51. Mehun-sur-Yèvre, 40.
52. Ménétréol-sous-Sancerre, 27.
53. Montargis, 9.
54. *Montes-Estue*, 13.
55. Moulinet (le), 1.
56. Moulineux, 54.

(1) Le numéro qui suit chaque nom de lieu renvoie au numéro de la *Liste chronologique* qui précède.

57. Nonette, 21.
58. Pont-sur-Yonne, 46 et 49.
59. Préaux, 8.
60. Rousson, 15.
61. Saint-André-le-Désert, 22.
62. Saint-Brisson, 26.
63. St-Laurent-s-Barenjon, 43.
64. St-Loup (la baillie de), 13.
65. Saint-Mards, 31.
66. Sainte-Marguerite, en la paroisse de St-Michel, 13.
67. *Salornas*, 41.
68. Sancerre, 25.
69. Sancoins, 35.

70. Sceaux-en-Gâtinais, 4.
71. Selles (la), en Berry, 39.
72. Sennely, 7.
73. Vauchassis, 31.
74. Vermenton, 44.
75. Villeblevin, 49.
76. Villemanoche, 49.
77. Villeneuve-l'Archevêque, 11.
78. Villeneuve-la-Guyard, 49.
79. Villeneuve-le-Roi, 5.
80. *Virgutellum*, 13.
81. Voisines, 20.
82. Voulx, 55.
83. Yèvre-le-Châtel, 3.

PIÈCES JUSTIFICATIVES.

I.

La charte par laquelle Louis VI avait fixé les droits et les devoirs des habitants de Lorris à l'égard de la royauté est perdue. Le préambule de la charte de Philippe-Auguste, déjà mentionné, témoigne seul de son existence.

La charte de Louis VII donnée à Orléans en 1155 se trouve transcrite dans le registre A de Philippe-Auguste (*Bibl. du Vatican*, f. Ottoboni, n° 2796, f° 52. — Copie aux *Arch. Nat.*, JJ 9), et dans les registres : B f° 58 v°, C f° 52 r°, D f° 65, E f° 107, F f° 79 v°. Parmi ces textes, le plus ancien est celui du registre A d'où sont dérivés les autres ; le texte du registre C (*Arch. Nat.*, JJ 7-8, 2° partie) qui renferme déjà des fautes et des omissions signalées par M. L. Delisle (*Catalogue*, Introd., p. XIII, note 1), présente toutefois quelques bonnes leçons. Le texte de B a été copié sur A ; il est très-incorrect. Les textes de D et E sont des copies du registre C ; F est une copie du registre E. Dans le registre A, la charte porte ce titre : « *Carta franchesie Lorriaci. Hæc est carta Ludovici regis de Lorriaco.* » Vient ensuite la formule de notification, puis le dispositif. Dans le registre C, le titre est le suivant : « *Census Lorriaci et libertatis* » puis : « *Ludovicus, etc. Notum sit omnibus presentibus.....* »

9

C'est d'après le manuscrit D, autrefois *Bibl. Nat.*, f. fr., ms. 9852 A, aujourd'hui aux *Archives Nat.*, JJ 23, que cette charte de Louis VII a été imprimée dans le *Recueil des Ordonnances*, t. XI, p. 200-203 ; texte reproduit par *Isambert*, t. I, p. 153. *Warnkœnig* a publié cette même charte (*Französische Staats- und Rechtsgeschichte*, t. I, Preuves, p. 34-37) d'après les *Ordonnances* et avec les variantes de la charte de Dixmont publiée par *Galand* (*Traité du Franc aleu*, p. 375).

L'original du diplôme par lequel Philippe-Auguste confirma à Bourges en 1187 (*Delisle*, Catal., n° 187), les Coutumes de Lorris est perdu. Mais Dom Morin (*Hist. générale des pays de Gas- tinois*, Paris, 1630, in-4°) l'a connu. Il était scellé de cire jaune sur lacs de soie verte et jaune. Malheureusement, D. Morin n'a pas su en faire usage. Sa transcription (p. 170-174) est très-incorrecte. Les fautes de lecture sont si nombreuses, la ponctuation est si bizarre, que ce texte est presque incompré- hensible. Nous devons dire, à la décharge de D. Morin, que son ouvrage n'a été imprimé qu'après sa mort. De plus, les éditeurs n'ont pas pris le temps de lire les épreuves (1). La Thaumassière a publié l'acte de Philippe-Auguste dans son ouvrage intitulé : *Coutumes locales de Berry et celles de Lorris commentées*, Paris, in-f°, 1680, à la page 394. Il n'a pas indi- qué la source où il a puisé. Les *Ordonnances* n'en ont donné que le préambule, t. XI, p. 200.

Il existe dans le supplément du *Trésor des Chartes*, J 1046, n° 22, une transcription de l'original dans un *vidimus* scellé, émané du prévôt de Lorris en 1290, et envoyé aux habitants de Nonette en Auvergne.

Je signalerai encore une transcription de la charte de Phi- lippe-Auguste à la fin du Cartulaire de l'abbaye Saint-Jean de Sens (XIIIᵉ s., *Archives de l'Yonne*, f° 42 v°-f° 43 v°) ; et une copie de *Duchesne*, à la *Bibl. Nat.*, coll. Duchesne, vol. 78, anciennement p. 151, aujourd'hui p. 64, d'après un exem- plaire de la Bibliothèque de son père.

Une traduction française du XIIIᵉ siècle a été signalée à la

(1) « S'il y a quelque erreur à l'impression, faut donner cela au peu de temps qu'on a eu à lire les espreuves de ceux qui y ont travaillé. » (*Préface.*)

Bibliothèque du Vatican, fonds de la reine Christine, n° 980 (1),
par M. Elie Berger (2) et avant lui par M. Paul Lacroix (3).

L'inventaire des *Archives du Loiret* (Série A, 986, *Invent.*,
p. 228, col. 2) mentionne une traduction française des coutumes accordées à Lorris par Philippe-Auguste en 1187, sans
en indiquer la date. Guizot (*Hist. de la civilisation*, t. IV, p.
223-226) et Laferrière (*Hist. du Droit français*, t. IV, p. 155-
160), ont donné chacun une traduction des Coutumes de
Lorris.

J'ai cru nécessaire de donner ici la charte de 1155, non-
seulement pour faciliter la lecture du présent travail, mais
aussi parce qu'il m'a paru qu'on pouvait améliorer le texte
des *Ordonnances*. La division en articles donnée par les éditeurs des *Ordonnances*, consacrée par un long usage, devait

(1) Ce manuscrit est un recueil de chartes et débris de chartes. — La charte
de Lorris a 0^m, 357 de haut. sur 0^m, 445 de largeur. Le milieu de chaque
ligne est caché dans la reliure. — J'ai supprimé le préambule dans la transcription que j'en donne plus loin, car, comme je l'ai dit plus haut, cette traduction
a été faite sur la charte de Philippe-Auguste. Voici ce préambule : « ou nom de
la sainte Trinité, Amen. Phelipes, roys de France par la grace de Dieu. Il
apartient a..... roiaus noblece que elle ayst a ceus a cui il meschiet et que elle
leur doint remede et confort. Pour ce, sachent tuit present et a avenir que
comme li home de Lorr[iz]...eusseint coustumes impetré de nostre eol Loys roy
de France et de nostre pere Loys son filz, et chartres eusseint eues de l'un et
de l'autre, en quoi celles leur coustumes estoient contenues, il avint que par
mescheance la ville de Lorr[iz] ardi [pr]esque toute, et les chartres ausit,
es quelles leur coustumes estoient escriptes. Et demourains celle nuit que ce
avint en celle ville de Lorr[iz]. Nous adecertes qui de royal franchise eusmes
pitié [de] le mescheance, leur ostroiasmes les coustumes que il avoient eues
anciennement et les donasmes et establismes ansit comme de novel. Nous
ostroiasmes adecertes que qui aura maison..... »

(2) Notice sur divers mss. de la Bibl. Vaticane, Paris, 1879, p. 32. — Je
donne plus loin cette traduction d'après une copie faite par M. E. Berger,
membre de l'École française de Rome, et que mon maître, M. A. Giry, a bien
voulu me communiquer.

(3) Notices et extraits des mss... conservés dans les bibl. d'Italie, ap. Cham-
pollion-Figeac, *Documents historiques inédits*, t. III, p. 279-280. M. Lacroix
indique cette charte comme un original dont on trouverait la traduction la-
tine, *Ord.*, t. XI; or, on sait que le t. XI renferme la charte de Louis VII
et non celle de Ph.-Aug.; en second lieu, la chancellerie royale n'employait
pas encore la langue française au XIIe s.; le texte du Vatican n'est qu'une
traduction. D'ailleurs, nous savons par D. Morin, La Thaumassière et le vidimus de la prévôté de Lorris que l'original était en latin. — La note de M.
Lacroix se trouve reproduite par Migne, *Dict. des mss.*, t. II, p. 1130.

I

être conservée. Il n'y aurait eu lieu d'ailleurs de la modifier qu'en deux ou trois endroits; ce que j'ai fait en divisant un même article en deux paragraphes. J'ai suivi le texte du *Registrum veterius* (1) de Philippe-Auguste; les corrections que j'ai introduites sont en *italiques*. A la suite de chaque article on trouvera les variantes du *registre C*, et, pour la charte de Philippe-Auguste, celles du *vidimus de* 1290, émané de la prévôté de Lorris, et les bonnes leçons données par *D. Morin* (2).

Une autre série de notes réparties par articles donne les variantes d'un certain nombre de chartes dérivées des Coutumes de Lorris (3).

Ce sont les chartes de :

1° *Montargis* (1170), d'après La Thaumassière, *Cout. loc.*, p. 401.

2° *Bois-le-Roi* (1171), d'après La Thaum., *Ibid.*, p. 413.

3° *Villeneuve-l'Archevêque* (1172), traduct. du XIIIᵉ siècle, d'après Quantin, *Cartul. de l'Yonne*, t. II, p. 240.

4° *Courcelles-le-Roi* (1175), d'après le *reg. JJ 166*, fᵒ 275 vᵒ.

5° *Rousson* (1175), d'après Quantin, *Cartul. de l'Yonne*, t. II, p. 272.

6° *Voisines* (1187), d'après le *reg. JJ 143*, fᵒ 18.

7° *Barlieu* (1190), d'après La Thaum., *op. cit.*, p. 415.

8° *Chaumont-en-Bassigny* (1190), d'après La Thaum., *op. cit.*, p. 428.

9° *Ervy* (1199), d'après La Thaum., *op. cit.*, p. 472.

10° *L'Étang-le-Comte* (1199), d'après La Thaum., *op. cit.*, p. 416.

11° *Mailly-le-Château* (1200-1212), d'après le *reg. JJ 105*, fᵒ 90.

---

(1) *Le premier registre de Philippe-Auguste*, reproduction héliotypique publ. par L. Delisle, 1883, in-4°.

(2) *Le regist. veterius* est désigné par la lettre A; le registre C (JJ 7-8, 2ᵉ partie) par C; le vidimus de 1290 par N, et le texte de Dom Morin par D M.

(3) Ces variantes permettront au lecteur de saisir du premier regard les modifications introduites dans les chartes dérivées des Coutumes de Lorris. Il n'y avait pas lieu de donner les variantes des filiales autres que les 19 indiquées ici; car les unes, telles que Boiscommun, Dixmont et Cléri, sont la reproduction intégrale de la charte-mère; les autres n'ont subi son influence que pour un certain nombre d'articles.

12° *Mailly-la-Ville* (1200-1212), d'après La Thaum., *op. cit.*, p. 708.

13° *Saint-Brisson* (1210), d'après La Thaum., *op. cit.*, p. 423.

14° *La Selles-en-Berry* (1216), d'après La Thaum., *op. cit.*, p. 83.

15° *Saint-Laurent-sur-Barenjon* (1234), d'après La Thaum., *op. cit.*, p. 426.

16° *Vermenton* (1235), d'après le *reg. JJ 165*, f° 59 v°.

17° *Ménétréol-sous-Sancerre* (1241), d'après La Thaum., *op. cit.*, p. 419.

18° *La Ferté-Loupière* (1302), d'après La Thaum., *op. cit.*, p. 435.

19° *Sancerre* (1327), d'après La Thaum., *op. cit.*, p. 421.

CHARTE *donnée par Louis VII en 1155 aux habitants de Lorris d'après le registre* A *de Philippe-Auguste.*

CARTA FRANCHESIE LORRIACI.

HEC EST CARTA LUDOVICI REGIS
DE LORRIACO.

Ludovicus, etc. (1). Notum sit omnibus presentibus et futuris quod :

1. Quicumque in Lorriaci *parrochia* (2) domum habebit, pro domo sua, et pro quodam arpenno (3) terre, si in eadem parrochia habuerit, sex denarios census tantum persolvat ; et, si illud acquisierit, ad censum domus sue illud teneat.

Variantes du texte : (1) Ces mots sont omis par A mais se trouvent dans C. — (2) A et C portent *parrochiam* ; corr. *parrochia* par N, DM. — (3) N, D M *arpento*.

TRADUCTION DES COUTUMES DE LORRIS.

(XIII° SIÈCLE.)

(Bibliothèque du Vatican, Christine 980).]

1. Qui aura maison en la paroisse de Lorr[iz] pour sa [ma]ison et pour I arpent de terre, se il l'i a, il rende tant seulement sis deniers de cens ; et se cel arpent il acquiert, teigne le au cens de sa maison.

Variantes des chartes dérivées des Coutumes de Lorris.

1. MONTARGIS : « Quæque domus ad festum sancti Johannis quinque solidos census persolvet, quæ Lorriaci cum uno arpento terræ sex denarios persolvet census, et, exceptis clientibus meis..... » — BOIS-LE-ROI, comme Montargis : « ..... ad festum sancti Remigii..... » — ROUSSON : « Quicumque in territorio illo domum habebit pro domo sua et pro arpenno terre, duos solidos de asisa per annum dabit ; omnes in parrochia manentes de consuetudine ad furnum et ad molendinum nostrum ibunt. » — COURCELLES : « Quique pro unaquaque domo sua et pro

2. Nullus hominum de parrochia Lorriaci tonleium neque (1) aliquam consuetudinem reddat de nutritura sua ; nec etiam de annona sua quam de labore suo vel de labore suorum quorumcumque animalium habuerit minagium reddat ; et de vino suo

2. Nus des homes de la parroisse de Lorr[iz] tonli ne coustume ne [ren]de de sa nourreturre, ne de sa cuillete minage, se il l'a eue de son labour ou dou labour de ses bestes ; et dou vin que il cuilli en ses vignes n'en rende ja forage.

(1) N, DM *neo.*

---

quodam arpento terre tantum, si in eisdem villis habuerit vel acquisierit illud arpentum, duodecim denarios censuales in festo Nativitatis sancti Johannis Baptiste nobis et hæredibus nostris annuatim persolvet, et quod eciam nullus de extrinsecis servis vel ancillis seu aliquam consuetudinem nobis debentibus infra predictas villas deinceps recipietur. » — Voisines : « ..... duos solidos de censu tantum persolvat..... » — Barlieu : « ..... duodecim denarios census persolvat tantum..... » — Chaumont : « Quicumque in parrochia Calvimontis domum habebit pro domo sua sex denarios census tantum persolvet. » — Ervy : « Quicumque homo meus in castellaria Erviaci sive albanus infra terminos parrochiæ Erviaci manserit, pro domo sua et pro uno arpenno terræ sex denarios census persolvet, salvo mihi et aliis dominis censu nostro aliisque consuetudinís quæ de domibus sive terris ab antiquo debentur. » — Mailly-le-Château et Mailly-la-Ville : « Qui libet hominum Mailliaci singulis annis in festo sancti Remigii quinque solidos monete autissiodorensis pro festagio domus sue michi dabit, salva tamen libertate clericorum et militum qui nullum debent festagium. » — Saint-Brisson : « Concessi..... usus et consuetudines Lorriaci per omnia, præterquam in censibus domorum, de quibus prædicti burgenses debent duos solidos Sacri Cæsaris monetæ ad festum sancti Remigii persolvendos et unam minam avenæ. » — La Selles : « Quicumque in parrochia Cellensi domum habebit, pro domo sua dabit unum sextarium avenæ, duodecim denarios usualis monetæ et duas gallinas. — » Saint-Laurent-sur-Barenjon : « Quicumque in villa sancti Laurentii domum habebit, pro domo sua et pro quodam arpento terræ, si in eadem villa habuerit, unum sextarium avenæ persolvet ad mensuram villæ, et duodecim denarios talis monetæ qualis curret in villa, et unam gallinam in festo sancti Michaelis reddendam ; et, si illud adquisierit ad censum domus suæ illud teneat. » — Vermenton : « Quilibet burgensis noster dicte libertatis tenens focum et locum sex denarios monete ibidem currentis annuatim ad festum sancti Remigii de festagio nobis reddet ibidem. » — Ménétréol : « Quicumque infra parrochiam Monasterelli domum habebit, pro domo sua quinque solidos annuatim persolvet. » — Sancerre : « Quicumque in terra mea de qua agitur domum habuerit in qua focus fiat, pro domo illa quinque solidos persolvat annuatim ; domus autem in qua focus non fuerit censam istam non debebit, nec area vacans ; si in eadem domo plures manserint familiæ, singuli foci quinque solidos debebunt ; si autem una familia in mansione sua plures habuerit, non idcirco plusquam quinque solidos persolvet. »

2. Omis par Mailly-le-Château et Mailly-la-Ville, Sancerre, Montargis et Bois-le-Roi : « Nullus hominum de parrochia Montisargi de quacumque re emerit vel vendiderit ullam consuetudinem dabit. »

quod de vineis suis habuerit foragium nunquam reddat.

3. Nullus eorum in expeditionem
nec equitacionem (1) eat, nisi eadem die ad domum suam, si voluerit, reveniat.

(1) C *in equitationem nec expeditionem;*
N, D M *in expeditionem nec in equitationem.*

4. Et nullus (1) eorum pedagium
usque Stampas reddat, nec usque
Aurelian[os] (2), nec usque Milia-
cum (3), quod est in pago *Gastinensi* (4), nec usque Meledunum.

(1) C *Nullusque.* — (2) N *Aurelianis.* —
(3) C, N *Milliacum.* — (4) A donne *Gasti-
niensi;* C, N *Gastinensi.*

5. Et quicumque in parrochia
Lorriaci possessionem suam habuerit, nihil (1) *ex* (2) ea perdat (3) pro
quocumque forifacto, nisi adversum (4) nos vel aliquem de hospitibus nostris forifecerit.

(1)N *Nichil.* — (2) A et C donnent *pro;* corr.
ex par N, D M. — (3) N *perdet.* — (4) N *adversus.*

6. Nullus ad ferias seu ad mer-

3. Nul d'aus n'aille en ost ne en
chevauchie, se [il n]e revient en
celui jour meismes en sa maison, se
il viaust.

4. Nul d'aus rende paage jusques
à Estamp[es], jusques a Orliens,
jusques a Milli, qui est ou pas de
Gastinois, ne jusques a Meleum.

5. Nul qui ait possesio[n e]n la
parroisse de Lorr[iz] ne perde rien
de celle possession pour queconque
forfet que il face, se il ne forfet envers nous ou envers aucun de nostre
hostel.

6. Nul qui aust ne qui viegne as

---

3. Omis par Montargis, Bois-le-Roi et Chaumont. — Ervy : « In expeditionem
et exercitum ibunt quotiens ex parte mea fuerint requisiti. »

4. Omis par Villeneuve-l'Archevêque, Chaumont, Ervy, Mailly-le-Château,
Mailly-la-Ville, Saint-Laurent-sur-Barenjon, Vermenton, La Ferté-Loupière,
Sancerre. — Montargis : « In tota terra domini homines de Monteargo nullam
dabunt consuetudinem. » — Bois-le-Roi : « Nullus ... ullam consuetudinem dabit in
terra domini neque in toto Gastineto. » — Rousson ajoute à l'art. 2 : « Nec in
terra nostra alicubi pedagium vel tonleium reddet. » — Barlieu, l'Étang-le-
Comte, Ménétréol : « Nullus eorum in tota terra mea pedagium reddat. » —
Saint-Brisson : « Nullus eorum ad Castellionem, nec ad Concorsault nec ad Petram fictam, pedagium reddat. » — La-Selles-en-Berry : « Nullus hominum Cel-
lensium in terra mea Berriaci pedagium reddat. »

5. Villeneuve-l'Archevêque : « ..... s'envers nous ou envers l'iglise Saint-Jehan
ou aucun de nos hostes aura forfait. » — Ervy : « ..... nisi adversum me vel
hominem de eadem libertate forefecerit. » — Sancerre : « ..... vel aliquem de
domo mea forefecerit. »

6. Omis par Bois-le-Roi et Mailly-la-Ville. — Saint-Brisson omet la première
partie de l'article.

catum Lorriaci veniens seu rediens capiatur nec disturbetur, nisi die illa (1) forifactum fecerit.

Et nullus in die mercati vel ferie Lorriaci vadium plegii sui capiat, nisi die consimili plegiacio illa facta fuerit.

(1) N *ipsa*.

7. Et forifactum de LX solidis ad quinque solidos, et forifactum (1) de quinque solidis ad XII denarios veniat; et clamor prepositi ad IIII denarios.

(1) C omet *forifactum*.

8. Et nullus eorum a Lorriaco cum domino (1) rege placitaturus exeat.

(1) *Domino* omis par N.

9. Nullus, nec nos nec alius, hominibus de Lorriaco talliam, nec ablationem, nec rogam faciat.

10. Et nullus Lorriaci vinum cum edicto vendat (1), excepto rege qui proprium vinum in cellario suo vendat (2).

(1) C *Cum edicto vinum vendat;* N *vinum vendat cum edicto.* — (2) N *cum edicto vendat.*

foires ou as marchiez de Lorr[iz] o[u] [de]s foires ou des marchiez ne soit pris ne destourbez se il ne forfet à celui jour.

Nul au jour de Lorr[iz] ne preigne gaige de son pleige se la plegerie n'a esté fete en jour semblable.

7. Li forfez de sexante soulz a [ci]nq soulz, li forfez de cinq soulz a doze deniers; et la clameur au prevost a quatre deniers.

8. Nul de la parroisse de Lorr[iz] n'isse de Lorr[iz] pour plaidier o le roy.

9. Nul d'aus, ne nous ne autre, ne face as homes [de] Lorr[iz] ne taille ne tousse ne demande.

10. Nul des homes de Lorr[iz] ne vande vin ou ban fors le roy qui son propre vin vandra en son celier au ban.

---

7. Omis par L'Étang-le-Comte. — Mailly-la-Ville : « Forifactum ubicumque factum fuerit, sive in bosco, sive in plano, de sexaginta solidis ad quinque solidos, et forifactum de quinque solidis ad duodecim denarios veniat, et clamor prepositi ad quatuor denarios. »

8. Omis par Ervy. — Rousson : « Nullus eorum nobiscum placitaturus a villa exibit, nisi causa christianitatis. »

9. Omis par Ervy. — Mailly-le-Château et Mailly-la-Ville : « ..... tailliam nec exactionem neque rogam faciat. » — Ménétréol : « Quin etiam habitatores Monasterelli ita liberos esse ab omni exactione constituo, quod nec ego nec aliquis de meis successoribus, nec quispiam alius qualemcumque talliam, vel aliud quid inter exactiones deputandum, ab eis violenter exigere poterit, præter liberas consuetudines. »

10. Omis par Ervy, Vermenton, Sancerre. — Villeneuve-l'Archevêque : « Et nus en la Noeve-Vile vin à ban vende. » — Barlieu : « Mihi autem licebit veniere vinum ad bannum tantummodo per mensem. » — Chaumont : « ..... excepto

11. Lorriaci autem habebimus creditionem in cibis ad nostrum et regine opus ad dies quindecim completos persolvendum (1).

Et, si *quis* (2) vadium domini regis vel alius habuerit, non tenebit ultra octo dies, nisi sponte.

(1) N *Persolvendam.* — (2) *Quis* omis par A et C; *corr.* par N.

12. Et, si alius erga alium inimiciciam incurrerit, absque castelli vel burgi infractura, et clamore preposito non facto concordaverit, nichil ob hoc (1) nobis nec preposito nostro sit emendaturus (2), et, si clamor inde factus fuerit, licet illis concordare, ex quo districtum persolverint (3); et, si alius de alio

(1) C porte *propter hoc* après *preposito nostro.* — (2) C *Emendabitur.* — (3) A et C *persolverit;* corr. *persolverint* par N, DM. —

11. A Lorr[iz] nous aurons creance en viande pour nous et [pou]r la roigne a paier dedenz la quinzeine de la creance.

Se aucuns de Lorr[iz] tient le gaige le roy ou l'autrui, il ne le [t]endra ja outre VIII jourz, se n'est de sa volenté.

12. Se aucuns de ceus de Lorr[iz] encourt haine en..... l'autre et inimistié, mais que il n'i ait briseure de chastel ou de bourc, et sanz claim faire, il faceint pez, il n'en amenderont a rien pour cen a nous ne au prevost. Et, se clameur i avoient faite, leur loit-il acorder ma[is] que il rendeint le destroit. Se

---

comite qui proprium vinum in cellario suo cum edicto potest vendere, et tantum per unum mensem in anno. » — L'ÉTANG-LE-COMTE : « Et nullus Stagni vinum ad bannum vendat; mihi autem licebit vendere vinum ad bannum tantummodo per mensem. » — MAILLY-LE-CHÂTEAU et MAILLY-LA-VILLE : « ..... nisi dominus Mailliaci qui vinum vinearum suarum tantum in mense Augusto vendere poterit. — SAINT-BRISSON : « Et quoniam burgenses de Sancto-Bricio nobis et heredibus nostris, dominis Sancti-Bricii, quittaverunt pasturas et usuarium suum, quod habebant ad mortuum nemus in nemoribus nostris volumus ut bannus noster, qui erat in villa nostra Sancti-Bricii ad voluntatem nostram, de vino nostro proprio de cellario nostro vendendo, duret solummodo per tres septimanas et incipiat ultima die Maii. » — MÉNÉTRÉOL : « Nulli eorum vinum vendere licebit ad bannum; mihi autem licebit vendere vinum ad bannum semel in anno per mensem tantum. »

11. MONTARGIS et BOIS-LE-ROI : « Homines de Monteargo domino suo de rebus suis pro victu creditionem per unum mensem facient. Et, si præpositus Montisargi debitum domini non persolverit, dominus, facta conquestione a creditoribus, illud infra mensem alium persolvi faciet. Nullus etiam Montisargi vadium alterius tenebit ultra octo dies, nisi sponte. » — ROUSSON : « Nullus eorum servientibus nostris creditionem faciet, nisi voluntate spontanea, nobis tamen exceptis, sed et nobis non credent nisi usque ad quindecim dies. » — MAILLY-LE-CHÂTEAU et MAILLY-LA-VILLE : « Dominus Mailliaci habet credicionem in cibis ad suum et uxoris sue usum, ipsis eciam apud Mailliacum presentibus ad dies quindecim persolvendam, et, si tunc soluta non fuerit, homines dicte ville nullam de cetero debebunt credicionem donec illa persolvatur. Si quis vadium..... »

12. MONTARGIS et BOIS-LE-ROI : « Et si aliquis erga aliquem dicto vel facto ini-

clamorem fecerit, et alter erga alterum nullam fecerit emendationem, *nihil* (4) pro his *nobis* (5) aut preposito nostro erit emendaturus.

(4) A et C portent l'abréviation de *nisi, n* ; corr. *nihil* par N, D M. — (5) *Nobis* omis par A et C ; corr. par N, D M.

13. Et *si* (1) alius alii (2) facere sacramentum debuerit condonare ei liceat.

(1) *Si* omis par A et C; corr. par N, D M. — (2) N, D M *aliquis alicui*.

14. Et si homines de Lorriaco vadia duelli temere dederint, et, prepositi assensu, antequam tribuantur (1) obsides, concordaverint, duos solidos et VI denarios (2) persolvat uterque ; et, si obsides dati fuerint, VII solidos et sex denarios (3) persolvat uterque.

Et, si de legitimis hominibus duellum factum fuerit, obsides devicti C et XII solidos persolvent.

(1) C *dentur*. — (2) C *solidos et dimidium*. — (3) C *solidos et dimidium*.

15. Eorum nullus corvatam nobis faciet (1), nisi semel in anno ad vinum nostrum adducendum Aurelian[os] (2) ; nec alii hoc facient (3) nisi (4) illi qui equos et quadrigas

(1) N, D M *faciat*. — (2) N, D M *ab Aurel*. — (3) N, D M *faciant*. — (4) N omet *nisi*.

aucun de Lorr[iz] fet clameur de l'autre, et puis n'en faceint amende l'un à l'autre, ja amende n'en feront ausit a nous ne a nostre prevost.

13. Se aucuns de Lorr[iz] doit faire serement]i uns] a l'autre, il le li peut pardonner.

14. Se aucuns des homes de Lorr[iz] donne folement gaige de bataille, et faceint paiz par assentement dou prevost, einçois que ostages soieint donné, pait chescun II soulz VI denier[s] et neant plus ; et se ostages estoieint donné, pait chescun VII soulz VI deniers.

Et se batalle est faite de loiaus homes, li ostages veincuz paieront cent et doze soulz.

15. Nul des homes]de Lorr[iz n[ou]s face corvée fors que une foiz en l'an a nostre vin ame[ner]..... Orliens ; ne n'i seront tenu que cil qui auront chevaux et charretes,

micitiam incurrerit, non fiet inde duellum; sed duorum vel trium testium ori committetur, subsequente tamen, si necesse sit, sacramento. » — LA FERTÉ-LOUPIÈRE : « Et se aulcum a noise ou débat, ou menace à l'autre, et qu'il n'y ait point d'infraction de chasteau ou clameur faicte au prévost, il peut licitement accorder sans estre amendable à nous ne à notre dict prévost. »

13. MÉNÉTRÉOL : « Si quis..... alteri alterum a sacramento relaxare licebit. »

15. Omis par VERMENTON et MÉNÉTRÉOL. — MONTARGIS et BOIS-LE-ROI : « Nullus corvatam Montisargi faciet, nisi domino semel in anno, in adducendo vinum suum in eamdem villam ; ille etiam qui habebit equum et quadrigam et submonitus erit. » — VILLENEUVE-L'ARCHEVÊQUE : « Nul de cels nos face corvée ; li vilain la busche a notre cuisine et de l'abbé améneront. » — COURCELLES : « Eorum nullus

habuerint, et inde summoniti fue- | comme amonesté en seront, ne il
rint, nec a nobis habebunt procu- | n'auront ja de nous despens. Li vi-
rationem. Villani autem ligna ad | lain ameneront [la] buche a nostre
coquinam nostram adducent. | cuisine.

16. Nullus eorum captus tenea- | **16.** Nul des homes de Lorr[iz] ne
tur si plegium veniendi ad jus dare | soit tenu pres se il peut donner
potuerit. | pleige de revenir a droit.

17. Et eorum quilibet res suas, | **17.** Chescuns de Lorr[iz] vande
si vendere voluerit, vendat, et, red- | ses choses quant il voudra; et, les
ditis venditionibus (1), a villa, si | ventes rendues, il s'en aust de Lor-
recedere voluerit, liber et quietus | r[iz] frans [et] quites, ne plus n'i
recedat, nisi in villa forifactum fe- | viaust demourer.
cerit.

(1) N, DM *venditionibus suis.*

---

corvatam nobis faciat nisi semel in anno ad annonam terragii supradictarum villarum adducendam Lorriacum; nulli vero hoc faciant nisi illi qui equos..... » —
Rousson : « ..... nisi semel in anno ad vinum Senonis vel ad alia nobis necessaria
adducenda faciant. » — Voisines : « ..... ad vinum nostrum adducendum ab Aurelianis vel ab eque remoto loco; illi autem hoc facient qui equos..... » — Barlieu,
L'Étang-le-Comte et La Ferté-Loupière. « Corvatam semel in anno habebo ad
vinum meum adducendum de Sacro-Cæsaris; hoc autem facient illi qui quadrigas
et equos habuerint et inde submoniti fuerint, nec a me habebunt procurationem;
ceteri vero unam corvatam semel in anno facient. » — Chaumont : « Nullus hominum de parochia Calvimontis corvatam mihi nec alii faciat nisi semel in anno ad
vinum meum adducendum de Barro ad Calvimontem, vel de alio loco infra leucas
octo; hoc autem facient illi qui equos..... procurationem habebunt. » — Ervy :
« Eorum nullus corveam mihi, nisi de vino meo de Denemoine adducendo. » —
Mailly-le-Château et Mailly-la-Ville : « Nullus hominum Mailliaci aliquam curvatam nec michi nec alteri faciat nisi tantum illi qui quadrigas habebunt qui semel
in anno, si submoniti fuerint, quadrigas suas michi usque ad Betriacum vel usque ad Voletenetum vel usque ad Collengias pro cibis meis quadrigandis acomo-
dabunt, et semel in anno michi adducent ligna de Fretoy in domum meam de
Mailliaco ad comburendum, si inde submoniti fuerint. » — Saint-Brisson : « Nullus eorum corvatam faciat nisi semel in anno ad vinum nostrum adducendum a
Castellione vel a Sacro-Cæsare; hoc autem illi facient..... habebunt procurationem. » — Sancerre : « Item, homines hujus franchisiæ semel in anno mihi
corvatam faciant de quatuordecim leucis in longinquo, illi scilicet qui equos
vel quadrigam habuerint, si inde submoniti fuerint, facientque illam cum sua
procuratione. »

17. Montargis et Bois-le-Roi ajoutent : « Alienos autem Montisargi permanentes
dominus eos tenebit ad jus contra suos accusatores. » — Mailly-le-Château
ajoute : « Quilibet hominum Mailliaci domum suam quando voluerit ad libitum
suum juxta antiquam domorum libertatem vendere poterit, nec pro ea sive emptor sive venditor aliquam consuetudinem dabit. » — Mailly-la-Ville ajoute :
« Quilibet hominum Mailliaci domum suam quando voluerit ad libitum suum

18. Et quicumque in parrochia Lorriaci anno et die manserit, nullo clamore eum sequente, neque per nos sive per prepositum rectitudinem prohibuerit, deinceps liber et quietus permaneat.

18. Quiconques aura demouré en la parroisse de Lorr[iz] an et jour, sanz site que nul ne le siegne, et (?) il aura refusé droit a prendre par neus ne par nostre prevost, il devient d'ileuc en avant frans et en paiz

19. Et nullus eum aliquo (1) placitabit nisi causa rectitudinis recipiende et exequende (2).

(1) C'alio. — (2) N, DM *exequende et recipiende.*

19. Nul de Lorr[iz] ne pleide o autre se n'est pour raison de droit prendre et ensigre.

20. Et, quando homines de Lorriaco ibunt Aurel[ianos] cum mer-

20. Li home de Lorr[iz], comme il iront a Orliens o leur marchan-

---

vendat, salvis venditionibus meis. » — VERMENTON : « ..... nisi in villa foriffactum fecerit pro quo debeat retineri. »

18. Omis par MONTARGIS et BOIS-LE-ROI. — ROUSSON : « ..... et nullo de eo rectitudinem prohibente..... » — VOISINES : « Quicumque eciam in villa predicta uno anno et uno die permanebit, nullo clamore eum sequente, et nullo de eo rectitudinem prohibente, deinceps liber et quittus permaneat exceptis hominibus nostris de corpore et hospitibus nostris tailliabilibus qui in ea villa retineri non poterunt, nisi illi qui ante composicionem hujus carte ibi fuerant. » — CHAUMONT : « ..... exceptis hominibus domini Girardi de Eschit et heredum suorum ; sui vero homines non retinebuntur apud Calvimontem. » — ERVY : « ..... Si autem rectitudinem facere noluerit, usque ad tutum locum conductum meum habeat. » — MAILLY-LE-CHÂTEAU : « ..... hoc tamen observato quod si aliquis militum casatorum Mailliaci aliquem hominem apud [Mailliacum] pro servo suo calumpniaverit et hec tercia manu militum et procinctu parentele probare poterit, illi servus ultra quindecim dies non tenebitur apud Mailliacum sed in salvo conductu extra castellaniam Mailliaci conducetur. » — VERMENTON : « ..... permaneat, hoc excepto quod homines nostros tailliabiles de foris villam venientes in dicta libertate non poterunt retinere. »

19. MAILLY-LE-CHÂTEAU et MAILLY-LA-VILLE ajoutent : « Quicumque in parrochia Mailliaci domum suam aut pratum aut vineam aut agrum aut quamcumque aliam possessionem anno et die pacifice tenuerit, nulli super hoc de cetero respondebit, nisi aliquis, qui se jus sciat in hoc habere et qui per illum annum extra patriam moram fecerit, voluerit reclamare. »

20. Omis par MONTARGIS, BOIS-LE-ROI, VILLENEUVE-L'ARCHEVÊQUE, ROUSSON, CHAUMONT, ERVY, MAILLY-LE-CHÂTEAU, MAILLY-LA-VILLE, SAINT-BRISSON, LA SELLES-EN-BERRY, SAINT-LAURENT-SUR-BARENJON, VERMENTON, LA FERTÉ-LOUPIÈRE, SANCERRE. — BARLIEU et L'ÉTANG-LE-COMTE : « Et quando homines de Barloco ibunt Sacrum-Cæsaris cum mercatura sua pro quadriga sua solum nummum persolvent, scilicet quando ibunt non causa feriæ ; et quando causa feriæ, pro quadriga duos denarios. » — MÉNÉTRÉOL : « Quando homines de Monasterello ibunt ad Sacrum-Cæsaris

catura (1), pro quadriga sua solum nummum (2) persolvent (3) in urbis egressu, scilicet quando ibunt non causa ferie. Et, quando causa ferie in Marcio ierint, in egressu Aurel[ianis] IIII denarios persolvent (4) pro quadriga, et in ingressu II denarios.

(1) N, D M *mercatura sua*. — (2) C *denarium*. — (3) N *persolvant*. — (4) N *persolvant*.

21. In nupciis Lorriaci preco consuetudine nichil (1) habebit, nec excubitor.

(1) N *nichil consuetudine*.

22. Et nullus agricola de parrochia Lorriaci qui terram colat cum aratro plusquam unam minam siliginis *omnibus* (1) de Lorriaco servientibus consuetudinem prebeat, quando messis erit.

(1) A et C *hominibus;* corr. *omnibus* par N, DM.

23. Et si miles aliquis, seu serviens, equos vel alia animalia hominum de Lorriaco in nemoribus

dise, paieront I seul denier à l'[is]sue de la cité ; c'est a savoir quand il iront non pas pour reison de foire. Et, comme il iront pour reison de foire en Marz, il paieront, pour la charrete a l'issue de la cité quatre deniers et a l'entrée d[ous] deniers.

21. Li crierres ne prendra rien de Lorr[iz] es noces de coustume, ne cil qui fet le guiet.

22. Nul de la parroisse de Lorr[iz] qui cultive terre a charrue ne rende plus d'une mine de saigle a touz les [serjants] de Lorr[iz], quant moissons seront.

23. Se chevalier ou serjant treuve les chevaux ou autres bestes as homes de Lorr[iz] en noz bois, il ne

---

cum mercatura sua et quadriga sua, solum nummum persolvant, nisi tunc forte dies feriæ fuerit ; nam die feriæ duos denarios pro quadriga persolvant. »

24. Omis par Bois-le-Roi, Ervy, La Selles, Vermenton, Sancerre. — Montargis omet *nec excubitor*.

22. Omis par Bois-le-Roi, Mailly-le-Château, Mailly-la-Ville, La Selles, Saint-Laurent-sur-Barenjon, Vermenton, Sancerre. — Courcelles : « ..... siliginis singularum villarum servientibus omnibus. » — Barlieu : « Et nullus agricola qui terram cum aratro colat, nichil reddat præter decimam et terragium : omnibus vero servientibus de Barloco aliquam consuetudinem non præbeat. » — Chaumont : « Nullus agricola de parochia Calvimontis qui terram colat cum aratro nihil præter duos bichets frumenti omnibus servientibus Calvimontis consuetudine præbeat ; illos autem bichets et sex supradictos denarios census reddet unusquisque eorum ad festum Sancti-Remigii. » — Ervy : « ..... plusquam unam minam frumenti ad mensuram Lorriaci omnibus servientibus..... » — L'Étangle-Comte, Saint-Brisson et Ménétréol : « ..... unum cartellum siliginis..... »

23. Omis par Rousson, Ervy, La Selles, Saint-Laurent-sur-Barenjon, Vermenton. — Courcelles : « Si miles aliquis..... ducere nisi ad baillivos sepedictarum villarum..... » — Chaumont ajoute : « Pargia pratorum durabit ex quo custodes

nostris invenerit, non debet illa ducere nisi ad prepositum de Lorriaco.

Et, si aliquod animal de parrochia Lorriaci forestam nostram (1),
a tauris fugatum vel a muscis coactum, intraverit sive haiam (2), nichil ideo debebit prepositis emendare ille cujus fuerit animal qui (3)
poterit jurare quod, custode invito,
illud (4) intraverit (5). Et si, aliquo
custodiente scienter, *intraverit* (6),
XII denarios pro illo dabit; et, si
plura fuerint, totidem pro quolibet
persolvat (7).

(1) *Nostram* omis par C. — (2) C *muscis
vel haiam nostram intraverit.* — N, D M *Lorriaci a tauris fugatum vel a muscis coactum
forestam nostram sive hayam intraverit.* —
(3) N, D M *si.* — (4) C *illuc.* — (5) N, D M *intrasset.* — (6) A *porte dabit fuerit;* corr. *intraverit* par C, N, D M. — (7) C *solvat.*

24. In furnis Lorriaci non erunt
portatores consuetudine.

25. Et excubie non erunt Lorriaci consuetudine.

26. Et aliquis de Lorriaco, si
duxerit sal vel vinum suum Aure-
l[ianos], pro quadriga I denarium
dabit (1) tantum.

(1) C omet *dabit.*

27. Et nullus hominum Lorriaci

les doit mener fors que au prevost
de Lorr[iz]. Se aucune [b]este de la
parroisse de Lorr[iz] entre en nostre
forest par chace de toriaux ou par
contreignement de mouches ou en
nos haies, cil qui les bestes sunt
ne doit point d'amende se il viaust
jurer qu'elle i entr...st maugré la
garde. Et, se elle i est trouvee a
garde faite, cil cui elle sera en poiera
doze deniers, et se pluseurs sunt,
autent pour chescune.

24. Es fourz de Lorr[iz] n'aura
nul porteur de coustume.

25. A Lorr[iz] n'aura point de
guiet de coustume.

26. Se aucuns de Lorr[iz] moine
son vin ou son sel a Orliens, il ne
paiera que I denier pour la charrette:

27. Nul des homes de Lorr[iz]

---

constituti fuerint donec prata incipientur falcari. Pro pargia segetum edictum
ponitur, ex quo custodes eorumdem constituti fuerint donec messores incipient
metere segetes. »

24. Omis par Bois-le-Roi, Ervy, La Selles, Ménétréol, Sancerre.

25. Omis par Bois-le-Roi, Chaumont, Ervy, L'Étang-le-Comte, La Selles,
Ménétréol, Sancerre.

26. Omis par Montargis, Bois-le-Roi, Villeneuve-l'Archevêque, Rousson, Voisines, Chaumont, Ervy, Mailly-le-Château, Mailly-la-Ville, Saint-Brisson, La
Selles, Saint-Laurent-sur-Barenjon, Vermenton, La Ferté-Loupière, Sancerre-
Barlieu, L'Étang-le-Comte. — Ménétréol : « Et aliquis de Barloco, si duxerit sal
vel vinum suum Sacrum-Cæsaris, pro quadriga sua unum denarium tantum
dabit. »

27. Omis par Montargis, Bois-le-Roi, Villeneuve-l'Archevêque, Ervy, Mailly-

debet *emendationem* (1) preposito Stamparum, nec preposito Piveris, nec in toto Gastinesio.

(1) A, N *demendationem;* corr. *emendationem* par C.

28. Nullus eorum dabit tonleium Ferrariis, nec Castronantone (1), nec Puteolis, nec Nibelle.

(1) N *Castrinantonis.*

29. Et homines de Lorriaco nemus mortuum ad usum suum extra forestam capiant.

30. Et quicumque in mercato Lorriaci emerit aliquid vel vendiderit (1) et per oblivionem tonleium suum retinuerit, post octo dies illud persolvet (2), sine aliqua causa, si jurare poterit quod scienter non retinuisset (3).

(1) C *venderit.* — (2) N, DM *persolvat.* — (3) C *retinueril.*

ne doit demende au prevost d'Estampes, au prevost de Peviers, ne en tout Gastinois.

28. Nul de Lorr[iz] ne paiera tonli a Ferrieres, a Chastialandon, a Puysiaus, ne a Nibele.

29. Li home de Lorr[iz] prendront le bois mort hors de nostre forest pour leur usage.

30. Quiconques ait acheté ou vendu ou marché de Lorr[iz] et... ... coulz oublié à paier, rende le VIII jourz apres, sanz nulle amende faire; mais que il jure que a [es]cient il ne le retenist.

LE-CHÂTEAU, MAILLY-LA-VILLE, LA SELLES, SAINT-LAURENT, VERMENTON, LA FERTÉ-LOUPIÈRE, SANCERRE. — ROUSSON : « Nullus hominum ipsius ville dabit demandationem preposito. » — BARLIEU, L'ÉTANG-LE-COMTE, MÉNÉTRÉOL : « Et nullus Barloci dabit emendationem præposito. » — CHAUMONT : « Nullus hominum de parochia Calvimontis debet emendationem præposito Calvimontis, nec præposito Barri, nec præposito Trecarum, nec præposito Firmitatis, nec alium servienti comitis. » — SAINT-BRISSON : « Nullus hominum S. Bricii debet emendationem præposito de Castellione nec præposito de Concorsault, nec præposito de Petraficta. »

28. Omis par MONTARGIS, BOIS-LE-ROI, VILLENEUVE-L'ARCHEVÊQUE, ROUSSON, CHAUMONT, ERVY, MAILLY-LE-CHÂTEAU, MAILLY-LA-VILLE, LA SELLES, SAINT-LAURENT-SUR-BARENJON, VERMENTON, LA FERTÉ-LOUPIÈRE, SANCERRE. — BARLIEU, L'ÉTANG-LE-COMTE, MÉNÉTRÉOL : « Nullus de Barloco dabit tombeium Sacro-Cæsaris nec Castellione. » — SAINT-BRISSON : « Nullus eorum dabit in terra nostra dabit tonleium. »

29. Omis par ROUSSON, CHAUMONT, ERVY, MAILLY-LA-VILLE, SAINT-BRISSON, LA SELLES, VERMENTON, MÉNÉTRÉOL, LA FERTÉ-LOUPIÈRE, SANCERRE. — MAILLY-LE-CHATEAU : « Homines de Mailliaco illum usagium habebunt in bosco de Fretoy quem in eo semper habuerint, hoc eciam observato quod forifacta mea de bosco sicut ut alia de sexaginta solidis ad quinque solidos, et de quinque solidis ad duodecim denarios veniant. Si cui impositum fuerit quod in garena mea in planum venatus fuerit, solo juramento se deculpabit, alioquin quinque solidos emendabit. » — SAINT-LAURENT-SUR-BARENJON : « Homines dictæ villæ habebunt usagium in Vost, sicut habere solebant videlicet homines nostri. »

30. Omis par MAILLY-LA-VILLE. — CHAUMONT : « ... illud persolvat sine emendatione... » — VERMENTON : « ... sine aliqua emenda... »

31. Et nullus hominum Lorriaci habentium domum vel vineam vel pratum aut agrum vel edificium aliquod in terra Sancti-Benedicti justificabit (1) se pro abbate Sancti-Benedicti vel pro ejus serviente, nisi pro garba, vel pro censu suo forifecerit; et tunc a Lorriaco non exibit causa rectitudinis tenende.

(1) C, M, D M *justiciabit.*

32. Et, si aliquis hominum de Lorriaco accusatus de aliquo fuerit, et teste comprobari non poterit, contra probationem *impetentis* (1) per solam manum suam se deculpabit.

(1) A *probationem impotentis;* C *prohibitionem impotentis;* corr. *probationem impetentis* par N.

33. Nullus etiam de eadem parrochia de quocumque vendiderit vel emerit super septimanam, et de

31. Nul de Lorr[iz] qui ait maison, vigne, pré, champ, ne..... aul..... en la............... ne se justisera par l'abbé ne par son serjant fors que de la gerbe et dou cens, se il en ma..... et, et lors n'istra il ja de Lorr[iz] pour droit prendre.

32. Se aucuns de Lorr[iz] est accusez d'aucune chose... ne puisse estre prouvé par tesmoi[n]g, il s'en passera de la seurmise par son serement seulement contre celui qui celi aura mis sus.

33. Nul de la parroisse de Lorr[iz] ne paiera coustume de chose que il achate enseur (sic) seur se-

---

31. Omis par MONTARGIS, BOIS-LE-ROI, VILLENEUVE-L'ARCHEVÊQUE, ROUSSON, ERVY, MAILLY-LE-CHÂTEAU, MAILLY-LA-VILLE, LA SELLES, SAINT-LAURENT-SUR-BARENJON, VERMENTON, LA FERTÉ-LOUPIÈRE, SANCERRE. — BARLIEU, L'ÉTANG-LE-COMTE : « De omni autem possessione quam tenuerint homines apud Barlocum, quantumcumque villa creverit, in burgo et castello ibi se justificabunt. » — CHAUMONT : « Nullus hominum Calvimontis habentium domum vel vineam vel pratum aut agrum, aut aliquod ædificium in alterius terra quam comitis, justificabit se pro illo cujus est terra, nisi de garba vel de censu suo forisfecerit; et tunc a Calvimonte non exibit causa rectitudinis exequendæ pro illo cujus erit terra vel pro serviente ejus. » — SAINT-BRISSON : « Et nullus, [qui] ædificium aliquod in terra alicujus [habuerit], non justificabit se, nisi pro garba vel pro censu suo forisfecerit; et tunc a Sancto-Bricio non exibit causa rectitudinis tenendæ. » — MÉNÉTRÉOL : « De omni autem possessione quam habuerint homines de Monasterello, ibi se justificabunt. »

32. Omis par MONTARGIS et BOIS-LE-ROI. — VOISINES : « Si quis autem accusatus fuerit de aliquo, et teste comprobari non poterit, contra probacionem impetentis sola manu sua licebit se purgare. »

33. Omis par MONTARGIS, BOIS-LE-ROI, MAILLY-LA-VILLE, SANCERRE. — CHAUMONT : « Nullus etiam de eadem parrochia de quocumque emerit vel vendiderit, supra septimanam, vel in die Mercurii, vel in die feriæ, aliquam consuetudinem dabit. » — LA FERTÉ-LOUPIÈRE : « Nul de La Ferté ne sera tenu payer coustume de ce qu'il achatera en la sepmaine ou le jour du marché pour son usage. »

quocumque emerit in die Mercurii in mercato pro usu suo nullam (1) consuetudinem dabit.

(1) N *aliquam.*

34. Hec autem consuetudines, sicut concesse sunt hominibus de Lorriaco, similiter communes sunt hominibus qui habitant apud Corpalez (1) et apud Chantelou (2) et in balliata Herpardi (3).

(1) N *Courpalz*, auj. *Courpalais.* — (2) Auj. *la Mairie-Chanteloup.* — (3) C *Harpardi*; N *Hapardi*, auj. *la Hapardière.*

35. Proinde constituimus ut, quotiens (1) in villa movebitur prepositus, unus post alterum juret se stabiliter servaturum has consuetudines, et similiter novi servientes, quotiens movebuntur.

Quod ut ratum etc. Actum Aurel[ianis] anno Domini M°C°LV°.

(1) C *quoties.*

34. Toutes ces [cou]stumes, si comme elles sont octroies as homes de Lorr[iz], ausit sunt elles communes a ceus de Courpalez et a ceus de Chantelou et de la baillie Harpart.

35. Apres, nous establissons que toutes foiz que [prevo]st seront mué a Lorr[iz] il jureront li uns apres l'autre que il garderont fermement toutes ces coustumes; et ausit li serjant toutes foiz que il seront mué.

(Et que ce soit de oremes ferme et estable nous [c]omandasmes meictre notre seel et seignet de... l'espreinte de notre non. Ce fu donné à Bourges.)

---

34. Omis par toutes les chartes. MONTARGIS lui substitue : « Eæ autem consuetudines, sicut concessæ sunt hominibus de Monteargo, similiter communes sunt hominibus qui habitant in Calceia, quæ est inter burgum et domum leprosorum. Homines de Casneio qui sunt positi in consuetudinibus Montargi et homines qui habitant in partem quam habemus in atrio Amiliaci eodem judicio et eodem modo tractabuntur, quo et illi qui sunt de castello. »

35. MONTARGIS et BOIS-LE-ROI : « Quotiescumque Montisargi tam præpositorum quam servientium fiet commutatio toties istas consuetudines tenendas et inviolabiliter servandas, alter post alterum jurabit. Si hoc aliquis jurare noluerit, homines pro eo nihil facient donec sacramentum fecerit. » — ROUSSON : « Præterea volumus quod quociens mutatio preposti in villa illa facta fuerit, ille qui substituetur istas consuetudines inviolabiliter tenendas jurabit, et servientes similiter urabunt; et si aliquis eorum hoc facere noluerit, pro eo homines nichil facient donec sacramentum fecerit. »

II.

Orléans, 1066, 8ᵐᵉ année du règne (après le 23 mai 1066) (1). — Philippe I
constate l'accord intervenu entre Hervé, son chevalier, et l'abbaye de Saint-
Benoît-sur-Loire.

Ego Philippus, gratia Dei Francorum rex, notum esse volumus
omnibus sanctæ Dei Ecclesiæ fidelibus quod adierunt præsenciam nostram abbas monasterii S. Benedicti, Hugo nomine, et cœteri fratres,
querimoniam facientes de quodam milite nostro, nomine Hervæo, qui
terras illorum deprædando male vastabat, eo quod calumniabatur se
debere habere quoddam beneficium ex abbate quod dicebat sibi competere ex jure hæreditario. Nos autem, eorum clamoribus et querimo-
niis permoti, utpote qui nolebamus locum, quem prædecessores nostri Francorum reges multo studio deffensaverant, nostris temporibus
alteri (*sic*), decrevimus ut judicio nostro et optimatum nostrorum causa
definiretur; de qua re, multis verbis ultro citroque habitis, visum est
nobis facilius esse et melius ut res concordia quam judicio determi-
naretur; et, quoniam magnitudo malefactorum et prædarum summam
trecentarum librarum excedebat, quæ ab ipso Hervæo exsolvi non
poterat, suasione nostra inter utrosque facta est hæc concordia, ut, ex
his quæ jure hæreditario repetebat, partem prorsus et perpetualiter
sine calumpnia dimitteret, partem in vita et sine hærede ullo sibi re-
tineret. Hæc autem sunt quæ sibi in vita sua concessa sunt : terra de
Mileraio, etc. Actum Aurelianis publice anno ab Incarnatione Domini
MLXVI, regnante Philippo rege, anno VIII.

S. Philippi ✝ gloriosi regis Francorum.
S. Gauffridi Parisiensis episcopi.
S. Raynerii episcopi Aurelianensis.
S. Evrardi militis.
S. Hugonis fratris ejus de .....triolo.
S. Hugonis de Claromonte.
S. Rodulphi dapiferi.
S. Baldrici constabularii.
S. Ingenulfi primicerii, fratris ejus.

(1) La 8ᵐᵉ année du règne de Philippe I s'étend du 23 mai 1066 au 23
mai 1067.

S. Frederici, S. Amalrici, S. Tescelini.
S. Droconis, S. Yvonis cubicularii.

(D'après une copie de D. Estiennot, *Bibl. nat.*, ms. lat. 12739,
p. 357-358).

III.

Orléans, 1103. — Philippe I, roi de France, déclare que, moyennant la somme
de quarante sous reçue de Simon, abbé de Fleury-sur-Loire, Hugues *Gregarius*, chevalier, a abandonné ses prétentions sur les fils de Thibaud de
Grandchamp, qu'il réclamait comme ses colliberts.

Ego, Philippus, Dei gratia Francorum rex, præsentis privilegii autoritate notum esse volumus quod venerabilis Simon, Floriacensis abbas, nostram adierit præsentiam, querimoniam facturus super quodam viro milite, Hugo Gregario, qui filios Tetbaldi de Grandi Campo (1)
sibi in *collibertos* (2), contra fas èt morem terræ Gastinensis, *vindi-
care* (3) volebat. Mos quippe est in terra eadem ut, si quæ mulier
Sancti Benedicti viro cuicunque nupserit, nullam in ejus procreatione
partem capere (*sic*). Unde ipsum Hugonem per nos convenimus, ac
singula discutientes, ad istandem pervenimus, ut, quadraginta solidos ab abbate accipiens, id in nostri præsentia diceret : Ego, Hugo
Gregarius, ob remedium animæ patris et matris et predecessorum meorum et uxoris meæ, calumniam licet injustam quam in filiis Tebaldi
de Grandi Campo habere videbar, in præsentia domini mei regis atque abbatis S. Benedicti ac plurium utriusque partis testium remitto
Deo sanctoque Benedicto, favente uxore mea Christiana ac filiis
meis Fulcineo, Ursione, Guillelmo atque Gisleberto filiabusque meis.
Proinde, tam ipse Hugo quam et abbas Sancti Benedicti, ut id quatenus firmius haberetur, nostræ autoritatis sigillo roboraremus, quod
libenter eis annuimus, adeo ut et nomen nostrum ac optimatum
nostrorum, utriusque partis testium nomina subscribi juberemus.
Signum Philippi regis. Signum Bartholomæi de Pissiaco. Signum
Matthæi de Sosiaco. S. Hugonis Gregarii. S. Joannis, generis ejus.
S. Christianæ, uxoris ejus. S. Fulcinei, filii ejus. S. Ursionis, filii
ejus. S. Guillelmi, filii ejus. S. Gisleberti, filii ejus. S. Simonis, ab-

(1) *Grandchamp*, Yonne, arr. Joigny, c^on Charny.
(2) Le ms. porte *collibitos*.
(3) Le ms. porte *venditare*.

/

batis, Ascelini monachi, Gilebertis, filii ejus. S. Simonis, abbatis, Ascelini monachi, Gileberti monachi, Gisleberti majoris, Odonis, Burdini.

Data Aurelianis, anno ab Incarnatione Domini 1103. Regnante Philippo rege.

(D'après la copie, faite sur l'original, du *Cartul. I de Fleury,* p. 158, *Archives de Loiret.*)

IV [1].

Orléans, 1142, 6e a. du règne. — Louis VII, d'accord avec Pierre, chapelain royal et abbé de Saint-Avit d'Orléans, établit des hôtes sur la terre d'Acquebouille (2).

In nomine (3) sancte atque individue Trinitatis. Ego, Ludovicus, Dei gracia rex Francorum et dux Aquitanorum. Notum facimus omnibus tam futuris quam et presentibus, Petrum, dilectum capellanum nostrum, abbatem Beati Aviti, et Johannem, decanum, cum communis assensu capituli nostram presenciam adiisse, multisque depostulasse precibus quatenus terram quemdam illius ecclesie que Escobolie dicitur, queque usque tunc inhospitata permanserat, hospitari faceremus. Quorum peticioni ex regia benignitate annuentes, terram illam voluimus et concessimus hospitari, hiis pactis et ea condicione que subscripta est.

1. Hospitate scilicet ville redditus omnes, sive in terris, sive in hospitibus, sive undecumque provenerint, preter ecclesiam et preter decimas, que illorum proprie erunt, communes erunt.

2. Et si que forte terrarum empciones surrexerunt, communiter ememus, et communiter possidebimus; nisi nos voluerimus emere, illis per se licebit, et erit illorum proprium quod comparaverint.

3. Forifacta vero communia erunt sicut et redditus.

4. Redditus autem ville sic statuti : in Nativitate Beati Johannis Baptiste quisque hospitum de propria masura quoque anno Aurelianensis monete sex denarios reddet censuales ; et, mense Augusti, qua-

---

(1) Publ. d'après le cartul. de Saint-Avit, ap. Luchaire, *Institutions des premiers Capétiens,* t. II, p. 324, *Appendices],* no 22.

(2) *Acquebouille,* cne Faronville, Loiret, arr. Pithiviers, con Outarville.

(3) On lit en marge, d'une écriture cursive de la fin du xiiie s.: « Qualiter villa de Esqueboliis fuit ex regia benignitate hospitata; multa alia hic continentur que longua essent recitare. »

tuor de campartagio; in Natale Domini, duas minas ordei ad mensuram granarii Beati Aviti, et duos capones, denarios duos et panes duos de frumento.

5. Mense Augusti, omnem annonam que canonicorum erit hospites ad ecclesiam Beati Aviti Aurelianum cum suis expensis deferent; et canonici unicuique quadrige unum denarium dabunt; partem vero nostram aut apud Stampas, aut apud Piverim (1), aut aput Curciacum (2) deferent, et alios redditus suis temporibus similiter.

6. Sic igitur hospites hujus ville, preter de redditibus supra denominatis, ab omni tallia, ab omni exactione liberi erunt et immunes manebunt.

7. Post decessum vero nostrum, villa ista sic hospitata, sic libera, cum universis redditibus ad propriam prefate ecclesie possessionem redibit; nec alicui successorum nostrorum in ea aliquid reclamare licebit.

8. Major, qui in villa per manum decani et canonicorum positus fuerit, nobis et decano hominum fidelitatem faciet. Hac tamen condicione quod, post decessum ejus, nulli filiorum vel heredum in majoria aliquid reclamare liceat.

9. Ne vero inter canonicos et majorem aliqua de feodo majorie oriatur discordia, statuimus ut major in feodum habeat terram dimidie carruce et quintum denarium de forifactis, nec aliquid amplius in grangia vel in aliquibus ville redditibus sui juris esse contendat.

10. Grangia vero nostra et canonicorum communis erit, et communi expensa edificabitur.

11. Si autem acciderit quod decanus, vel aliqui canonicorum, pro causis ad villam pertinentibus, in villam venerint, communi hospitum expensa procurentur.

Quod perpetue stabilitatis obtineat munimenta scripto commendari et sigilli nostri auctoritate muniri nostrique nominis subter inscripto caractere corroborari precepimus. Actum publice Aurelianis, anno Incarnati Verbi millesimo centesimo quadragesimo secundo, regni vero nostri sexto; astantibus in palacio nostro quorum nomina subtitulata sunt et signa : Signum Radulphi Viromandorum comitis, dapiferi nostri. S. Guillelmi buticularii. S. Mathei camerarii. S. constabularii.

Data per manum Ca [*Locus monogrammatis*] durci cancellarii :

(D'après le Cartulaire de Saint-Avit, xiiie s., *Bibl. nat.*, ms. lat. 12886, fo 78 ro-79 vo).

_____

(1) *Pithiviers*, Loiret, ch.-l. d'arr.
(2) *Courcy-aux-Loges*, con et arr. Pithiviers.

V.

Lorris, 1144, 8º année du règne. — Louis VII donne au prieur de Saint-Sulpice de Lorris, pour l'achèvement de son église, une rente annuelle de
cent sous à prendre à la Nativité de Saint-Jean sur le cens des hôtes de
Lorris.

In nomine s. et individuæ Trinitatis, ego Ludovicus, Dei gratia
rex Francorum et dux Aquitanorum, notum facimus omnibus tam
futuris quam et præsentibus quod ecclesiæ S. Sulpitii de Loriaco, ad
ipsam perficiendam, in manu Bernardi, tunc prioris, solidos centum
de censu hospitum castri ipsius contulimus, eosque singulis annis ad
Nativitatem B. Joannis solvendos statuimus. Quod ut in posterum ratum et inconcussum permaneat scripto commendari, sigilli nostri
impressione signari nostrique nominis subter inscripto caractere præcepimus contestari. Actum publice apud Loriacum, anno ab Incarn.
Domini 1144, regni vero nostri octavo. Astantibus in palatio nostro
quorum nomina subtitulata sunt et signa. Signum Radulfi Viromandorum comitis, dapiferi nostri. Signum Matthæi camerarii. S. Matthæi constabularii. S. Guillelmi buticularii. Data per manum Cadurci
cancellarii.

(D'après le *Cartulaire I de l'abbaye de Fleury*, p. 281 (xviiiᵉ s.). *Archives du Loiret.*)

VI.

Reims, 1147, 11ᵉ année du règne, avant le départ pour la Terre Sainte. —
Louis VII prend l'église de Saint-Benoît sous sa protection et confirme les
donations de ses prédécesseurs, et spécialement l'abandon fait à l'abbaye
par Louis VI du quart du revenu des fours de Lorris et de 100 sous à
prendre annuellement sur les trois autres quarts, à charge pour les moines
de célébrer l'anniversaire de Philippe Iᵉʳ.

In nomine sanctæ et individuæ Trinitatis, Ludovicus, Dei gratia
rex Francorum et dux Aquitanorum, omnibus in perpetuum. Solleci-
tudini nostre principaliter congruit libertatem ecclesiarum inconcussa
stabilitate procurare et possessiones earum ac jura auctoritatis regiæ
præceptis irrefragabilibus communire. Eo nimirum intuitu, beati Benedicti Floriacensis ecclesiam cum universis rebus et possessionibus

suis protectionis nostræ perenni tuitione suscipimus, et concessam
sibi a prædecessoribus nostris antiquitus libertatem, secundum quod
eo tenore præceptorum patris nostri felicis memorie Ludovici Francorum regis cognovimus (1). Nos quoque pari benignitate concedimus
et per præsentis authoritatem præcepti perpetuo munimento corroboramus. Sancimus igitur, juxta præfati patris nostri præceptum
quod neque nos ipsi, neque quilibet successorum nostrorum, regum,
eumdem locum causa violentiæ adeamus neque incolas ipsius loci
cujuscumque generis aut ordinis per nos in causam trahamus, vel
questum ab eis quoquomodo deinceps exigamus. Cæterum, si nobis
aut nostris injuriam fecerint, per abbatis manum seu majoris villæ,
ministerialibus nostris justitiæ nostræ recipiendæ causa a nobis illuc
directis, justitiam nostram habebimus. Concedimus præterea eidem
monasterio et perpetualiter possidenda firmamus universa quæ, post
decessum avi nostri Philippi regis, prænominatus pater noster Sancto
Benedicto donavit atque concessit in villis subscriptis : Maisnilis videlicet atque parrochia de Bulziaco (2), et parochia de Veteribus Domibus (3) et in parochia de Castaneto (4) et in illa de Matzeriis (5),
tam in bosco quam in plano præter cervum et bischiam et capreolum,
quamvis quædam injuste quædam vero juste regia potestate consuetudinarie capiebat. Nos etiam ex parte nostra et ex propria largitione
donamus quartam partem furnorum de Loriaco et centum solidos,
quos pater noster pro recolendo anniversario patris sui Philippi regis,
avi nostri, ecclesiæ B. Benedicti donaverat, in reliquis tribus partibus furnorum quæ nobis remanent assignamus, et ab eo qui furnos
habebit absque contradictione abbati in perpetuum reddi precipimus
Aurelianensis videlicet monete. Ut hoc igitur authoritatis nostræ
preceptum perpetue stabilitatis obtineat munimentum, scripto commendari, sigilli nostri impressione signari nostrique nominis subtus
inscripto caractere corroborari fecimus. Actum publice Remis, anno
ab Incarnatione Domini millesimo centesimo quadragesimo septimo,
regni vero nostri undecimo, quando viam Hierosolimitanæ expeditio-
nis inchoavimus. Astantibus in palatio nostro quorum nomina subtitulata sunt et signa. Signum Rodolphi Viromandorum comitis, dapiferi nostri. S. Guillelmi buticularii. S. Matthei camerarii. S. Matthei

---

(1) Allusion à un diplôme de 1106, la 47ᵉ année du règne de Philippe Iᵉʳ,
donné au nom de Louis « *in regem Francorum designatus.* » — Cartul. II de
Fleury, fᵒ 282 vᵒ, *Archives du Loiret.*

(2) *Bouzy,* Loiret, arr. Orléans, cᵒⁿ Châteauneuf-sur-Loire.

(3) *Vieilles-Maisons,* Loiret, arr. Montargis, cᵒⁿ Lorris.

(4) *Châtenoy,* Loiret, cᵒⁿ Châteauneuf-sur-Loire.

(5) *Mézières-en-Gatine,* Loiret, arr. Montargis, cᵒⁿ Bellegarde. — Dans le
même département, autre village du même nom : *Mézières,* cᵒⁿ Cléry.

constabularii. Data per manum Bartholomæi (*Locus monogrammatis*) cancellarii.

(D'après le *Cartulaire II de Fleury*, f⁰ 12 r⁰-f⁰ 13 r⁰ (xviii⁰ s.). *Archives du Loiret*).

VII (1).

1177. — Louis VII déclare avoir été associé par Hugues de *Merreolis* à la possession des terres de Flagy et Bichereau; où les co-seigneurs établiront des hôtes qui jouiront des Coutumes de Lorris.

In nomine sancte et individue Trinitatis, Amen. Ego Ludovicus, Dei gracia Francorum rex. Notum facimus universis presentibus et futuris quod Hugo Niger de Merreolis non collegit et recepit in territorium de Flagiaco (2), quod est de feodo Gilonis de Moreto, ad hospitandum ad consuetudines Lorriaci, et ipse et domina Favia nos ad eundem modum receperunt in terram de Becherello (3), quæ est de feodo Guiberti de Cannis; eo quidem pacto quod nos et Hugo cum heredibus nostris et suis dimidiabimus per omnia redditus et omnes exitus et justicias de Flagiaco; et similiter nos et Hugo et Favia et heredes nostri et eorum dimidiabimus per omnia redditus et exitus omnes et justicias de Becherello; et neutram terram licebit nobis aut heredibus nostris a manu nostra aliquo modo alienare, aut cuiquam in elemosinam aut in feodum dare. Homines Gilonis aut Guiberti nullo tempore contra voluntatem eorum in villa remanebunt. Mercatum ville singulis diebus lune erit. Nos autem et ipsi communiter constituemus prepositum ibidem et servientes, qui nobis et ipsis facient fidelitatem, et nunquam, nisi per nos et ipsos communiter, removebuntur. Quod ut firmum, etc. Anno Domini m⁰ c⁰ lxx⁰ vii⁰. Astantibus in palacio nostro quorum nomina subscripta sunt et signa. Signum comitis Theobaldi, dapiferi nostri. S. Guidonis, buticularii. S. Reginaldi, camerarii. S. Radulphi, constabularii. Vacante cancellaria.

(D'après le registre C de Philippe-Auguste, f⁰ 76 r⁰, p. n⁰ 428. *Arch. Nat.* JJ 7-8, 2⁰ partie.)

(1) Publ. d'après le registre C de Ph.-Aug. ap. Luchaire, *Institutions des premiers Capétiens*, t. II, p. 327. *Appendices*, n⁰ 25.

(2) *Flagy*, Seine-et-Marne, arr. Fontainebleau, c⁰ⁿ Lorrez-le-Bocage.

(3) *Bichereau*, même canton, cⁿᵉ de Thoury-Férottes.

VIII (1).

Paris, 1177. — Louis VII s'engage à ne recevoir sur ses terres aucun des serfs de Joscelin et Gautier de Thoury. En retour, Joscelin de Thoury abandonne au roi la prévôté de Thoury qu'il tenait par droit héréditaire.

In nomine, etc. Ludovicus Dei gracia Francorum rex. Notum facimus universis presentibus et futuris nos Joscelino et Galtero de Thoriaco (2) heredibusque eorum concessisse quod neque nos neque heredes nostri aliquem de servis nec aliquam de ancillis eorum in villis nostris novis nec in tota terra nostra retinebimus ; et si aliquis de servis vel aliqua de ancillis predictorum Joscelini et Galteri de Theiriaco (*sic*) et eorum heredum in villas nostras novas vel in terram nostram secedant, quod fidelibus testibus comprobaverint, sine contradictione et sine bello eis absolute reddetur. Ob hanc autem pactionem, Joscelinus predictus de Theiriaco (*sic*) preposituram Flagiaci quam ex dono nostro jure hereditario tenebat, in perpetuum in manu nostra reliquit. Quot ut perpetuum, etc. Actum Parisius, anno Domini ᴍ° c° septuagesimo vɪɪ°.

(D'après le reg. C de Ph.-Aug., f° 76 r°, p. n° 429, *Arch. Nat.*, JJ 7-8, 2ᵉ partie).

IX.

Les Echarlis (3), 1180. — Accord entre l'abbaye de Saint-Benoît-sur-Loire et l'église de Sens réglant leurs droits réciproques sur diverses églises.

Robertus prior et universum capitulum Sancti Benedicti super Ligerim omnibus ad quos littere iste pervenerint in Domino salutem. Notum fieri volumus quod , cum inter venerabilem patrem nostrum, Arraudum, abbatem , et ecclesiam nostram, et dominum Guidonem, Senonensem archiepiscopum, et ecclesiam Senonensem, super presentationibus presbyterorum in quibusdam ecclesiis diu habita fuisset

(1) Publ. d'après le même registre ap. Luchaire, *Institut. des premiers Capétiens*, t. II, p. 307, *Appendices*, n° 10.

(2) *Thoriaco*. Dans une charte d'Adèle, transcrite à la suite de celle-ci, Joscelin et Gautier sont dits « *de Chevriaco.* » Or, à quelque distance de Flagy, on trouve : *Thoury* et *Chevry-en-Sereine*.

(3) *Les Écharlis*, Yonne, cⁿᵉ Villefranche, cᵒⁿ Charny, arr. Joigny.

dissensio, in ecclesiis videlicet de Monte-Barresio (1), de Castaneto (2), de Vetulis domibus (3), de Maceriis (4), de Chataleta, de Buxedello, de Ulseto (5), de Musteriolo (6) et de Pruneto (7), tandem in hunc modum facta est transactio : quod in tribus de prenominatis ecclesiis, in ecclesia de Ulseto, in ecclesia de Musteriolo et de Pruneto, pro bono pacis, idem archiepiscopus presentationes presbyterorum nobis et ecclesie nostre in perpetuum habendas concessit. Concessit etiam nobis predictus archiepiscopus, quod, a predecessoribus suis Senon. archiepiscopis constabat esse concessum, presentationes videlicet presbyterorum in ecclesiis Sancti Petri Stampensis, de Duisione, de Villari Sancti Benedicti (8) et de Lorriaco (9) in altero presbyterorum, juxta tenorem (10) domini Willelmi quondam Senonensis archiepiscopi. In aliis vero ecclesiis de diocesi Senonensi de cetero presentationes reclamare non poterit ecclesia nostra, nisi in posterum largitione prenominati archiepiscopi vel successorum suorum canonice indultum fuerit et concessum. Alia vero beneficia que in supradictis ecclesiis sive in aliis de diocesi Senonensi possidemus, decimas etiam, et redditus alios nobis confirmavit, statuendo ut in eclesiis, in quibus usu cotidiano beneficia percipimus, presbyteri qui constituentur fidelitatem nobis per juramentum faciant de omnibus que nos contingunt portionibus. Hec autem omnia concessit et approbavit Senonense capitulum. Quod ut ratum inconcussumque permaneat presentis scripti testimonio et sigilli nostri munimine fecimus roborari. Actum Escharleiis, anno ab Incarnatione Domini м° c° octogesimo.

(D'après l'original, sur parchemin, autrefois scellé, *Archives de l'Yonne*, G 59, pièce n° 4.)

(1) *Montbarrois*, Loiret, arr. Pithiviers, cᵒⁿ Beaune-la-Rolande.
(2) *Chatenoy*, Loiret, arr. Orléans, cᵒⁿ Châteauneuf.
(3) *Vieilles-Maisons*, Loiret, arr. Montargis, cᵒⁿ Lorris.
(4) *Mézières en Gatine*, Loiret, arr. Montargis, cᵒⁿ Bellegarde.
(5) *Houssoy*, près de Lorris.
(6) *Montereau*, Loiret, arr. Gien, cᵒⁿ Ouzouer-sur-Loire.
(7) *Prenoy*, près Chailly, cᵒⁿ Lorris.
(8) *Villiers-Saint-Benoît*, Yonne, arr. Joigny, cᵒⁿ Aillant-sur-Tholon.
(9) *Lorris*, Loiret, arr. Montargis, ch.-l. cᵒⁿ.
(10) Charte de Guillaume, archev. de Sens, en 1171. Copiée dans le cartulaire I de Fleury, p. 281, *Archives du Loiret*.

IX *bis* (1).

Châteaulandon, 1180 (entre le 1ᵉʳ novembre et le 4 avril 1181). — Philippe-Auguste, associé aux droits de l'abbaye de Saint-Pierre de Ferrières sur le village de Rozoy (2), accorde différents privilèges aux habitants de ce village. (Indiq. par Delisle, *Catalogue des actes de Philippe-Auguste,* n° 14, p. 5.)

In nomine sancte et individue Trinitatis, Amen. Philippus, Dei gracia Francorum rex. Novèrint universi presentes pariter et futuri quod nos universis habitantibus in terra Sancti Petri de Ferrariis aput Rosetum, quia abbas et monachi nos in eadem villa collegerunt, ex gracia has consuetudines indulgemus.

1. Volumus siquidem et constituimus universos inhabitantes deinceps liberos esse et immunes ab omni tallia, ablatione, exactione et questa, salvis siquidem extra villam tam nostris quam ecclesiarum quam militum nostrorum consuetudinibus.

2. Quicunque autem in villam venerint, quicquid alibi forifecerint, res eorum et corpora tuta et salva erunt; et, si recedere voluerint, et in guerra et in pace, cum rebus suis quo eis placuerit secure ibunt.

3. Quisquis in villa forifecerit secundum consuetudinem ville emendabit : forifacta LXᵃ solidorum quinque solidis, et forifacta quinque solidorum duodecim nummis, et districta perdonabuntur pro quatuor denariis.

4. Si prepositus forifacta regis requisierit ab aliquo inhabitatore, nisi disrationatum fuerit, per solam manum suam denegabit et quietus erit, exceptis majoribus maleficiis, ut est homicidium, proditio, furtum, raptus et similia, que semper ex consuetudine Gastineti judicabuntur.

5. Universi habitatores ville has habebunt consuetudines, excepto preposito quamdiu preposituram administrabit; qua exutus in eisdem consuetudinibus erit.

6. In expeditionem et exercitum numquam ibunt quin eadem nocte revertantur ad domos suas.

7. Et cum aliquis de eadem villa vineam, domum, sive terram vendiderit, rectas vendiliones solummodo reddet.

---

(1) Je n'ai connu cette charte qu'au moment de livrer à l'imprimeur les *Pièces justificatives,* ce qui explique pourquoi elle ne figure pas dans le Catalogue des chartes dérivées des Coutumes de Lorris, quoiqu'elle en ait très manifestement subi l'influence.

(2) Rozoy-le-Vieil, Loiret, arr. Montargis, cᵒⁿ Courtenay.

8. Census et oblatas et similes consuetudines solito more persolvent.

9. Quicunque vero in villam venientes per annum et diem ibi in pace manserint, neque per regem neque per prepositum neque per monachos justiciam vetuerint, ab omni jugo servitutis deinceps liberi erunt.

10. Pro submonitione extra villam nemo ibit ad placitandum, et quamdiu tenuerit justiciam corpus ejus non capietur.

11. De rebus venalibus neque rex neque monachus in eadem villa bannum habebunt.

12. Quotiens autem prepositus movebitur, has consuetudines tenendas esse jurabit, nec antea ad ejus submonitionem necesse erit homines venire.

13. Major quoque monachorum ville similiter jurabit consuetudines.

14. Volumus preterea, sicut jam pro parte pretaxatum est, quod quicunque inhabitantium a villa recedere voluerint, cum universis rebus suis et in guerra et in pace per conductum regium secure eant quocunque eis placuerit.

Que omnia ut perpetuam stabilitatem optineant, presentem paginam sigilli nostri auctoritate ac regii nominis karactere inferius annotato corroborari precepimus. Actum publice aput Castrum Nantonis, anno ab Incarnatione Domini M° c° LXXX°, regni nostri anno secundo. Astantibus in palatio nostro quorum nomina supposita sunt et signa. Signum comitis Teobaldi dapiferi nostri. S. Guidonis buticularii. Signum Mathei camerarii. Sigum Radulphi constabularii.

Data per manum Hugo [*locus monogrammatis*] nis cancellarii.

(D'après l'original, autrefois scellé sur double queue de cuir, *Archives nationales*, J 737, n° 43.)

X.

Paris, 1181 (entre le 5 avril et le 31 octobre). — Philippe-Auguste déclare les hommes d'Yèvre et de Bois-Commun soumis au paiement du tonlieu envers l'église de Puiseaux, le jour du marché. Il en exempte les hommes de Bourg-la-Reine.

In nomine sancte et individue Trinitatis, Amen, Philippus, Dei gracia Francorum rex. Noverint universi presentes pariter et futuri quia teloneum, quod homines Evrie (1) et Boscumini (2) (*sic*) et no-

(1) *Yèvre-le-Châtel*, Loiret, arr. et con Pithiviers.
(2) *Boiscommun*, Loiret, arr. Pithiviers, con Beaune-la-Rolande.

vorum herbergagiorum, tempore patris nostri constructorum, debebant ecclesie de Puteoli (1), et aliquociens illud per patris nostri permissionem retinuerant, ecclesie Puteoli de cetero reddi volumus et precepimus die mercati, excepto ab hominibus in Burgo Regine (2) commorantibus, hac intencione ne per hoc quod in prejudicium ecclesie per patris nostri permissionem quondam detentum est, anima ipsius impediatur quominus eterna salute frui valeat. Quod ut aput posteros firmum et inconcussum permaneat, presentem paginam sigilli nostri auctoritate ac regii nominis ka[ra]ctere inferius annotato, precepimus confirmari. Actum Parisius, anno Incarnati Verbi м° c° LXXXI°, regni nostri secundo, astantibus in palacio nostro quorum nomina supposita sunt et signa. S. comitis Teobaldi, dapiferi nostri. S. Guidonis, buticularii. S. Mathei, camerarii. S. Radulphi, constabularii. Data per manum Hu[*Locus monogrammatis*]gonis cancellarii (3).

> (D'après le Cartulaire de Puiseaux (xvᵉ s.), *Arch. nat.*, S 2150, n° 14, pièce cotée B.)

XI.

Fontainebleau, 1183, la 4° année du règne (du 17 avril au 31 octobre). — Philippe-Auguste confirme le diplôme donné par Louis VII, en 1147, en faveur de l'abbaye de Saint-Benoît-sur-Loire (Indiq. par L. Delisle, *Catalogue*, n° 75).

In nomine sanctæ et individuæ Trinitatis, Amen. Philippus, Dei gratia Francorum rex. Quæ a patribus nostris juste et rationabiliter acta sunt, et præcipue quæ ecclesiis collata sunt et concessa a nobis irrefragabiliter decet observari ut et successores nostros ad observanda quæ gerimus congruis invitemus exemplis. Eo nimirum intuitu, Beati Benedicti Floriacensis ecclesiam cum universis rebus ac possessionibus suis sub nostræ protectionis perhenni tuitione suscipimus, et concessam sibi a prædecessoribus nostris antiquitus libertatem, secundum quod ex tenore præceptorum patris nostri, felicis memoriæ regis Ludovici, cognovimus, nos quoque pari benignitate concedimus et per præsentis authoritatem præcepti perpetuo munimento corroboramus. Sancimus igitur, juxta præfati patris nostri et prædecessoris nostri præceptum, ut neque nos ipsi neque quilibet successorum nostrorum regum eundem locum causa violentiæ adeamus, neque inco-

(1) *Puiseaux*, Loiret, arr. Pithiviers, ch.-l. canton.
(2) *Bourg-la-Reine*, Seine, arr. et cᵒⁿ Sceaux.
(3) Le manuscrit porte : *Manum Philippus conis cancellarii.*

las ipsius loci cujuscumque generis aut ordinis per nos in causam trahamus, vel questum ab eis quoquomodo deinceps exigamus. Cœterum, si nobis aut nostris injuriam fecerint, per abbatis manum seu majoris villæ, ministerialibus nostris justitiæ nostræ recipiendæ causa a nobis illuc directis, justitiam nostram habebimus. Concedimus præterea eidem monasterio et perpetualiter possidenda firmamus universa quæ post decessum proavi nostri, regis Philippi, avus noster, rex Ludovicus, Sancto Benedicto donavit et genitor noster, bonæ memoriæ rex Ludovicus, concessit in villis quæ subscribuntur (1) : Maisnilis videlicet, atque parrochia de Bulziaco, et parochia de Veteribus domibus, et in parrochia de Castaneto, et in illa de Matzeriis, tam in bosco quam in plano, præter cervum et bischiam et capreolum, quamvis quædam injuste quædam juste regia potestate consuetudinarie capiebat. Concedimus etiam quodcumque memoratus pater noster ex propria largitione donavit : videlicet quartam partem furnorum de Lorriaco, et centum solidos quos avus noster, pro recolendo anniversario patris sui, regis Philippi, proavi nostri ecclesiæ Beati Benedicti donavit in reliquis tribus partibus furnorum, quæ nobis remanere assignavit, et ab eo qui furnos habebit absque contradictione abbati S. Benedicti in perpetuum reddi præcepit, Aurelianensis videlicet monetæ; quos et nos similiter reddi præcepimus. Quæ omnia ut perpetuam stabilitatem obtineant præsentem paginam sigilli nostri authoritate ac regii nominis charactere inferius annotato præcepimus confirmari. Datum apud Fontem Blaudi, anno Incarnati Verbi M° C° LXXXIII, regni nostri anno quarto. Astantibus in palatio nostro quorum nomina, subscripta sunt et signa. S. comitis Theobaudi, dapiferi nostri. S. Guidonis buticularii nostri. S. Mathei camerarii. S. Radulphi constabularii. Data per manum Hugonis cancellarii. Philippus.

> (D'après le *Cartulaire I de Fleury* (xviii⁰ s.), où la copie a été faite sur l'original, p. 7, *Archives du Loiret*.)

XII.

Le Pui, 1188, la 9⁰ a. du règne (entre le 17 avril et le 31 oct.).— Philippe-Auguste accorde les Coutumes de Lorris aux habitants de Nonette.

In nomine sancte et individue Trinitatis, Amen. Philippus, Dei gracia Francorum rex. Noverint universi presentes pariter et futuri quoniam universis apud Nonetam (2) habitantibus et habitaturis conce-

---

(1) Voyez la *Pièce justif.*, n° VI.

(2) *Nonette*, Puy-de-Dome, arr. Issoire, c⁰ⁿ Saint-Germain-Lembron.

dimus easdem consuetudines habendas et observandas quas habent
et observant homines nostri de Lorriaco. Quod ut in posterum ratum
et illibatum permaneat presentem cartam sigilli nostri auctoritate ac
regii nominis karactere inferius annotato precepimus confirmari. Actum apud Podium, anno ab Incarnatione Domini M° c° LXXX° VIII°,
regni nostri anno nono. Astantibus in palacio nostro quorum nomina
subposita sunt et singna. S. comitis Theobaldi, dapiferi nostri. S. Guidonis, buticularii. S. Mathei, camerarii. S. Radulphi, constabularii.
Data vacante [*Locus monogrammatis*] cancellaria.

> (D'après un vidimus du garde du sceau d'Auvergne, donné en juin
> 1290, *Arch. Nat.*, J 1046, n° 2.)

XIII.

Paris, 1202, au mois de décembre. — Philippe-Auguste donne au prieur de
   Lorris une poterne sise près Saint-Sulpice, à Lorris (Indiqué par L. Delisle, *Catal.*, n° 724).

Philippus, Dei gratia Francorum rex. Noverint universi ad quos
præsentes litteræ pervenerint, quod nos concedimus priori de Lorriaco posternam quæ est juxta S. Sulpitium ad ædificandum et ad
hospitandum, ad opus monachorum ibidem commorantium. Quod ut
perpetuum robur obtineat præsentem paginam sigilli nostri auctoritate confirmamus. Actum Parisius anno 1202, mense X^brI.

> (D'après le *Cartul. I de Fleury*, p. 169 (xviiie s.), *Archives du Loiret*.)

XIV.

Bourges, 1202, la 24° a. du règne (du 1er nov. 1202 au 5 avr. 1203). —
   Philippe-Auguste accorde aux habitants de Sancoins le tarif des amendes
   contenues dans la charte de Lorris, et détermine les droits des moines de
   la Charité-sur-Loire et les siens sur les dits habitants (Indiq. par Delisle,
   Catal., n° 733).

In nomine sancte et individue Trinitatis, Amen. Philippus, Dei
gratia Francorum rex. Noverint universi presentes pariter et futuri
quod nos ville de Cenquonio (1) concedimus quod homines in ea
commanentes, cum pertinentiis ejus, sint ad usus et consuetudines
Lorriaci omnium forifactorum et clamorum..... (2) exercitiis. Monachi

(1) *Sancoins*, Cher, arr. Saint-Amand, ch.-l. c°ⁿ.
(2) Espace laissé en blanc dans le manuscrit.

autem de Karitate habebunt audientiam omnium forifactorum et ex-
plettorum et justitiarum ejusdem ville, et omnia que antea in eadem
villa habebant. Et prepositus noster ipsis monachis fidelitatem faciet.
Et homines ville illius nobis reddent consuetudines bladi et denariorum quas ipsi hactenus reddiderunt. Quod ut perpetuum robur obtineat, presentem paginam sigilli nostri auctoritate et regii nominis
karactere inferius annotato confirmamus. Actum apud Bituricas.,
anno Domini millesimo ducentesimo secundo, regni vero nostri anno
vicesimo quarto. Astantibus in palatio nostro quorum nomina supposita sunt et signa : dapifero nullo. Signum Guidonis baticularii. S.
Mathei camerarii. S. Droconis constabularii. Data vacante cancellaria
per manum fratris Germani.

(D'après un vidimus de la prévôté de Sancoins, daté de l'an 1302,
transcrit dans la copie du Cartulaire du prieuré de Paray (xviiie
s.), *Bibl. Nat.*, ms. lat. 9884, fo 47 ro-vo.)

XV.

Règne de Philippe-Auguste, début du xiiie siècle. Liste des chevaliers,
veuves, nobles et valets de la baillie de Lorris.

BALLIVA LORRIACI.

Milites.

Fulco Boche.
Henricus de Groetian.
Fulco de Machet.
Guillelmus de Chevillon.
Henricus de Bulli.
Hato de Bordell[is].
Rei Dorin.
Herveus de Rupibus.
Gaufridus Joceran.
Galterus Dorin.
Gaufridus de Bulli.
Stephanus de Chacenai.
Dominus Hoiaus.
Jocerannus de Bellocampo.
Pontius de Aula.
Robertus de Monbarrois.
Hugo de Monbarrois.
Willemus de Monleart.
Anulphus Breon.

Gaufridus de Monbarrois.
Gaufridus Lumbarz.
Gaufridus de Barvilla.
Guillelmus, frater ejus.
Guillelmus de Parrevilla.
Odo de Gaubertein.
Paganus de Mengricort.
Arnul Cord[er].
Amauricus de Monboseran.
Petrus de Alneto.
Hugo Doilon.
Willelmus Serene.
Robertus de la Broce.
Odo de Aucerre.
Simo Serene.
Guido de Aucerre.
Gaufridus de Espineris.
Gaufridus de Auvill[ari] et filius
ejus.

Reginaldus de Tespont et filius
  ejus.
Johannes de Montegni.
Petrus de Gratelou.
Guillelmus de Josenvill[ari].
Arnul de Vil[le]most[er].
Imbertus de Vil[le]most[er].
Rei de Alto Bosco.
Henricus de Pruneio.

Galterus Mirele.
Aubertus de Pruneio.
Gaufridus de Chailli.
Tecelinus de Chastelers.
Guillelmus de Monte Martis.
Ansellus Bullicans.
Henricus de Bois.
Henricus de Buxiis.

Vidue ejusdem ballive.

Florentia de Loisi.
Ermensenda de Blarete[in].
Odierne de Chaili.
Mahauz Boche.
Elisabeth de Insula.

Gila de Gauderi.
Adelina de Tespont.
Uxor Gilonis de Capella.
Uxor Girardi Dorin.
Philippa de Sanciaco.

Valleti ejusdem ballive.

Ansellus de Suri.
Guido de Gaudein.
Hugo de Gaudein.
Arnulphus Pavo.
Joscelinus de Meso.
Willelmus Godefridus.
Stephanus de la Broce.

Robertus de Meso.
Gilo Barbelin.
Gilo Dairon.
Rei Pagani.
Guido frater vicecomitis.
Milo, dominus Broce.
Willelmus Pilus Cervi.

(D'après le registre C de Philippe-Auguste, *Arch. Nat.*, JJ 7-8,
2ᵉ partie, fᵒ VI vᵒ.)

XVI.

Fontainebleau, 1207 (du 1ᵉʳ nov. au 5 avril 1208). — Philippe-Auguste s'engage vis-à-vis de Blanche de Navarre à ne plus édifier de ville neuve sur un territoire délimité (Indiq., Delisle, *Catal.*, nᵒ 1055).

Littere Philippi, regis Francorum, qui concessit Blanche, comitisse Campanie, et Guidoni Gasteble et Henrico de Malo Nido, quod non poterit facere villam novam, sicut hic patet.

In nomine sancte et individue Trinitatis, Amen. Philippus, Dei gracia Francorum rex. Noverint presentes pariter et futuri quod nos concessimus dilectis et fidelibus nostris, Blanche, comitisse Campanie, Guidoni Gasteble et Henrico de Malo Nido, quod nos non poterimus aliquam villam novam facere, neque societatem alicujus ca-

pere infra hos terminos, scilicet : a Dymonte (1) usque Malleium-
Regis, et inde usque ad Fontes juxta Saliniacum, et inde usque ad
Voisinas, et inde usque ad Thoreniacum, sicut aqua Oreuse usque
ad Yonam exinde; exceptis tamen illis que ibi erant ea die qua presens carta fuit facta. Volumus autem et pagina presenti decernimus
ut carta illa, quam canonici Senonenses a nobis habent super societatem de Thoreniaco, nullius de cetero valoris sit aut momenti. Hec
autem supradicta ipsis et eorum heredibus concedimus, salvo jure
alieno, et salvo jure nostro quod habemus in villis capitulorum et
ecclesiarum, ratione legalium ; propter hoc autem ipsi dederunt nobis
mille libras Parisiensis monete.

Quod ut ratum, etc. Actum apud Fontem Bliaudi, anno Mᵒccᵒ
septimo, etc.

> (D'après le Cartul. 3 de Champagne, *Bibl. nat.*, ms. lat. 5992,
> fᵒ 47 vᵒ.)

XVII.

Sainte-Ménehould, 1208, octobre. — Blanche, comtesse de Champagne,
donne des franchises aux habitants de la ville neuve fondée par elle et
l'abbé de Saint-Remi de Reims à Villiers-en-Argonne.

Ego, Blancha, comitissa Trecensis palatina, notum facio præsentibus et futuris quod ego et abbas et conventus Sancti Remigii Remen-
sis, apud Vilers super Aisniam, villam novam constituentes, omnibus
in eadem villa manentibus et mansuris hanc concessimus in perpetuum
libertatem, quæ in præsenti carta plenissime continetur.

1. Quicumque terram excolet proprio animali duos solidos et unum
sextarium avenæ michi et prædictis abbati et conventui annuatim
solvet in festo sancti Remigii.

2. Qui vero propriis manibus, tantum duos solidos dabit.

3. Pro simplici emenda dabunt duodecim denarios; pro sanguine
XV solidos.

4. Furtum, raptum, homicidium, et multrum in manu nostra reser-
vamus.

5. Pro duello firmato uterque XII denarios dabit; si sanguis fusus
fuit, XV solidos; si duellum victum fuit, victus solvet IX libras.

6. Exercitum et calvachiam meam etiam facient, si ego vel aliquis
de domo præsens fuit, item tamen quod Maternam non transibunt.

7. Quatuor jurati in villa erunt qui jura nostra et villæ conservabunt.

(1) Voir, pour l'identification des noms de lieu, p. 83.

8. Et ego et prædicti abbas et conventus majorem nostrum ad voluntatem nostram in villa ponemus.

9. Si miscla in villa forte facta fuerit, qui inde accusatus fuit, se tertio se purgabit. Si unus juratorum misclam viderit non poterit se purgare.

10. Quicumque ibi domum fecerit, eam vendere poterit sine destructione; si vero eam locare voluerit, locare poterit; si eam manutenuit, licet alibi maneat.

11. Quicumque ibidem mansurus advenerit, et illinc recedere voluerit, conductum habebit per undecim dies.

Ut autem hæc libertas et hæ consuetudines in posterum firmiter observentur, in confirmationem et testimonium prædictorum præsentem cartam fieri volui, et sigilli mei munimine roborari. Actum apud S. Menold, anno incarnati Verbi millesimo ducentesimo octavo, mense octobri. Datum vacante cancellaria.

(D'après un placard imprimé, *Bibl. Nat.*, Collection de Champagne, vol. 136, p. 244.)

XVIII.

Viterbe, 1209, 30 mai. — Bulle d'Innocent III confirmative de l'accord intervenu entre l'abbaye de Saint-Benoît-sur-Loire et l'archevêque de Sens, Guillaume, au sujet de leurs droits sur l'église de Lorris.

Innocentius, episcopus servus servorum Dei, dilectis filiis, abbati et conventui Sancti Benedicti Floriacensis, salutem et apostolicam benedictionem. Solet annuere Sedes Apostolica piis votis, et honestis petentium precibus favorem benevolum impertiri. Eapropter, dilecti in Domino filii, vestris justis postulationibus grato concurrentes assensu, compositionem inter vos ex parte una, et bonæ memoriæ W. (1) archiepiscopum et capitulum Senonense ex altera, super ecclesia de Loriaco initam, et scriptis autenticis roboratam, sicut sine pravitate provide facta est, et ab utraque parte sponte recepta, et in eisdem autenticis plenius continetur, autoritate apostolica confirmamus et præsentis scripti patrocinio communimus. Nulli ergo omnino hominum liceat hanc paginam nostræ confirmationis infringere, vel ei ausu temerario contraire. Si quis autem hoc attentare præsumpserit indignationem omnipotentis Dei et beatorum Petri et Pauli apostolorum ejus se noverit incursurum. Datum Viterbii, III° kal. Junii, et Pontificatus nostri anno duodecimo.

(D'après le *Cartulaire I de Fleury*, p. 50, pièce n° 68 (xviiie s.), *Archives du Loiret*.)

(1) *Willelmus*. Guillaume de Champagne.

XIX.

Paris, 1224, la 1re a. du règne. — Louis VIII déclare que l'abbaye de Ferrières n'avait pas le droit de construire, comme elle l'a fait, des halles à Puiseaux.

In nomine sancte et individue Trinitatis, Amen. Ludovicus, Dei gracia Francorum rex. Noverint universi presentes pariter et futuri quod, cum esset contencio inter ecclesiam Sancti Victoris Parisiensis ex una parte et ecclesiam Ferrariensis ex altera coram nobis super quibusdam halis quas abbas Ferrariensis edificaverat in terra sua, sita Puteolis in Gastinesio, partibus coram nobis in jure constitutis et jus sibi dici postulantibus, judicatum est quod hale ille, quas dictus abbas edificaverat, de jure cadere debebant, et quod nullus poterat in terra illa de Puteolis vendere in die mercati nec in fenestras, nec in alio loco; in aliis vero diebus poterat qui volebat vendere in fenestris tantummodo et non alibi. Quod ut perpetue stabilitatis robur obtineat, presentem paginam sigilli nostri auctoritate et regii nominis karactere inferius anottato confirmamus. Actum Parisius, anno Dominice Incarnacionis mo cco visesimo quarto, regni vero nostri anno primo. Astantibus in palacio nostro quorum nomina supposita sunt et signa : Dapifero nullo. Signum Roberti, buticularii. S. Bartholomei, camerarii. S. Mathei, constabularii. Data per manum Guarini, Silvanectensis episcopi, cancellarii.

> (D'après le)*Cartulaire de Puiseaux* (xve s.), *Arch. Nat.*, S 2150, no 14, pièce cotée C.)

XX.

Vidimus du garde du sceau de la châtellenie de Bray-sur-Seine en date du 19 avril 1408, contenant des Lettres de Charles VI (à Paris, mai 1402), et une charte de Thibaud V, comte de Champagne (à Troyes, le 9 avril 1269-1270), toutes deux confirmant les Coutumes accordées par Héloïse, dame de Chaumont, et Pierre des Barres, son fils, à leurs hommes de Chaumont, Villemanoche et autres lieux voisins, par lettres passées devant l'officialité de Sens, le 29 mars 1247 (1248, n. st.). (*Archives de l'Yonne*, E 636.)

Une copie contemporaine, sur parchemin, des lettres de l'official de Sens, du 29 mars 1247-1248, se trouve aux *Arch. Nat.*, J 203, no 56. Cette pièce ne porte aucune trace de sceau : ce qui nous empêche d'y reconnaître avec M. Teulet un original (*Layettes du Trésor*, no 3642, t. III, p. 23). Cette copie est très mutilée; toutefois elle nous permet de rétablir dans les lettres de l'official l'orthographe du xiiie siècle, que n'a pas toujours respecté le vidimus, que je transcris ici.

On trouve encore aux *Archives de l'Yonne*, E 636, un vidimus du garde des sceaux de la châtellenie de Bray-sur-Seine, daté du 4 février 1511, et contenant la même charte de Coutumes, mais rédigée au nom d'Héloïse et de Pierre, en février 1247 (1248, n. st.) et donnée sous le sceau de Pierre des Barres ainsi décrit dans le vidimus : « Scellées en double queue de parchemin d'un grant seel et contre-seel en cyre jaune ouquel seel estoit emprint tout environ de l'escripture bien encienne, et ung escu tout plain de lozenges, les unes basses et les autres eslevées, et par dessus une barre en travers garnye de trois lembeaulx ; et ou dit contreseel ung escusson ouquel avoit une croix emprinte renversée par les quatre boutz. »

A tous ceulx qui ces presentes lettres verront, Giles Chauen, garde de par le Roy de Naveire, duc de Nemor, du seel de la chastellerie de Bray-sur-Seine, Salut. Sachent tuit que l'an de grace Nostre Seigneur mil quatre cens et huit, le jeudi dix et neuf jours du mois d'avril après Pasques, Jehan Billaust, clerc, commis juré, substitut et establi pour et en absence de Jehan Garnier, clerc, tabellion juré et establi en la dicte chastellerie par le dit seigneur, tint, vit et diligemment lut de mot à mot, unes lettres seines et entières de seel et d'escripture, seelées en corde de soye, de cire vert, du seel du roy, nostre sire, si comme l'inspection d'icelles le tesmoigne, laquelle est tele et s'ensuit.

Karolus, Dei gracia Francorum rex. Notum facimus universis tam presentibus quam futuris nos vidisse litteras formam que sequitur continentes :

Nos, Theobaldus, Dei gracia rex Navarre, Campanie ac Brie comes palatinus, notum facimus universis presentes litteras inspecturis, tales litteras infrascriptas non viciatas, non corruptas vidisse, et de verbo ad verbum legisse sub hac forma que sequitur :

Omnibus presentes litteras inspecturis, magister Odo, officialis curie Senonensis, salutem in Domino. Notum facimus nos litteras inferius annotatas vidisse in hec verba ;

Omnibus (1) presentes litteras inspecturis, magister Petrus, officialis curie Senonensis, salutem in Domino. Notum facimus quod coram mandato nostro, videlicet coram magistro Adam de Gressio, clerico jurato curie Senonensis, ad hoc audiendum a nobis loco nostri specialiter destinato, constituti nobilis mulier Heluysis, domina Calvimontis (2) et Petrus de Barris, miles, filius ejus, recognoverunt :

1. Quod ipsi quitaverant imperpetuum omnes homines suos ab omni servitute corporis, et a qualibet alia exactione, videlicet tallie,

----

(1) Je rétablis l'orthographe primitive de cette charte d'après la copie contemporaine aux *Arch. Nat.*, J 203, n° 56.

(2) *Chaumont-sur-Yonne*, Yonne, arr. Sens, c⁰ⁿ Pont-sur-Yonne.

ablationis, roge et corveie, ita videlicet quod quilibet dictorum hominum tenebitur reddere annuatim, ubicumque eat vel maneat, duodecim denarios turonensium, ratione dicte libertatis, ipsis et heredibus suis vel eorum mandato in crastino Omnium Sanctorum, videlicet
homines de Villamanesche (1) cum pertinentiis usque ad Senones,
scilicet de Pontibus (2) et de Gisiaco (3), apud Villammannesche, et
homines de Capella (4) et de Campigniaco (5), de Villa nova Guiar-
di (9) et de Villa Blovain (7) usque ad Moretum (8) tam citram Yonam
quam ultra commorantes et homines de Calvomonte cum pertinentiis
apud Calvummontem, ac homines de Dyante (9) apud Dyantem.

2. Preterea heredes singuli dictorum hominum qui erunt extra ad-
voeriam, tutelam seu curationem, sive sint cubantes in terra dictorum
Heluysis Petri et heredum suorum, sive extra, tenebuntur reddere
dictos duodecim denarios turonensium, ratione dicte libertatis, ad
dictum diem in locis predictis.

3. Poterunt etiam dicti homines maritare filios suos et filias suas,
ubicumque et cum quibuscumque voluerint; verumptamen, ubicumque ibunt vel manebunt, tenebuntur reddere, ut dictum est, dictos
duodecim denarios turonensium, pro dicta libertate, ipsis seu heredibus eorum aut mandato suo.

4. Si vero ad dictum terminum dictos duodecim denarios non redderent, quilibet ipsorum deficiens in solutione, ut dictum est, facienda,
teneretur reddere quinque solidos turonensium pro emenda.

5. Si autem facere voluerint de filiis suis clericos, poterunt hoc
facere sine licentia dictorum Heluysis et Petri seu heredum suorum;
ita tamen quod si clericus ad maritagium recurrerit, vel clericalem
habitum deposuerit, tenebitur similiter ad solutionem dictorum duodecim denariorum ad terminum supradictum.

6. Concesserunt etiam dictis hominibus suis quod forefacta sexaginta solidorum venient ad quinque solidos turonensium, et forefacta
quinque solidorum ad duodecim denarios turonensium; et clamor
prepositi ad quatuor denarios turonensium.

7. Si vero de legitimis hominibus duellum factum fuerit, obsides
devicti centum et duodecim solidos turonensium persolvent.

(1) *Villemanoche*, même canton.
(2) *Pont-sur-Yonne*, arr. Sens, ch.-l. c^on.
(3) *Gisy*, c^on Pont-sur-Yonne.
(4) *La Chapelle*, même c^on, hameau de la commune de Champigny.
(5) *Champigny*, même c^on.
(6) *Villeneuve-la-Guyard*, même c^on.
(7) *Villeblevin*, même c^on.
(8) *Moret*, Seine-et-Marne, arr. Fontainebleau, ch.-l. c^on.
(9) *Diant*, arr. Fontainebleau, c^on Lorrez-le-Bocage.

8. Si autem aliquis equos vel animalia dictorum hominum in nemoribus dictorum Heluysis, Petri et heredum suorum invenerit, non debet ea ducere nisi ad prepositum ipsorum; et, si aliquod animal, a tauris fugatum vel a muscis coactum, intraverit boscum suum, nichil ideo debebit emendare ille cujus animal fuerit, si custos ejusdem animalis poterit jurare, quod, custode invito, illum intrasset; sed si, aliquo custodiente scienter, illud inventum fuerit, quatuor denarios turonensium pro illo debebit et pro unaquaque ove unum denarium turonensium; si vero plura fuerint animalia ibi inventa, quatuor denarios turonensium reddet ille, cujus eadem erunt animalia pro unoquoque animali.

9. Dicti quoque homines communi assensu eligent messores ad custodiendum fructus et exitus suos ac bona ipsorum; qui messores dicte Heluysi et Petro et heredibus suis, seu preposito ipsorum, jurabunt quod dictos fructus, exitus et bona fideliter conservabunt, et quod omnia forefacta, de quibus debebit emenda haberi, dicto preposito revelabunt et capciones ei adducent.

10. Si vero non placuerit eis eligere messores nec habere, ipsi jurabunt eisdem Heluysi, Petro et heredibus suis, seu preposito ipsorum, quod alter alterius fructus et bona fideliter servabit, et forefacta suo preposito revelabit, et captiones ei adducet, sicut est predictum.

11. Si vero contigerit quod forefactum ad prepositum devenerit, prepositus faciet illi, cujus forefactum fuerit, dampnum suum restaurare; et, si forefactum ad prepositum non pertineat, messores ad illum, cujus dampnum fuerit, gagia reportabunt; et ille messoribus messeriam suam reddet, videlicet unum denarium turonensem pro messeria.

12. Nullus dictorum hominum in expeditionem vel equitationem seu citationem ire tenebitur quin ad domum suam, si voluerit, redeat ipsa die. Si autem amplius pernoctare vel amplius moram facere quemquam contigerit, ipsi Heluysis, Petrus et heredes eorum tenebuntur ipsum rationabiliter procurare.

13. Quilibet dictorum hominum tenebitur habere armaturam secundum possibilitatem suam.

14. Dicti homines pascua in nemoribus dictorum Heluysis, Petri et heredum suorum habebunt, post quintum folium, ad oves, animalia et equos suos.

15. Nullus dictorum hominum, legitimus seu fidelis, captus tenebitur, si plegium veniendi ad jus dare potuerit.

16. Si quis dictorum hominum pro debito seu forefacto ipsorum Heluysis, Petri seu heredum suorum detentus fuerit, ille pro cujus debito seu forefacto detentus fuerit, cum suis sumptibus tenebitur eum servare indempnem.

17. Si quis dictorum hominum detentus fuerit pro suo debito vel forefacto, dicti Heluysis, Petrus et heredes ipsorum tenebuntur eum liberare cum sumptibus ejus qui debuerit debitum seu commiserit forefactum.

18. Ipsi etiam Heluysis et Petrus et heredes sui tenentur, et juramento sollempniter prestito, promiserunt se servaturos inviolabiliter omnia et singula supradicta, heredesque et successores suos ad ea omnia imperpetum observanda obligarunt, et esse voluerunt obligatos.

19. Voluerunt etiam quod, quotiens alter ipsorum et heredum suorum, unus post alium, successerit; et etiam prepositi sui et heredum suorum, quotiens mutabuntur, jurent se fideliter servaturos omnes dictas consuetudines cum omnibus et singulis prenotatis.

20. Nobilis siquidem mulier, Aalidis, uxor dicti Petri de Barris, et Guillelmus ac Guido, liberi eorum, coram mandato nostro predicta omnia et singula concesserunt spontanei, et juramento sollempniter prestito promiserunt se ea omnia firmiter et fideliter servaturos. Ita quod dicti liberi renunciaverunt exceptioni minoris etatis, beneficio restitutionis in integrum, et exceptioni que posset obici pro eo quod tunc temporis essent in advoeria seu tutela.

21. Prefata quoque Aalidis renunciavit expresse exceptioni, si que posset in posterum ei competere, ratione dotis, hereditatis, conquestus, sive pro eo quod non habebat per hoc commutationem alterius rei.

22. Promiserunt etiam et tenentur dicti Heluysis et Petrus cum sumptibus suis perquirere et dare dictis hominibus litteras domini regis Navarre sigillo ipsius sigillatas, continentes quod idem dominus rex gratas habet et acceptas conventiones has, quantum ad ea que movent de feodo ejusdem domini regis; seque supposuerunt, quantum ad predicta, sepedicti Heluysis et Petrus, Aalidis, Guillelmus et Guido juridictioni curie Senonensis.

In cujus rei testimonium presentibus litteris, ad petitionem ipsorum Heluysis, Petri, Aalidis, Guillelmi et Guidonis, sigillum curie Senonensis duximus apponendum. Actum apud Calvummontem, coram dicto mandato nostro, anno Domini millesimo ducentesimo quadragesimo septimo, mense Martio, dominica qua cantatur Letare Jerusalem.

Quod autem in dictis litteris vidimus contineri, de verbo ad verbum transcribi fecimus et sigillo curie Senonensis sigillari. Datum anno Domini millesimo ducentesimo quinquagesimo septimo, mense Augusti.

Nos vero, libertatem concessam de Calvomonte et de pertinenciis ejusdem ville, necnon et de Villablovain et de pertinentiis ejusdem ville, volumus, laudamus et approbamus. Et, in testimonium premissorum, presentibus litteris sigillum nostrum duximus apponendum. Datum per nos Trecis, die Mercurii ante Resurrectionem Domini, anno Domini millesimo ducentesimo sexagesimo nono.

Quas quidem litteras, ac omnia et singula in eisdem contenta, ratas et gratas habentes eas et ea volumus, laudamus, approbamus; et tenore presentium de speciali gracia, inquantum homines ville de Calvomonte et de pertinenciis ejusdem, et de Villablovain et de pertinenciis ejusdem ville, de quibus in ipsis litteris fit mentio, usi sunt debite, confirmamus. Mandantes baillivo nostro Meldensi ceterisque justiciariis, officiariis nostris presentibus et futuris, vel eorum locatenentibus, et eorum cuilibet, prout ad eum pertinuerit, quatinus dictos homines nostra presenti gracia et confirmacione uti et gaudere pacifice faciant et permittant, ipsos in contrarium nullatenus molestando seu molestari permittendo. Quod ut firmum et stabile permaneat in futurum, sigillum nostrum presentibus litteris duximus apponendum, salvo in aliis jure nostro et in omnibus quolibet alieno. Datum Parisius, mense Maii, anno Domini millesimo cccc° secundo, et regni nostri XXII^{do}.

Et estoient ainsin signées sur la marge : Per regem ad relacionem consilii. MAULOUE. Collatio facta est. Visa contentor FRÉROU.

En tesmoin de laquelle chose, nous, Giles Chauen, garde devant dénommé par le rapport, signet et seing manuel dudit juré, avons scellé ce présent transcript en vidimus du seel et contreseel de la dicte chastellerie de Bray. Ce fut fait l'an, mois et jour devant diz.

BILLAUST.

Sur le repli : Collacion fut faicte à l'original.

(*Le sceau de la châtellenie de Bray a disparu.*)

(D'après les Archives de l'Yonne, E 636.)

XXI.

1290, 29 juin. — Philippe, roi de France, fixe les conditions requises pour acquérir la bourgeoisie royale à Nonette.

Ph[elipes], par la grace de Dieu roy de France, a touz ceus qui verront ces presentes leitres, salut. Sachent tuit que nous voulons et

otroions pour nous et pour touz noz successeurs, que tuit cil qui sont
et qui seront bourgois de nostre chastel de Nonneite et des apartenances, qu'il soient tenuz de faire les choses qui s'ensuient.

Premierement, que chascun bourgois dudit lieu ou des apartenances
soit tenuz d'avoir maison ou dit chastel ou es apartenances, en la
quele maison nous et noz successeurs puissons prandre sis deniers de
rente chascun an a touzjours mes ; et voulons que chascun des diz
bourgois soit tenuz de faire residence au·commancement de sa bourgoisie ou dit chastel ou es apartenances un an et un jour tant seulement. Et, se il avenoit qu'il eust a faire en marcheandises ou en
autres besongnes dedans l'an et le jour desus diz, nous voulons que
sa mesniee face residence pour lui au dit lieu l'an et le jour desus diz,
et que autant li vaille comme se il avoit faite sa residence en sa propre
personne, et ausi bien soit tenuz pour nostre bourgois ; et voulons
encores que il soit tenuz chascun an de faire residence ou dit lieu ou
es apartenances par lui ou par aucun de sa mesniee de la Touz Sains
jusques a la Chandeleur ; et qu'il soit tenuz avec tout ce de paier les
autres choses qui sont acoustumées de paier au dit chastel, c'est
asavoir guet et maneuvre ; et ce fait qui est desus dit, nous li don-
nons, otroions et confermons les coustumes et les franchises de la
bourgoisie du dit chastel de Nonneite, ensemble ou toutes les coustumes et les franchises que nous ou noz devanciers avons otroiées a
la ville de Lorrez en Gastinaz ; et assouvies les choses desus dites par
les bourgois desus diz, nous metons eus et chascun d'eus et touz
leurs biens et de chascun d'eus en nostre garde et en nostre protection
et deffense. Ce fu fait en l'an de grace, le jeudi empres la Saint Jehan
Bap[tiste] mil cc quatre vinz et dis.

Au dos : Recepta per manum Philipi Garempo burgensis Briva-
tensis.

(D'après l'original, sur parchemin, scellé sur simple queue et cire
jaune, *Archives Nationales*, J 1046, n° 3 *bis*.)

XXII.

1314. — Enquête de la Chambre des Comptes sur les villes de la baillie de
Sens qui se prétendaient exemptes de l'aide de la chevalerie à l'égard du
roi (1).

Ce sont les villes de la baillie de Sens qui se dient franches de la

(1) Je connais de cette enquête deux textes peu différents : le premier est
une copie faite au xviii⁰ siècle avant l'incendie de la Chambre des Comptes
(1737), d'après le reg. *Pater*, f⁰ 196, et contenue dans un reg. de la *Bibl. Nat.*,

subvention de la chevalerie le Roy. Et y sont contenues les *clauses* (1) de leurs privilèges qui peuvent (2) faire à leur entention.

Et est assavoir :

Que le roy Philippes (3), qui mourut (4) en Arragon, fut faict (5) chevalier l'an mil deux cens soixante sept à la feste de la Pentecoste ; et le Roy, qui regne presentement (6), à la my-aoust l'an mil deux cens (7) quatre vingt et quatre ; et le roy Louis de Navarre (8) à la Penthecoste l'an mil trois cens treize, et ses deux frères, scavoir Philippes comte de Poictiers et Charles comte de la Marche.

Sens a telle clause en son privilège : Volumus etiam quod homines communiæ liberi permaneant ab omnibus tailliis (9) et *toltis* (10) salvo servitio (11) exercitus et equitationis nostræ (12).

Et s'est trouvé (13) par le compte (14) de la baillie de Sens l'an

ms. lat. 9045, fº 258 vº, fº 259 rº. Cette enquête a été faite sous Philippe le Bel lorsqu'on réclama le paiement de l'aide de la chevalerie des fils du roi : Louis de Navarre, Philippe, comte de Poitiers, Charles, comte de la Marche, faits chevaliers à la Pentecôte 1313. L'autre texte est une copie faite d'après le reg. *Pater*, fº 152, et conservée aux *Arch. Nat.*, P 2289, p. 152. Le roi Philippe le Bel y est dit *régnant*, et quelques lignes plus bas, on lit : « *Charles qui ores regne, lors comte de la Marche.* » Ce sont là les seules différences notables qui existent entre ces deux copies. Mais comment expliquer l'incompatibilité des indications chronologiques de la seconde. Y a-t-il eu deux enquêtes : l'une sous Philippe le Bel, l'autre sous Charles IV ? En ce cas, ces deux enquêtes n'auraient pas été transcrites, l'une au fº 196, l'autre au fº 152 du même reg. *Pater*; d'autant plus que la seconde serait au fº 152 et la première au fº 196. Je crois donc qu'il n'y a eu qu'une enquête faite en 1314. J'accorde plus de confiance à l'extrait de la Bibliothèque nationale fait antérieurement à l'incendie des Mémoriaux. Je donne toutefois en note les variantes du texte des Archives (A. N.).

(1) La copie de la *Bibl.* portent *causes;* celle des *Archives : clauses.*

(2) A. N.; *puent.*

(3) A. N. *Philippe.*

(4) A. N. *mourust.*

(5) A. N. *fait.*

(6) A. N. *présentement Philippe le Bel.*

(7) A. N. *mi-aoust MCCLXXXIIII.*

(8) A. N. *de Navarre et ses deux frères Philippe conte de Poitiers et Charles qui ores règne lors conte de la Marche à la Pentecoste l'an MCCCXIII.*

(9) A. N. *tailliis.*

(10) A. N. Le texte de la *B. Nat.* porte *soldis.* Je corrige *toltis* d'après A. N.

(11) A. N. *et salvo servicio.*

(12) A. N. *nostre.*

(13) A. N. *et est trouvé.*

(14) A. N. *les comptes.*

1286 (1), que la dicte ville de Sens paia dou revouage levé en lieu de la chevalerie le Roy (2), pour le tout : xxvii lb. (3); Item, en l'an 1269 (4), deux mil livres pour don; et, en l'an 1284, deux mil livres pour don; et de ces deux dons n'a exprimé nulle autre clause (5). Et est a scavoir (6) que li privilege (7) est donné en nom de la commune; et hors de la commune sont de (8) plus riches hommes de la ville de Sens:

Chasteaulandon (9). Et est trouvé par le compte (10) que la dicte ville paia (11) en l'an 1286 (12) du revouage levé pour subvention de la chevalerie le Roy pour le tout xxxii lb. (13).

Lorris ou Boscage (14).

Dymons (15)
Voux (16)
Licy (17)   } nihil.
Chesay (18)
Doleil (19)

Flagi (20) et Ferrettes (21) ensemble.

Flagy paia (22) en celle mesme manière comme Chasteaulandon (23).

---

(1) A. N. de l'an MCCLXXXVI.
(2) A. N. du Roy.
(3) A. N. vingt-sept livres.
(4) A. N. MCCLXIX.
(5) A. N. cause.
(6) A. N. assavoir.
(7) A. N. privileges.
(8) A. N. des.
(9) A. N. Chastiaulandon. — Châteaulandon, Seine-et-Marne, ar. Fontai-nebleau, ch.-l. canton.
(10) A. N. les comptes.
(11) A. N. lad. paya.
(12) A. N. MCCLXXXVI.
(13) A. N. trente-deux livres.
(14) A. N. Lorres ou Boscage. — Lorrez le Bocage, Seine-et-Marne, arr. Fontainebleau, ch.-l. con.
(15) Dixmont, Yonne, arr. Joigny, con Villeveuve-sur-Yonne.
(16) Voulx, Seine-et-Marne, arr. Fontainebleau, con Lorrez-le-Bocage.
(17) A. N. Lici. — Lixy, Yonne, arr. Sens, con Pont-sur-Yonne.
(18) Chéroy, Yonne, arr. Sens, ch.-l. con.
(19) A. N. Doleit. — Dollot, Yonne, arr. Sens, con Chéroy.
(20) Flagy, Seine-et-Marne, arr. Fontainebleau, con Lorrez-le-Bocage.
(21) A. N. Ferrete. — Ferrottes, près Flagy.
(22) A. N. Flagi paia.
(23) A. N. Chastiau Landon.

et pour celle mesme cause (1) et en ce mesme an la somme de vingt-cinq livres (2).

Ferretes (3) nihil.

Les villes dessus dictes (4) ont les uz, les coutumes et les (5) privileges, que *a* (6) la ville de Lorris en Gastinois, dessus dicte (7), qui est de la baillie d'Orléans (8), et ont en leurs privileges les dictes villes (9) telles clauses (10) : « Nullus, nec nos, nec alius, de (11) hominibus de Lorriaco tailliam (12) nec ablationem (13) » ; et en aucuns privileges « toltam neque rogam faciat. »

Sens, Flagy (14), Chateaulandon (15), la Villeneufve (16) le Roy sont mis (17) en suspens et pour cause : car la somme qu'ilz ont paié (18) est petite.

Villeneufve-le-Roy (19).

La Villeneufve (20) le Roy si a lettres (21) que elle a les uz et les coustumes (22) de Lorris en Gastinois, mais il n'y (23) a pas contenu qu'elle ait les (24) privileges de la dicte (25) ville de Lorris, comme ont

(1) A. N. *celle meisme.*

(2) A. N. *meisme an vingt livres.*

(3) Le texte de la *B. Nat.* porte *Flagy.* Je restitue *Ferretes* d'après A. N., puisqu'il est dit à la ligne précédente que Flagy paya 25 livres.

(4) A. N. *dessusd.*

(5) A. N. *us et coutumes et les.*

(6) B. N. porte *de.* A. N. donne *a.*

(7) A. N. *dessud.*

(8) A. N. *Orliens.*

(9) A. N. *lesd.*

(10) A. N. *telle clause.*

(11) *De* omis par A. N.

(12) A. N. *talliam.*

(13) A. N. *ablacionem.*

(14) A. N. *Flagi.*

(15) A. N. *Chastiau-Landon.*

(16) A. N. *Ville Neuve.*

(17) A. N. *mises.*

(18) A. N. *que il ont payé.*

(19) A. N. omet ce titre. — *Villeneuve-sur-Yonne,* Yonne , arr. Joigny , ch.-l. con.

(20) A. N. *Villeneuve.*

(21) A. N. *lettre.*

(22) A. N. *les us et les coutumes.*

(23) A. N. *n'i.*

(24) A. N. *que elle a les.*

(25) A. N. *lad.*

les villes dessus dictes (1). Et est trouvé par les Comptes que la Ville neufve (2) en l'an 1286 (3) paia dou revouage levé (4) pour la subvention de la chevalerie (5) le Roy, pour le tout XXIIII lb. (6).

Item, et que ils doibvent (7), en l'an 1269 (8), VI^c lb.

Item, en l'an 1284, XII^c lb. (9), mais il n'y a cause aucune exprimée pourquoy (10) ces deux dons furent faictz (11).

(D'après un manuscrit d'Extraits des reg. de la Chambre des Comptes, *Bibl. Nat.*, ms. lat. 9045, f° 258 v°-f° 259 r°; copie faite d'après le reg. *Pater*, f° IX^{xx} XVI.)

XXIII.

1327, 20 juin. — Arrêt du Parlement, confirmant une sentence du bailli de Sens en matière de succession et relatant sur ce point la Coutume de Lorris, suivie à Dixmont (12), les Bordes (13) et Villeneuve (14). (Indiq. par Boutaric, *Actes du Parlement*, n° 7998.)

Lite mota coram ballivo Senonensi inter Stephanum de Grevies, nomine suo et Johanne uxoris sue, ac nomine procur[atorio] Johannis Bossart, fratris dicte Johanne, liberorum defuncti Johannis Bossart de Villa nova et defuncte Edeline uxoris sue, ex una parte, et Stephanum Presbyteri, Gerardum Plenier, Johannem de Gloriac, tutores seu curatores Stephani et Edeline, liberorum dictorum Stephani et defuncte Adeline, matris sue, procreatorum ab eisdem durante matrimonio inter ipsos, ex altera; super eo quod dictus Stephanus de Grevies, nomine quo supra, dicebat predictos Johannem et Johannam procreatos fuisse a dicto Johanne Bossart et Edelina, constante matrimonio inter ipsos, mortuoque dicto patre et contracto matrimonio inter Adelinam et Stephanum Presbyteri pre-

(1) A. N. *dessusd.*
(2) A. N. *neuve.*
(3) A. N. *MCCLXXXVI paya.*
(4) *Levé* omis par A. N.
(5) A. N. *chevallerie.*
(6 A. N. *vingt-quatre livres.*
(7)) A. N. *item que il donnaire.*
(8) A. N. *MCCLXXIX, six cent livres.*
(9) A. N. *MCCLXXXIIII douze cent livres, ne il n'i a cause nulle.*
(10) A. N. *pourquoi.*
(11) A. N. *faits.*
(12) *Dixmont*, Yonne, arr. Joigny, c^{on} Villeneuve-sur-Yonne.
(13) *Les Bordes*, arr. Joigny, c^{on} Villeneuve-sur-Yonne.
(14) *Villeneuve-sur-Yonne*, arr. Joigny, ch-l. c^{on}.

dictos apud Villam novam, predictis Johanne et Johanna liberorum predictorum Johannis Bossart et Edeline in minori etate existentibus, per tutores sibi datos, porcione de bonis ad dictos liberos spectantibus, racione successionis patris solum, per divisionem nulla porcione sibi data de bonis maternis, licet de jure communi et de consuetudine et usu generaliter et notorie observatis apud Lorriacum in Vastin., quibus se consertant usus et consuetudines ville de Ducio (*sic, corr.* Dimon), de Bordis et de dicta Villa Nova medietas omnium bonorum mobilium et conquestuum pertinentium ad dictam defunctam Edelinam, cum aliis bonis que habebat ante suum matrimonium contractum, ad dictos liberos pertinere. Quare, petebat quartam partem omnium bonorum mobilium et conquestuum factorum durante matrimonio inter dictos Stephanum Presbyteri et Edelinam, matrem predictorum liberorum, ad ipsos Stephanum de Grevies, racione uxoris sue, et Johannem ejus fratrem, nomine quo supra, declarari pertinere, ac predictos Stephanum Presbyteri et tutores seu curatores dictorum Stephani et Edeline ad dictam quartam partem reddendam compelli. Dicto Stephano Presbyteri ac predictis tutoribus seu curatoribus ex adverso proponentibus quod, contracto matrimonio inter ipsum Stephanum et Edelinam matrem predictorum liberorum, facta divisione, et porcione legitima tam de bonis paternis quam maternis data predictis liberis ex legitimo matrimonio procreatis, mansionem apud Bordas, quod est in et de prepositura de Dynon, continue contrahentes, et quod de usu consuetudine notorie apud Dinon et Bordas, et a tempore a quo non extat inconcusse memoria, observatis, quod si alter conjugium habens ex primo matrimonio liberos, si ex post facto ex secundo matrimonio contracto alios liberos habeat, facta divisione et porcione primis liberis ante procreacionem liberorum ex secundo matrimonio procreatorum, bona mobilia et conquestus aliquos acquisierit, liberi ex primo matrimonio procreati in conquestibus et bonis mobilibus sic acquisitis nichil percipere debent vel possunt. Quare, dicebat Stephanus Presbyteri et tutores predicti, quantum ad bona mobilia et conquestus inter ipsos factos in et infra preposituram de Dimon et de Bordis, ab impeticione predictorum actorum debere absolvi. Hiisque et aliis pluribus racionibus facti et juris hinc inde coram dicto baillivo prepositis, idem baillivus predictos tutores seu curatores dictorum Stephani et Adeline melius intencionem suam probasse quam dictos actores quantum ad consuetudinem de Dimon, pronunciavit, et quod medietas mobilium et conquestuum factorum durante matrimonio inter ipsos conjuges in prepositura predicta de Dimon remanebit predictis Stephano et Edeline, et si aliqui alii conquestus facti fuerint extra dictam preposituram de Dinon et de Bordis, fiet de predictis communis divisio inter omnes liberos predictos secundum consuetudinem loci ejus conservatam. A quo judicato predictus Stephanus de Grevies, nomine quo supra, ad nostram curiam, tanquam a falso et pravo appellavit. Auditis igitur dictis partibus, recepto visoque processu dicte cause, examinato diligenter per eandem, per judicium dicte curie fuit dictum ballivum bene judicasse et dictum actorem, nomine quo supra, male appellasse, et emendabit appellans. Datum XX^a die Junii.

GUILLELMO DROCON (1).

(D'après le reg. du Parlement, Arch. Nat., X¹ A 5, f° 510.)

XXIV.

1403-1404. — *Extraits* du compte de la recette du duché d'Orléans pour les termes de la Chandeleur 1403 et Ascension 1404.

Lorris.

Item s'ensuit la coustume qui est le tonlieu.

C'est assavoir pour chacun cheval vendu, le vendeur doit IIII d. paris., et l'achateur IIII d. par.

Item pour la jument vendue, le vendeur doit II d. par., et l'achateur II d. par.

Pour chascun bœuf vendu, le vendeur doit obole et l'achateur obole.

. . . .
. . . .

Les pelletiers pour toute leur vente de la journée, s'ils vendent a jour de marchié, chascun obole parisis; s'il est bourgeois, l'achateur doit de chascun marchié obole parisis.

Chascun tanneur, s'il est bourgeois, doit pour toute l'année XVIII d. par.

Chascun mercier bourgeois, pour toute l'année, XII d., et l'estranger chascun obole.

Chascun mercier qui vent buleteaux a jour de marchié, pour toutes fois qu'ils vendent a jour de marchié, chascun mercier, qui n'est bourgeois de Lorris, a quelque jour que ce soit, il doit obole; s'il est bourgeois, il ne doit riens de la foire ne du marchié.

Vendeurs de chanvre, toille, lin, poivre, que s'ils sont detailleurs, et ils soient bourgeois, ils doivent, pour toute la vente du mercredy, potevine. . . . .
. . . .

(1) Il y a une abréviation au-dessus de *Drocon*.

Chascun vendeur de laine acrue, se il vent a jour de marchié, obole, se elle n'est de sa cuillette, et s'il n'est bourgeois, il doit de chascun cens VIII d. par. . . . .

. . . .

Chascune pièce de robe vendue, le vendeur doit obole, et l'acha-teur obole, s'ils ne sont de franchise. . . . .

. . . .

Chascun tonneau de vin vendu en taverne II d. par., se il n'est creu en l'heritaige du vendeur, et qu'il [ne] soit bourgeois.

. . . .

. . . .

Les bourgeois de Lorris, pour quelsconques denrées qu'ils vendent ou achatent a quelque jour de la semaine, ils ne doivent point de coustume a monseigneur le Duc, ne a autre seigneur for que au mer-credi. Et eulx, pour toutes les denrées qu'ils vendent ou achatent a icelluy jour, ils ne doivent que obole de coustume senz plus à monsei-gneur le Duc, et non a autre seigneur. Et, se les denrées qu'ils ven-dent sont de leurs cuilletes, ils ne doivent point de coustume ne au mercredy ne a autre jour de la sepmaine.

Et tous ceulx qui ne sont pas bourgeois de Lorriz, ou qui ne sont de franchise, doivent a mon dit seigneur le Duc telle coustume, comme dessus est dit et divisé, de toutes choses qu'ils vendent ou achatent en la ditte ville de Lorriz, soit a jour de marchié ou a autre jour de la sepmaine.

> (D'après une copie du xviiie siècle, provenant des Archives du Châ-telet d'Orléans, auj. *Archives du Loiret,* A 246 (registre), fo 109 et suiv.)

XXV.

1411. — Liste des villages que l'abbaye de Saint-Denis possédait en Gâtinais et qui jouissaient des coutumes et franchises de Lorris.

Ce sont les villes qui sont Saint-Denys en Gastinoys, qui sont de telle franchise comme Lorriz, dont les bourgoiz paient IIII d. de cla-mour et non plus, quant ilz sont adjournez lui uns comme l'autre; et de l'amende qui par coustume monte Vs., ilz s'en passent pour XII d.; et de l'amende de LXs., ilz se passent pour Vs.; et ne les peut-on justicier hors de leurs lieus, s'il ne leur plaist, fors as assises te-nues de bailly en leurs franchises.

Premierement, Nibelle (1) et tout le terrouer.

_____

(1) *Nibelle-Saint-Sauveur,* Loiret, arr. Pithiviers, con Beaune-la-Rolande.

Item, Saint-Michiau (1). De celle parroche est Gabevau (2), Champ Bertrain et les appartenances.

Item, Batilly (3); de celle parroche est Arconville (4), Boysgirart (5) et les appartenances.

Item, Soissy (6); tout ce que Saint-Denys y a.

Item, Fresville (7); tout ce que Saint-Denys y a.

Item, Maisieres (8) et toute la parroche que Saint-Denys y a.

Item, le Mont (9), les Rues (10), Gratelou (11) et plusieurs autres hamiaulx que, combien qu'ilz soient de la parroche de Lorry (12), si sont-ilz des appartenances de Maisieres.

Item, tous les bourgoiz du Val de Saint-Leu (13), qui furent au seigneur de Sailly (14), et generalement toutes les personnes, quelx qu'elles soient, qui demeurent en la terre qui fu au dit seigneur en quelque lieu que ce soit, sont de la franchise dessus dicte.

Item, le Cloos de Roy de Romainville (15) qui contient XII masures et aussi de la dicte franchise.

Ce sont les villes qui sont d'ancienneté Saint-Denys des appartenances de Beaulne qui ne sont pas de franchise et paient XV d. de clamour. Ceulx qui enchient d'un deffaut de preuve, d'un ni aconsou, d'un deffaut de gagement, de chascun Vs.; d'un sanc, d'une rageusse, d'une saisine brisée, de prison brisée sans briser forteresce ne despecier huys ne fenestre, LXs. de chascune, et autant d'autres meffaiz qui sont de ceste condition.

(Suivent les noms des villes qui sont des appartenances et des coutumes de Beaune : *Beaulne, Saint Leu, Jensanville, Maillenville, Orouer delez Soisy, Beauchamp delez Lorriz, Hauxi.*)

(D'après le *Livre Vert*, Cartulaire de Saint-Denis, rédigé en 1411, t. I, p. 457-459, *Archives Nat.*, LL 1209.)

(1) *Saint-Michel*, commune du même canton.
(2) *Gabveau*, lieu dit de la commune de Saint-Michel.
(3) *Batilly*, cⁿᵉ du cᵒⁿ de Beaune-la-Rolande.
(4) *Arconville*, cⁿᵉ de Batilly.
(5) *Bois-Girard*, lieu dit de la même commune.
(6) *Soissy*, ancien nom de *Bellegarde*, ch.-l. cᵒⁿ de l'arr. de Montargis.
(7) *Fréville*, Loiret, arr. Montargis, cᵒⁿ Bellegarde.
(8) *Mézières-en-Gatine*, cᵒⁿ de Bellegarde.
(9) *Le Mont*, lieu dit de la cⁿᵉ de Lorcy, cᵒⁿ Beaune.
(10) *Les Rues*, lieu dit de la même commune.
(11) Le texte porte *Gratelon;* mais le Livre Vert porte *Gratelou,* à la p. 463.
(12) Corr. *Lorcy*, cⁿᵉ du cᵒⁿ de Beaune.
(13) Peut-être *Saint-Loup-des-Vignes*, même canton.
(14) La famille de *Sailly* habitait *Chaussy-en-Beauce*, Loiret, cᵒⁿ Outarville.
(15) *Romainville*, hameau de la cⁿᵉ de Beaune.

XXVI.

1419, 19 décembre. — Le prieur de l'abbaye de Saint-Benoît-sur-Loire reconnaît avoir reçu du commis à la recette du domaine du duché d'Orléans la somme de 100 sous parisis dûe annuellement à l'abbaye pour la célébration de l'anniversaire des rois de France.

Sachent tuit que nous prieur et convent de l'esglise de Saint Benoist sur Loire, congnoissons et confessons avoir eu et receu de honnor. et discrete personne Robert Baffart, commis à la recepte du demayne du duchié d'Orl[ien]s la somme de cent solz parisis qui nous sont deubz chascun an sur la dicte recepte au terme de la Magdalene pour cause de l'anniversaire que nous faisons en nostre dicte eglise chascun an pour nosseigneurs fondeurs les Roys de France et autres Royaulx. De laquelle somme de cent s. par. nous nous tenons pour bien paiez et contens, et en clamons quicte led. commis pour ceste presente année. En tesmoing de ce nous avons seellé ces presentes lectres de quictance de nostre grant seel. Donné et escript en nostre chappitre le mardi xixᵉ jour du moys de decembre l'an de nostre S. mil cccc et dix neuf.

J. POLIN.

(D'après l'original, *Archives du Loiret*, A 271.)

XXVII.

1573, 14 octobre. — Le chambrier de l'abbaye Saint-Benoît de Fleury-sur-Loire donne quittance au receveur du domaine d'Orléans de la somme de cent sous parisis dûe annuellement à la dite abbaye pour l'anniversaire fondé par Philippe I.

Frère Jehan de la Noue, religieux et chambrier de l'abbaye Saint-Benoist de Fleury-sur-Loire confesse avoir receu de noble homme Loys Delatour, receveur ordinaire du domaine d'Orléans, absent, la somme de cent sols parisis pour une année echeüe à la Saint-Jehan Baptiste an mil cinq cens soixante unze a cause de pareille somme de rente assignée aus dits religieux pour ung anniversaire fondé en la ditte abbaye par le roy Philipe premier de ce nom, lequel se cellebre le douziesme Juillet. Presens Pierre Leroy et Claude Rousseau tesmoing, le quatorziesme octobre l'an mil cinq cens soixante treize. Signé ROUSSEAU avec paraphe.

(D'après une copie notariée du xviiᵉ s., *Archives du Loiret*, A 271.)

TABLE DES MATIÈRES.

BAR-LE-DUC, IMPRIMERIE CONTANT-LAGUERRE.

/

/

www.ingramcontent.com/pod-product-compliance
Lightning Source LLC
Chambersburg PA
CBHW072228270326
41930CB00010B/2038